淮安市社会工作
优秀项目和优秀案例汇编

HUAI'ANSHI SHEHUIGONGZUO
YOUXIU XIANGMU HE YOUXIU ANLI HUIBIAN

主　编　赵海林　纪杰杰

中国社会出版社

国家一级出版社·全国百佳图书出版单位

图书在版编目（CIP）数据

淮安市社会工作优秀项目和优秀案例汇编 ／ 赵海林，纪杰杰主编 . -- 北京 ：中国社会出版社，2024. 10.

ISBN 978-7-5087-7063-5

Ⅰ．D632

中国国家版本馆 CIP 数据核字第 20246LE451 号

淮安市社会工作优秀项目和优秀案例汇编

出 版 人：程　伟

终 审 人：陆　强

责任编辑：张　迟

装帧设计：尹　帅

出版发行：中国社会出版社

　　　　　（北京市西城区二龙路甲 33 号　邮编 100032）

印刷装订：河北鑫兆源印刷有限公司

版　　次：2024 年 10 月第 1 版

印　　次：2024 年 10 月第 1 次印刷

开　　本：170mm×240mm　1/16

字　　数：330 千字

印　　张：21.75

定　　价：60.00 元

本书编委会

主　任：李　萍

副主任：韩文治　赵海林

委　员：（以姓氏笔画为序）

朱　韵　纪杰杰　李金晏　李　萍　张莉莉　陈　洁

赵海林　徐　璐　唐　立　曹欣欣　韩文治

主　编：赵海林　纪杰杰

副主编：唐　立　李金晏　曹欣欣

目　录

| 优秀社会工作项目 |

| 优秀社会工作案例 |

优秀社会工作项目

邻里家园："服务型"社区治理创新项目①

沈悦如②

淮安市清江浦区心苑社会工作服务社③

一、背景介绍

随着城市化进程的加快，"村改居"社区应运而生。滨河社区位于淮安市生态文旅区，于 2016 年 9 月正式成立，东至京杭大运河，南至枚皋路，西至通甫路，北至宁连路，辖区面积 2.7 平方千米，目前有钱隆城、中南世纪城、中交香槟国际 3 个商品房小区和拱辰佳苑、康体嘉苑 2 个安置小区，辖区总人口 1.2 万，党员 105 人。辖区内多数为本地居民，属于村民就地转变为居民，村民居住地由过去分散的自然村变为现在集中住宅小区。

作为"村改居"社区，滨河社区治理难度较大。一是居民素质有待提高，卫生意识比较薄弱。很多居民没有养成爱护社区卫生环境的习惯，居民乱吐乱丢行为比较普遍，在社区小广场上经常会看到垃圾满地，社区里的垃圾桶被居民悄悄带回家的现象经常出现。二是居民的社区参与意识和热情不高。新的居住方式从客观上限制了居民之间的交往，进而影响了居民的社区参与意识和热情。尽管"村改居"后，为居民设置了各项社会服务，但居民并未完全摆脱有事找社区干部的心理依赖。三是农民离开了土地，闲暇时间充足，需要社区服务来丰富其精神文化生活。

---

① 项目获得 2017 年度江苏省社会工作优秀项目一等奖。

② 沈悦如，淮安市清江浦区心苑社会工作服务社项目部副主任，社会工作师，负责淮安市未成年人救助保护中心工作。

③ 淮安市清江浦区心苑社会工作服务社，AAAAA 级社会组织，第二批全国社会工作服务示范单位，全国百强社工机构。

二、项目目标

一是引导居民习惯养成。发挥邻里互助精神,增强居民适应城市生活的能力,提高居民的整体素质。

二是发挥居民潜能。协助居民开展问题分析,提升自身解决问题的能力。

三是服务居民发展性需求。整合社区资源,发挥社区社会组织作用,提升为居民服务水平。

四是调动居民参与积极性,实现社区融合。

三、项目方案

本项目主要是以社区和居民需求为基础,提供专业社会工作服务,整合社区资源,培育发展社区社会组织,发挥居民骨干优势,实现社区融合。为此,项目重点以社区老年人、儿童、青少年、社区志愿者为主要服务对象,并开展相应的社区服务。

(一) 未来星计划

1. 亲子"悦"读营

充分利用社区图书馆资源,每周日下午举办亲子绘本阅读活动,通过阅读积累知识,激发孩子的阅读热情,提升孩子的阅读能力。以绘本阅读为载体,由孩子带动父母,营造良好的家庭阅读氛围,通过阅读来引导家庭养成良好的生活和卫生习惯,提高社区居民整体素质,协助其适应城市生活。此外,挖掘社区热爱阅读,注重培养孩子阅读习惯的年轻"宝妈"加入亲子"悦"读营,培养"宝妈"成为组织者、管理者,降低亲子"悦"读营的运行成本,同时,也有效地促进居民参与,提升其归属感。

2. 创意空间

定期开展儿童环保创意手工、绘画等活动,锻炼儿童的动手能力,激发潜能。通过社会工作者的引导,变废为宝,装饰社区一角,打造属于孩子们自己的富有创意的小花园,培养儿童的主人翁意识,美化社区环境,养成良好的环保卫生习惯。

（二）"友爱之帮"服务

1. 爱心敲敲门

在前期调研基础上，对社区有需求的高龄、空巢、独居老人开展关爱服务，定期组织社区爱心人士开展入户探访，陪伴老人聊天，让老人们感到被关心、被重视。

2. 爱心理发

寻找社区爱心理发志愿者，为社区年纪大或者行动不便的居民提供免费理发服务。社区老党员杨志珠每周三为辖区 70 岁以上老人义务理发，对行动不便者还提供上门服务，为社区老人提供了极大便利。

3. 爱护家园

与社区周边的学校合作，组建儿童志愿者小分队，围绕"普及环保知识，倡导低碳生活"主题定期组织志愿者开展服务进社区活动。对社区乱吐乱丢行为及时劝导，通过儿童影响父母的行为。在社区中营造"爱护环境，从我做起"的良好氛围，增强居民主人翁意识，着力引导居民的公共文明行为，共建和谐社区。

（三）"十五"论坛

每月 15 日召开居民议事会，听取居民心声。居民议事会主要围绕社区需求、居民需求、居民参与等展开。实行社区的事务居民自我协商、自我管理，社区问题居民协商解决。

（四）蚁族联盟

培育社区社会组织服务社区。会集社区舞蹈队和淮剧合唱团等社会组织，定期对社会组织开展督导，社区社会组织每周定期在社区开展活动，不断提升社区社会组织服务质量，丰富社区的文化活动，促进社区融合。

（五）社区同乐会

通过每月定期举办"生日同乐会""美食分享会""欢乐节假日"活动，引导社区居民走出家门，分享快乐生活，激发社区活力，促进邻里和谐。

四、项目方案实施过程

（一）第一阶段：了解社区及资源，绘制社区资源图

项目启动初期，走访相关单位并与之建立联系。主要走访街道办事处、居委会和小区物业，了解社区及居民的基本状况。联系社区居委会和物业，请他们推荐社区热心居民、骨干居民或困难家庭信息，摸清社区重要人士和居民信息。社会工作者走访社区，熟悉了解社区周边的资源，如商铺、诊所、药房、修理店等日常生活所需的资源，绘制出一张社区资源图，制作社区资源手册。资源手册内容包含：商家名称、所处具体位置、联系人、联系电话、是否提供上门服务。手册累计发放 1000 余本，居民在家就可以轻松地了解到所处社区的资源，行动不便的居民可以依据手册拨打电话接受相应服务，让社区资源零距离惠及居民的日常生活。

（二）第二阶段：招募社区志愿者，培育社区领袖，建立社区自管自治小组

结合初期的社区走访，邀请社区推荐的 5 位热心居民和骨干居民参与社区宣传活动，以此来影响带动更多的居民加入，前后 4 次志愿者招募活动，共吸纳了 11 名志愿者，组建了社区自管自治小组，并进行了多次培训。培训内容包括志愿精神、志愿服务规范和志愿者权利与义务等，培训的目的是加深其对志愿精神的理解和对志愿服务工作的认识。每次志愿服务开展前，对志愿服务内容、服务规范进行培训，提高其志愿服务能力和水平。

自管自治小组在每月 15 日举行居民议事会，亦称"十五"论坛，引导社区骨干对居民关心的社区问题进行讨论和协商，共同处理问题，共享自治经验。此外，对社会工作者开展的服务建言献策，哪些活动比较受居民欢迎？社区活动有哪些创新想法？等等。社会工作者综合考虑意见对服务进行调整，提升居民参与度。

（三）第三阶段：依托自治小组开展互助服务

社区自管自治小组建立后，社区需要多样的文化活动来丰富志愿者的生活，提升志愿服务热情，发挥志愿骨干作用。

1. 亲子"悦"读营

由社区一位热爱阅读并且注重培养孩子阅读兴趣的"宝妈"担任管理员，在每周日下午3点，到社区图书室开展4~7岁儿童绘本阅读活动，绘声绘色地讲故事，活动深受孩子们喜爱，参加人数从原来的8人增加到23人。

2. 社区创意空间

由社会工作者引导，鼓励孩子们收集饮料瓶、瓶盖、毛线、一次性饭盒等废品，充分发挥孩子们的想象力，实现变废为宝。每周六上午9点，社区环保课堂如期开设，让孩子们动手创作花瓶、花盆，精心设计造型，美化社区一角，打造属于自己的小花园，增强孩子们的主人翁意识。

3. "友爱之帮"服务

一是爱心敲敲门。由社区领袖牵头组织活动，将每月第一个周二定为社区爱心服务日，社区志愿者2人一组入户探访高龄、空巢独居老人，了解老人健康、生活状况，陪伴老人聊天慰藉孤独的心灵。通过这项服务呼吁社会关爱、关心老年人，营造人人有爱、人人参与的良好社区氛围。二是爱心理发服务。由社区一名老党员担任理发师，基于他过去在部队学习的理发技能，借助社区平台，巡回到社区为有需要的70岁以上老人提供免费理发服务，每周三全天在社区为老人理发，对于特殊行动不便的居民可上门理发，这极大地方便了老年人的生活，同时也促进了邻里和谐。三是爱护家园行动。与社区周边的小学合作，组建儿童志愿者服务队，利用学生社团活动课时间走进社区，对社区乱吐乱丢行为及时进行劝阻，对社区被破坏的绿化带进行美化，在社区中营造"爱护环境，从我做起"的良好氛围，增强主人翁意识，着力引导居民的公共文明行为，共建和谐社区。

4. 蚁族联盟

发动社区草根社团组织开展社区活动，丰富居民的精神文化生活，联动社区里的淮剧团和舞蹈队，分别于每周三下午和每周五下午在社区大舞台开展活动。其中，淮剧团每次活动能吸引上百号居民前来观赏，对唱淮剧感兴趣的居民还可以上台演唱，由团长给予指导。舞蹈队队长鼓励居民参加舞蹈队学习舞蹈。经过半年的精心指导，淮剧团和舞蹈队管理更加规范，并在社区备案。

5. 社区同乐会

一是旧物交换市集。社区环保小分队会在每月的第二个周六下午举办社区"以物易物"市集，号召居民将闲置物品拿到市集上进行交换。自2017年3月开市以来，市集规模不断扩大，最开始光顾的人寥寥无几，到12月，已经有不少居民主动从家里收拾闲置物品带到集市上，使闲置物品的效益最大化，实现物尽其用、环保节约的社会效益。二是生日同乐会。每季度会策划一场生日会，志愿者进行宣传，登记该季度寿星名单，届时邀请其参加生日会，鼓励其他居民前来一起庆祝生日，增加邻里相处时间，促进邻里和谐。三是欢乐节假日。结合元宵节、植树节、母亲节、端午节、中秋节、重阳节、感恩节等节庆，志愿者建言献策设计方案，开展别具特色的节日活动，渲染节日氛围，促进社区同乐。通过这一系列的社区同乐活动，营造社区居民一家亲氛围，增进邻里情。

五、总结评估

（一）探索"四汇一融"模式

项目通过与社区、高校社团、学校、社区社团等多方合作，建立社区自管自治互助小组，为社区居民提供支持和专业服务，形成"四汇一融"模式，即汇需求、汇服务、汇资源、汇组织，最终实现社区与居民发展的融合，不断满足居民对美好生活的追求。

（二）社区环境改善

自实施自治服务以来，通过绘本阅读、环保创意手工、社区市集、儿童志愿者进社区等一系列活动的开展，不断将低碳环保理念植入居民生活，经过一年的努力，社区环境问题得到有效改善，居民素质上了一个新台阶。

（三）丰富居民生活

通过与社区各功能室结合，联合社区社团，调动居民骨干参与，丰富了社区居民精神文化生活。全年累计开展活动200余场，受益人数达2500人次，志愿服务时间达3658小时。

（四）改善社区自治

通过搭建自治平台，促进社区居民积极参与社区事务，实现了居民由被动服务向主动参与的转变，以此来实现社区组织的治理创新。全年由自治小组开展的活动有150余场，实现了社区服务的可持续性。

六、专业反思

(一) 自组织的重要性

居民参与是社区治理的基础，组织化是居民持续参与的关键。成立自治组织难度较大，社区推荐、居民领袖影响带动是成立自治小组的有效手段。初期人员少是常态，多与居民接触，在活动中积极挖掘和引导是有效的途径。随着自治小组的不断壮大，居民将成为社区事务的主动参与者、管理者。居民之间相互协商社区的问题，共同决策，能够实现居民自我管理、自我服务。

(二) 服务和管理相融合

"服务+管理"互融是现代化、科学化的治理理念。社会治理的核心是对居民的服务，做好对社区居民的服务是实现社区治理服务创新的根本途径。以服务和管理的互融为基点，以满足社区居民需求为导向，依托社区服务推进社区管理，寓管理于服务，在服务中实施管理，在管理中体现服务，是社区治理现代化的内在逻辑和基本趋向。只有树立服务和管理相融合的服务型治理理念，才能构建以社会化供给为核心的服务型治理体系。

专家点评

"村改居"是社区治理层面的多方面需要。该项目很好地回应了社区治理中的"社会建设""文化建设""政治建设""生态文明建设"议题。在社会建设方面，可以看到社会工作者积极培育社区社会组织，促进居民自治组织的发展；在文化建设方面，可以看到社会工作者通过亲子"悦"读营营造了社区读书文化，通过"友爱之帮"系列活动营造了社区互助文化；在政治建设方面，社会工作者通过"十五"论坛很好地提升了居民议事协商的能力；在生态文明建设方面，社会工作者通过"爱护家园"子项目，很好地提升了社区居民爱护环境的意识。总之，该项目很好地满足了社区居民多层次、多方位的需求。值得肯定的是，项目设计紧紧围绕社区居民需求，能够形成比较体系化的服务，而且能够充分发动社区居民参与活动项目，社区居民不仅是"受助者"，也是"助人者"，体现了浓厚的社会工作元素。

(唐立：淮阴师范学院社会工作系主任、副教授、博士，高级社会工作师)

他乡变故乡

——"老漂族"城市适应的社会工作服务项目①

王正中②

淮安市同心社会工作服务中心③

一、背景介绍

"老漂族"产生的背景是社会快速变迁，城市化进程加快，城乡人口流动，家庭化趋势加强。其问题原因：农村与城市、故乡与异乡之间的双重反差，文化差异、生活方式不同、制度区隔、社会支持网络缺失等。

"老漂族"的困境目前在我国已不是少数人的困扰，而是一种带有普遍性的结构性困境。近年来，"老漂族"及其问题呈快速增长趋势，给社会带来的问题也日益显著，而当前政府在公共管理和社会服务领域的政策响应迟滞。在共建共治共享的社会治理格局中，将他们纳入正式支持和关爱体系显得尤为迫切。

作为项目实施地的淮安市区5个社区共有"漂族老人"1126人。经抽样调查，并对143人的样本分析推论出有812人有显著性的城市适应问题。本项目选取了207位"漂族老人"作为服务人群，其中轮窑社区113人，上海路社区30人，京南社区32人，河堤路社区25人，长西社区7人。

"老漂族"的城市适应问题可归纳为心理适应、文化适应、社会交往三大方面，具体表现为孤独、缺乏归属感、思乡、焦虑抑郁、自尊受损、生活与交往方式难以适应等问题，这些群体表现出感觉性和表达性需求。

---

① 项目获得2019年度江苏省社会工作优秀项目一等奖。

② 王正中，淮阴工学院人文学院教授，淮安市同心社会工作服务中心理事长。

③ 淮安市同心社会工作服务中心成立于2018年9月，AAAA级社会组织。

二、项目目标

（一）总目标

帮助"老漂族"改善在社交行为上的回避以及个人主观苦恼问题，预防和减缓生理、心理和社会功能的衰退；激发权能，为其发掘、提供社会资源；强化社会环境中的助人系统，形成有效的社会支持网络；等等。经过一年的服务，服务对象原有的城市适应问题得到有效缓解，心理、行为和生活状态达到或接近当地老年人的水平。

（二）具体目标

一是运用个案工作和心理辅导，分析个别服务对象适应城市生活面临的困境，并针对个体困境提出对应的方法和策略。

二是通过开展小组工作、讲座等活动，社会工作者正向引导，促进服务对象之间的互动，为服务对象提供排解思乡情绪的渠道。

三是通过开展工作坊、春游、志愿者等活动，增进服务对象之间的互动和参与社区活动的互动，改善其缺少社会互动的状况。

四是通过增进家庭成员的互动，如老少乐工作坊等，增加代际沟通的机会，改善代际间的关系。

五是开展社区宣传、社区教育、志愿者培训以及社区资源链接，动员社区力量，发掘、运用社会资源，强化社会环境中的助人系统，构建使服务对象有效融入城市的社会支持网络。

三、项目方案

（一）项目理念

针对"老漂族"城市适应的问题，以生态系统重构的视角，进行社会工作干预，改变"老漂族"非理性信念，帮助其增强自信心，激发权能，发掘、运用社会资源，促进其适应和融入城市社区，恢复受损的社会功能和社会关系。同时，强调现代社会环境中助人系统的完备性，形成对新边缘困境群体有效的社会支持网络等。

（二）介入途径与方式

鉴于项目执行时间和服务对象数量有限，本项目主要从微观和中观层面对"漂族老人"进行社会工作介入,整合个案工作、小组工作、社区工作和社会工作行政等方法和手段,重建社会支持网络,提供专业服务(见图1)。

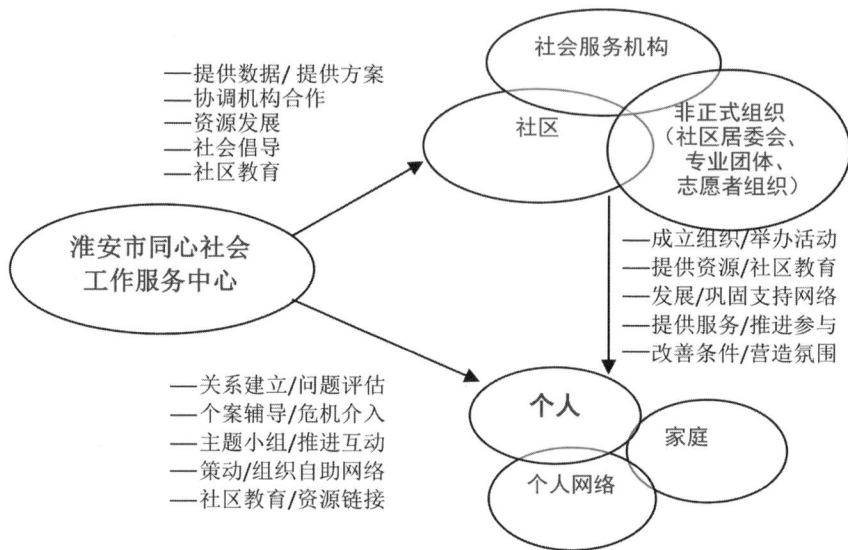

图1 "老漂族"城市适应的社会工作服务整合图

针对"老漂族"城市适应过程中存在的心理适应、文化适应、社会交往三大方面问题,运用社会支持网络理论,引导和帮助"老漂族"学习如何建立、利用正式和非正式的社会支持,扩大其社会网络资源,提高其利用社会资源的能力,重新建立社会支持网络。整合个案工作、小组工作、社区工作和社会工作行政等方法和手段,帮助"老漂族"改变非理性信念,实现心理融入,以便其更好地处理社区融入问题,获取更多的资源支持,使其适应新迁入地的文化环境,开展小组、工作坊、社区比赛等活动,拓展"老漂族"社交圈,丰富其业余生活,使其逐渐适应城市生活。

(三)主要内容

在城市5个社区,以城市适应困难的"老漂族"为服务对象,以生态系统重构的视角,进行社会工作干预,强化社会环境中的助人系统,构建社会支持网络,提升服务对象适应城市生活的能力。主要内容及其措施有以下方面。

1. **社会倡导**

开展关爱"老漂族"社会倡导和社区宣传，开展社区教育活动、招募与培训志愿者、创办"候鸟驿站"、链接社会资源等服务，强化社会环境中的助人系统，改善社区融入环境，构建社会支持网络。

2. **个案服务**

组织开展个案辅导、心理辅导与治疗、家庭探访等服务。针对服务对象本身及其融入问题的特殊性，开展社会工作个别化、差别化服务与干预，恢复其受损的社会功能和社会关系，帮助他们及其家庭挖掘潜能，提升城市社区生活的自信心，为适应新的生活转变做准备。

3. **小组工作**

组织 5 个平行的"老漂族"城市适应成长小组。针对同类人群存在的城市适应问题和信心、能力弱化情况，渐进开展系列小组、工作坊，以及淮安方言辅导等团体活动，通过成员之间的互动和相互影响，帮助他们利用小组过程来应对和解决他们在城市社会融入过程中的心理、行为功能性方面存在的问题。

（四）项目特色

1. **老年社会工作本土实践新拓展**

"老漂族"作为我国城市一个新兴困难群体，尚未完全走入人们视野，相关政府及公共服务尚未完善。本项目聚焦该群体及其面临的城市适应问题，作为社会工作介入点，开展专业服务，是老年社会工作本土化实践上的创新和拓展。

2. **基于生态系统重构的助老示范**

本项目把"老漂族"城市适应置于生态系统重构视角下，综合运用社会工作多种方法，重建"老漂族"的社会关系系统、身心系统、资源系统和生活系统，其经验与做法具有现代养老的示范性。

3. **实施地与方法运用的可推广性**

不同于北上广深等超大城市，个案区位选择的淮安市在全国更具有普遍性，加上操作上运用社会工作基本方法和通用过程模式，使项目成果具有可推广性。

（五）项目风险与应对

1. 项目可能的风险

老人身体状况风险：由于年龄的原因，老年人的身体随时可能有紧急情况发生；老人参与积极性不高：老人不愿意来，或者来了一两次之后，不愿再参与；个案访谈难以持续：个案访谈入户有可能遭到拒绝，或中途遇到阻力。

2. 风险应对措施

做好应急措施准备，集中活动期间保证有医务人员或者急救药物为健康护航，购买商业保险；分析老人不积极参与的原因，采取有针对性的措施，确保活动顺利开展；做好沟通工作，必要时请社区帮助，获得服务对象的配合。

四、项目方案实施过程

第一阶段，2018 年 12 月。首先开展社区宣传，加强与 5 个社区的联络，进行业务外展、家庭探访，并建立服务对象档案 207 份，开展服务对象的城市适应前测和评估工作，开展 5 场社区教育活动。

第二阶段，2019 年 1—4 月。1 月，开展志愿者招募及培训工作，开展个案辅导、心理辅导及治疗，开展家庭慰问，建立微信公众号和微信群。2 月，开展 2 次小组工作。一是"他乡遇新知"；二是"你的烦恼我来解"。每个小组分别开展 5 次活动，组建 3 个淮安方言学习小组，邀请淮阴工学院马老师作为指导老师，讲解淮安方言特点，带领组员学说淮安话。马老师了解到，在淮"老漂族"正面临着听不懂淮安方言，辨不准"淮普"平仄音的语言困境，与邻里和社区服务人员沟通时，常出现不能真正领会对方意图，而尴尬点头应和的情况，甚至因理解错误造成了误会。据此状况，马老师从名词、动词、形容词、褒贬词等日常用语出发为老人们讲解了淮安话与普通话的共通和独特之处，帮助老人了解当地方言、分辨乡音。4 月下旬，组织一次春游活动，游览了韩侯故里、漂母祠、洪泽湖等景点。

第三阶段，2019 年 5—8 月。开展个案辅导，组建个人、家庭、亲友个人自助网络 50 个。开办 3 个"老有所为"工作坊，传授服务对象果壳拼接、插花制作等技术。在前两个小组的基础上，开展 2 次小组工作：一是接受所不能改变的；二是合作无止境。每个小组分别开展 5 次活动。联合社区，举行一场支持网络联谊会，介绍项目开展情况以及讨论如何为服务对象提供更多帮助。为了帮助服务对象改善身心健康状况、提高生活质量、提升自我认同和幸福生活的感受力，在枕乘街道办事处举办了 1 次心理健康讲座。在 5 个社区招募服务对象，组织参与社区建设，争做志愿者活动。

第四阶段，2019 年 9—10 月。开展 3 个工作坊，传授服务对象编制中国结技术，通过老少齐动手，实现老有所为、老有所乐，促进隔代交流。开展 1 次小组工作：我行我秀；分别在 5 个社区开展活动。通过画出家乡的某种代表性物品，组员既展现了绘画水平，也介绍了自己的家乡，在此过程中，回忆美好，同时展现自我。在国庆节来临之际，举办迎国庆娱乐活动，部分服务对象展现才艺，促进了服务对象之间的交流和感情联络。联合上海路社区、河堤路社区、轮窑社区设立"候鸟驿站"，方便服务对象参与相关活动。

第五阶段，2019 年 11—12 月。进行"他乡变故乡"朋友圈拓展活动并评奖。开展 1 次小组工作：欢笑告别，继续前行；分别在 5 个社区开展活动。本期是小组的最后一次活动，社会工作者在此次小组活动中鼓励小组成员分享参加小组的感受和变化，彼此祝福，总结经验并反思。项目活动接近尾声，开展 200 人的城市适应问题后测和服务对象回访以及宣传报道工作。

五、总结评估

该项目的服务方案，贴合宏观背景，结合前期调研走访收集的基本信息，综合运用专业的社会工作方法，协助服务对象及其所处的社会环境更好地相互适应，满足服务对象对城市适应的实际需要，包括帮助服务对象实现社会功能和社会关系的修复，更好地适应城市生活；协助服务对象充分发掘和运用社会资源，提升生活质量；提升服务对象个人潜能，强化社会环境中的助人系统，形成有效的社会支持网络等，直接受益人群 207 人，间接受益人群 1500 人左右。

该项目实施过程中，通过专业社会工作实践活动，社会工作者与服务对象建立了专业的信任关系，通过运用专业技巧与方法，服务对象的情绪压力得到缓解；社会工作者在服务活动中始终以服务对象为中心，了解他们的问题与需要，充分挖掘其内在潜能与优势，给予其充分的接纳与尊重，协助其适应城市生活；服务对象之间通过交流与互动，建立并加强了社会关系网络强度。建立服务对象档案 207 份，慰问探访 100 多个家庭，设计完成小组工作 6 个，分别在 5 个社区平行开展，共计 30 次。开展个案辅导 178 人次，工作坊 6 个，组建淮安方言学习小组 3 个，组织春游 1 次，参与人数 91 人，举行迎国庆晚会 1 次，创办"候鸟驿站" 3 个。尤其是通过"他乡遇新知""接受所不能改变的"等小组主题活动，成员之间相互接纳与支持，逐渐克服由于离乡产生的孤独感和焦虑感，"老漂族"的归属感和凝聚力在这一过程中逐渐加强。

在服务介入过程中，大部分服务对象能够积极加入项目活动及相关服务，原本形单影只的"老漂族"也有更多的人能够结伴而行，大家也会经常主动地坐到一起聊天等，并且碰到难题的时候首先会想到社会工作者。更重要的是，社会工作者通过对"老漂族"生活环境的改善以及优化，使其能够将自己的特长发挥出来并带动更多的人群参与社区活动，比如参与淮安市文明创建活动，扫黑除恶宣传志愿者活动，强化了他们社区参与的能力与动力，使他们不再作为一个"外来者"，而是作为一个生活在本社区的主人翁。

在服务效果量化测评方面，向服务对象发放城市适应问题后测（B卷）问卷 194 份，经统计分析，对比后测与前测（A 卷），结果表明：服务对象在语言沟通适应方面，沟通不便的问题由 22% 降低到 7%；在人际交往适应方面，参与社区活动的比例由 29% 提高到 63%；在心理适应方面，心情沮丧或孤独无聊的情况由 60% 降低到 31%；总体推断出，城市适应问题得到有效缓解，城市适应能力得到显著提高。

在服务效果意见反馈方面，入户回访服务对象 148 户，电话访谈 52 人。后测内容为服务满意率、服务成效、对项目服务的具体意见等。绝大部分受访对象肯定了该项目活动的作用和意义，称赞项目工作人员体贴老人，语言温和，表示参加活动很开心，希望以后能够继续开展这样的活动。淮水安澜等媒体对项目进行报道并给予积极肯定。

六、专业反思

语言方面的差异，导致社会工作者在接收服务对象信息时，有时会产生误差。由于项目本身的特殊性，服务对象原籍并不是淮安本地人，年龄在 50 岁以上。因此在服务过程中，特别是分享和交流环节，常常会出现服务对象不由自主地用家乡话叙述自身的经历或者感想的情况，这样的交流方式对社会工作者而言也是不小的挑战。

小组活动过程中，服务对象的不固定性，使参加小组活动的组员缺乏连贯性，从而减弱了小组活动的效果。由于小组活动的局限性，以及服务时间的短暂性，小组活动只能让一部分人受益。需要结合社区工作的方法，让有相同需求的老年人得到帮助，同时也以此次项目活动为契机，让社区工作者关注"老漂族"，为他们提供更多符合他们需求的帮助与服务。通过本项目的开展，能够提升"老漂族"对社区以及社区工作人员的信任，拉近"老漂族"与社区居民和社区工作人员的距离，增强"老漂族"对社区的认同感。

"老漂族"在新的城市与社区生活中碰到的不仅是城市适应问题，还包括异地就医、异地养老等其他政策范围内的问题。而这些问题仅仅依靠社会工作者的力量是无法解决的，社会工作者可以通过政策倡导的方式，提高全社会对"老漂族"群体的关注度，为相关政策的出台献计献策。

专家点评

"老漂族"是那些为支持儿女事业、照料第三代而背井离乡，来到子女工作城市的随迁老人，是社会转型期需要关注的特殊群体，各地语言、风俗和习惯等差异造成"老漂族"在心理、文化、社会方面的适应问题，加上"老漂族"受年龄、知识水平等因素的影响，增加了他们适应新环境的难度。

项目通过前期建档调研、团体辅导、个案辅导、工作坊、他乡变故乡五个阶段的丰富活动，较好地促进"老漂族"的社会适应。

项目进一步体现了社工机构与个人家庭社区的协同作用，在帮助"老漂族"的过程中，体现了助人自助的价值。根据实践效果和实际调查中的需求，可进一步促进政府对"老漂族"再就业、养老等相关政策的改进。

（李金晏：淮阴师范学院社会工作系讲师、博士）

青春家园：困境青少年的家庭成员支持项目[①]

赵海林[②]
淮安市清江浦区心苑社会工作服务社

一、背景介绍

（一）项目的意义和必要性

1. 促进困境青少年的健康成长

青少年是国家的未来，有些青少年由于自然、家庭和社会的原因而陷入困境，需要外力介入为其创造条件，使其摆脱困境。

2. 把家庭视为一个整体有助于困境青少年问题的解决

项目以其家庭成员为切入点，以家庭系统理论为指导，把家庭作为一个系统，通过改变家庭成员来改变青少年的生存状况；改善亲子关系，建立良好的家庭成员关系。

3. 关注困境青少年家庭成员的成长

关注家庭成员的成长，有助于提高家庭的生活质量，创造良好的家庭环境。

（二）项目创新性

1. 把家庭作为整体开展服务

项目认为青少年的困境与家庭成员密切关联，既要改变青少年，也要改变其家庭成员，才能收到良好的效果。把困境青少年的家庭作为一个整体开展服务，通过改善家庭成员，实现家庭成员的成长，从而影响困境青少年。

---

① 项目获得 2014 年度江苏省社会工作优秀项目二等奖。
② 赵海林，淮阴师范学院社会工作系教授，管理学博士，淮安市清江浦区心苑社会工作服务社联合创始人，社会工作师，全国专业社会工作领军人才。

2. 关注家庭的互动

通过亲子关系的改善，来实现家庭功能的正常化，良好的家庭互动对于青少年的健康成长非常有益。

3. 目的是改变而非简单帮扶

淡化物质层面的易依赖型的资助。这种改变目标是家庭整体能力的提升，实现从助人到自助的改变。

二、项目目标

一是亲子关系的改善；

二是家庭成员知识和能力的提升；

三是家庭教育观念的改变；

四是和谐家庭关系的改善。

三、项目方案

第一，建立家庭成员的档案，进行档案管理。2014年1—3月。

第二，家庭改善计划。2014年4—11月。

一是开心过节。开展心愿礼物、母亲节送康乃馨、中秋节送月饼等活动，帮助困境青少年家庭像普通人家庭一样过节。

二是向日葵晚辅导。每周一到周五晚上5—7点开设晚辅导，为部分困境家庭开展入户家教服务。

三是困境家庭的帮扶。根据家庭情况给困境青少年家庭发放困难补助，帮助家庭寻找资源，申请低保、社会救助等。

第三，家长课堂。2014年7—11月，共开设20节课。

第四，暑假课堂。2014年7—8月，共开设192节课。

第五，主题活动。2014年4—11月，共做10次活动。

第六，向日葵晚辅导。2014年3—12月，共开设100次晚辅导。

第七，个案辅导。2014年4—11月，共做60个个案。

第八，家长学校。2014年4—11月，共开展20次家长学校。

四、项目方案实施过程

（一）项目宣传

1. 报纸宣传

2. 短信群发

3. 电话通知

4. 社区宣传

（二）家庭走访及档案建立

2014 年 1 月，社会工作者从淮安市 QH 区民政局及 QH 区 7 个街道获得困境青少年的家庭资料（近 300 户）。社会工作者先对这些资料进行排查（如孩子在外地上学，年龄超过 18 岁等）；再通过电话访问、入户家访、询问邻里等方式，核实填充资料。

2014 年 1—3 月社会工作者走访 150 多户，对于其中符合项目要求的家庭建档，共建档有 100 户。与困境青少年及监护人建立了良好的专业关系，为以后开展服务，帮助他们解决问题打下基础。在此基础上，对困境青少年及家庭成员建档，做好档案管理。

（三）志愿者招募及管理

2014 年 3 月，我们在淮安两大高校开展高校志愿者招募，共招募近300 名志愿者。他们分别参与下面几项活动。

1. 入户家访

招募 120 名志愿者，每月入户家访一次。

2. 暑假活动

15 名高校志愿者分三批参与 192 次暑假活动，共 1000 多人次；80 名高校志愿者参与 15 次主题活动，共 400 多人次。

3. 向日葵晚辅导

有 30 名志愿者参与向日葵晚辅导，共 226 人次。

4. 入户调查

有 30 名志愿者参与服务对象的家庭调查，共 200 人次。

（四）个案服务

2014 年 4—11 月，社会工作者在建档的 100 户家庭中，按其家庭困难程度和问题紧急程度选择 60 户家庭开展个案服务。120 名志愿者每月探访这 60 户家庭（采用"二对一"方式），志愿者及时将家访信息反馈给社会工作者。社会工作者根据服务对象情况的紧急程度，开展对个案的跟踪服务。机构的 3 名督导每周对个案实施定期辅导。下面列举 2 个典型案例。

1. 案例 A

何××，13 岁，初一，父亲去世后母亲改嫁，现在和爷爷奶奶住在一起。父亲在世时何××成绩很好，性格活泼。但父亲去世后，何××开始不愿与别人接触。何××上初中后，每天回家都要一边玩电脑，一边写作业，每天写作业都写到很晚，成绩下滑得很厉害。爷爷很担心她会沉迷网络，为边做作业边玩电脑的事和何××吵过很多次。对此社会工作者多次去何××家，教她爷爷一些基本电脑知识，并且教爷爷通过查找历史记录来了解孙女上网内容及时间。另外开展家庭辅导，在何××及爷爷奶奶都在场时，将爷爷担心的问题告诉何××，促进他们之间的交流。在社会工作者的帮助下，爷爷能够及时了解何××上网情况（并不是他想象中的沉迷网络，孙女上网大多是为了查找作业中的难题，偶尔看看小说）。何××也了解到爷爷对自己的关心。现在祖孙俩和好如初，爷爷不仅能了解孙女的上网动态，还能用电脑查阅自己喜欢的京剧曲谱。何××也愿意和班级同学多交流，互相帮助，而不是只通过电脑查找答案。

2. 案例 B

沈××，11 岁，父亲因犯罪进了监狱，母亲在父亲坐牢期间出走，现在沈××由爷爷奶奶抚养。沈××学习成绩很差，除了语文成绩勉强及格，数学和英语成绩都不及格。爷爷对于孙女的成绩十分忧虑，但是既没有能力辅导孙女学习，又没经济条件送孙女去上辅导班。对此社会工作者通过单独交流安抚爷爷的焦虑情绪，另外整合资源，联系淮阴师范学院爱心家教协会志愿者来机构开展爱心家教，邀请沈××参加爱心家教协会志愿者开展的晚辅导。由于隔代教育及家庭特殊原因，沈××脾气倔强，刚开始在集体活动中，总与其他小朋友发生冲突。通过一系列小组活动，沈××现在已经能和其他小朋友友好相处。在服务过程中，社会工作者与爷爷奶奶进行多次沟通，强调他们的教育责任，不能放任，要学习新的教育方式。

（五）主题活动

2014 年 3—11 月社会工作者共开展 14 次主题活动，这些主题活动内容新颖，贴近服务对象，深受服务对象喜爱。活动主要分为以下几类。

1. 节日主题活动

（1）母亲节送康乃馨。项目中多数服务对象家境贫困，父母艰难维持生计，照顾孩子。有些孩子是由爷爷奶奶照顾的，他们大多父母离婚或是孤儿，爷爷奶奶十分辛苦。母亲节快到了，社会工作者联系高校一直做家访的志愿者，邀请他们为困境家庭的母亲或长辈，送上一束康乃馨，让困境家庭感受浓浓的节日气氛，让孩子在节日中学会孝敬长辈，学会感恩。母亲节送康乃馨活动，深受服务对象喜爱，在活动当天，很多服务对象流下了幸福的眼泪。

（2）中秋节送月饼。中秋节前一周，社会工作者联系高校的志愿者，邀请他们在中秋节为困境青少年家庭送上一盒月饼，让困境青少年家庭感受浓浓的节日气氛。月饼由机构免费提供，志愿者和社会工作者反馈，服务对象收到月饼后，喜出望外，兴高采烈地邀请他们一起过中秋节。

2. 季节主题活动

（1）春季——盆栽认领和春游活动。春天万物复苏，百花齐放，机构开展盆栽认领活动。其中花盆、种子和泥土由心苑社会工作服务社提供，社会工作者传授种植的技巧、方法，种植完毕后，贴上服务对象设计的名字。每盆盆栽代表了每个服务对象的梦想和希望，它将随着天气的变暖而发芽、开花，温暖每个服务对象的心灵。种植活动结束后，社会工作者带领服务对象到钵池山公园春游、放风筝、吃肯德基。

（2）夏季——青岛亲子夏令营活动。青岛亲子夏令营活动有"向快乐出发""眼观世界""大海啊大海""海底探秘""熊出没，我来了"5个环节，亲子关系在玩乐中变得亲密。这次活动中很多孩子第一次见到大海，孩子在大海中快乐玩耍。

（3）秋季——秋游活动。秋游活动是困境儿童与失独老人一起游玩楚秀园，孩子们的欢声笑语让失去子女的老人脸上露出了久违的笑容。社会工作者为老人和孩子们准备了秋游的零食、水果及礼品。这次活动主要有"拔河比赛""我们都爱恐龙""碰碰车""碰碰乐儿童乐园"等环节。

3. 亲子主题活动

亲子主题活动主要有外出游玩活动："动物园游玩""青岛亲子夏令营"。外出游玩活动增加家长陪伴孩子的机会，使其在玩耍中增进亲子关系。手工亲子活动："星之源——DIY 手工饼干""DIY 亲子手工饼干""DIY 亲子手工比萨"。手工活动意在家长与孩子一起完成一个手工作品，家长可以在做饼干、做比萨过程中发现孩子的优点，增进交流。

4. 与其他组织合作主题活动

心苑社会工作服务社联合淮安市魔幻童年少儿艺术团举办了"我有一个心愿"活动，活动主要为 8 个服务对象提供了一次心愿满足服务。机构与淮阴师范学院读者协会一起举办了"读书周"活动，与淮阴师范学院爱心家教协会一起举办了"爱教大学生节"活动。活动内容由大学生精心策划，深受服务对象喜爱。

5. 特别主题活动

"圆梦行动"是机构面向全体服务对象策划的大型活动。由高校 100多名志愿者入户家访，并向社会工作者反馈服务对象的心愿。社会工作者统计并实现服务对象的愿望。

（六）向日葵晚辅导

向日葵晚辅导活动举办两期，活动时间为每天晚上 5—7 点，一周开设5 天。第一期从 2014 年 3 月 24 日到 2014 年 6 月 13 日，共开展学业辅导课程 60 次；第二期从 2014 年 10 月 27 日到 2014 年 12 月 31 日，共开展学业辅导课程 53 次，一共开展 113 次免费学业辅导课程。本次活动解决了困境青少年家庭家长因学历不高无法辅导孩子学习又无力支付孩子上辅导班费用的问题。

（七）暑假课堂

2014 年 7 月 7 日到 2014 年 8 月 29 日，心苑社会工作服务社共开展暑假活动 48 天，每天开设 4 次课程，共开设 192 次课程。其中包括小组活动、暑假作业辅导、英语（数学、外语）小知识和兴趣课堂，帮助孩子们开心度过暑假。暑假课堂不仅解决了大多数家长没有时间管理孩子的问题，而且全面培养了孩子的兴趣和交流能力。

（八）家长课堂

服务对象中很多青少年陷入困境，不仅是因为家庭贫困，更多的是长辈错误的教育方式，无效的沟通模式所导致。为了更好地帮助服务对象，社会工作者邀请多名社会工作、心理学及教育学方面的专家，为家长们开设家长课堂。除了传统课堂讲授模式，专家们还采用家庭工作坊模式、小组模式等形式。家长课堂主题由社会工作者根据家访、志愿者反馈及小组活动中发现的问题提炼而成，贴近服务对象生活。

五、总结评估

（一）项目成效

一是项目把家庭作为整体来开展服务。

二是项目通过改变其家庭成员，来实现困境青少年的转变。

三是项目关注服务对象家庭功能的恢复。

四是项目促进服务对象社会支持网络的建立。

五是项目增进社区居民对专业社会工作的认识，让更多的居民了解社会工作者。

六是借助社区为平台开展活动，让社会工作者和社区工作人员互相学习，共同提高了实践能力和专业能力。

七是为淮安高校社会工作专业学生提供实习场所与机会，让他们在实践中提高专业能力及专业认同感。

八是在整个活动过程中，我们与前来考察的机构进行深入的交流和互相学习，一方面扩大了本机构的影响力和知名度，另一方面显著提升了本机构的服务能力。

（二）项目经验

1. 与社区合作

借助社区为平台开展活动，让社会工作者和社区工作人员互相学习，共同提高了实践能力和专业能力。

2. 与高校社团合作

项目开展过程中，心苑社会工作服务社分别与淮阴师范学院爱教社团、淮阴工学院蒲公英社团、淮阴师范学院志愿者协会、淮阴工学院人文学院社会工作专业志愿者、淮阴师范学院社会工作专业志愿者等进行合作，成功举办了多场活动。与高校合作，一方面志愿者素质高，服务支出少，节省项目资金；另一方面项目开展也为志愿者提供了实践的机会，提高了他们的实践能力。

3. 把家庭作为整体来开展服务

通过改变家庭成员来改变困境青少年，关注家庭功能的恢复。

六、专业反思

（一）问题

1. 距离影响服务对象参与

这个项目的服务范围是淮安市清河区，机构所在地为长西街道上海路居委会，根据机构的辐射范围，白鹭湖街道与柳树湾街道离机构较远。而每次小组活动、家长学校、晚辅导及大多主题活动，活动地点都是在机构。因此，离机构较远的两个街道的服务对象，参与集体活动非常少。只有志愿者、社会工作者定期上门家访。

2. 社区志愿者参与较少

项目中招募及培训的志愿者大多是大学生，社区志愿者非常少。项目需求的志愿者，是经过培训后在规定时间内能定期参与项目活动的志愿者。而社区志愿者流动性大、素质不一、培训困难。但是社区志愿者也有其优势，如果能运用良好，不仅能更好地开展项目，也能扩大机构及项目的影响力。

3. 对财务规范了解不够

中央财政要求较高，在项目开始前安排项目负责人参加郑州财务管理培训，短短 3 天，对于很多财务管理要求并未完全理解。在后期实践中，具体环节的财务工作让社会工作者感到疑惑，不知标准。如开展项目活动的活动室是机构租借，产生的租赁费是否属于财务要求中的场地费类别，需列入哪个明细，机构财务管理人员对此无法把握。

（二）建议

1. 增加与社区合作力度，扩大机构辐射范围

白鹭湖街道与柳树湾街道的居民不愿来机构参与集体活动是因为活动地点距离他们较远。机构应积极与白鹭湖街道和柳树湾街道的社区合作，争取在这两个街道驻扎分点，这样可以在这两个街道内的居委会开展活动，提升服务对象参与度。

2. 制定社区志愿者管理制度

机构应该制定社区志愿者管理制度，积极鼓励社区居民以志愿者身份参与活动。在实践中不断完善社区志愿者管理制度，采取鼓励措施，提高社区志愿者参与度。

3. 项目管理及财务管理建议

（1）加大对项目管理的培训力度，学习先进经验；

（2）把相关项目好的管理做法编印成册进行交流；

（3）建立 QQ 群，促进群体内的交流；

（4）开发项目管理软件，或者使用统一的管理软件，这样便于整体控制。

专 家 点 评

青少年阶段是个体身心发展的关键时期，起到承上启下的作用。青少年的成长和发展决定了他们未来的人生道路和成功与否。然而，许多青少年在这一时期面临各种家庭问题，包括亲子沟通不畅、家庭成员之间关系破裂、家庭暴力等，这些问题可能对其未来的发展和成长产生深远的影响。家庭关系不完整或者不和谐更容易导致青少年出现心理焦虑、行为叛逆等不良品行问题。家庭系统理论认为，家庭不良的沟通方式导致家庭功能失调，家庭成员产生个人问题，解决家庭面临的危机既是机会也是挑战。本项目以家庭系统理论为指导，把家庭作为一个系统，主要以其家庭成员为切入点，为其成员提供社会工作专业服务、意见和建议，调动各种有效资源，帮助打破家庭成员之间的情感、态度等僵局，建立良好的家庭成员关系，帮助青少年和家长解决许多家庭问题，舒缓和解决青少年阶段的问题，使其未来能够更加美好和充实。

（张莉莉：淮安市民政局慈善事业促进和社会工作处主任科员，社会工作师）

公益新助力：社会组织培育
发展中心委托运行项目①

朱晓凤②
淮安市社会组织发展促进会③

一、背景介绍

（一）政策背景

社会组织的发展是国家政策的要求，社会组织培育发展中心作为一种新的公益培育模式，对于社会组织的培育和发展发挥了重要作用，也是我国地方政府社会组织管理模式创新的重要政策。淮安市民政局和经济技术开发区社会事业局顺应政策要求，共同打造了淮安市社会组织培育发展中心暨淮安经济技术开发区社会组织培育服务中心，采用"政府牵头建立、专业团队管理、社会力量支持、社会组织受益"的培育模式，委托淮安市社会组织发展促进会（以下简称促进会）运营管理。促进会作为一个专业从事社会组织培育的支持性社会组织，能更好地承接政府的培育工作，减轻政府的压力。

（二）突出问题

近几年，淮安市社会组织的数量急剧增多，并且还有相当数量的未登记注册的草根组织。这些组织存在许多问题，如管理不规范、运营能力不健全、专业知识欠缺以及信息渠道狭窄等。这一点可在我们接触这些社会组织以及社会组织服务存在的问题与建议会议上取证。数量的增多和质量的落后同时存在，要加大社会组织的培育发展力度。

---

① 项目获得 2017 年度江苏省社会工作优秀项目三等奖。
② 朱晓凤，社会工作师，负责淮安市社会组织培育中心工作。
③ 淮安市社会组织发展促进会，AAAA 级社会组织，江苏省先进社会组织。

基于此,促进会作为第三方机构承接了淮安市社会组织培育发展中心委托运行管理项目,通过开展日常运行管理、能力建设、社会组织培育、项目评估、等级评估、党建工作、成果展示等多位一体的社会服务,为社会组织发展提供支持,助力促进淮安市社会建设的创新。

二、项目目标

依托培育中心平台,发挥社会工作专业优势,通过开展日常运行管理、能力建设、社会组织培育、项目评估、等级评估、党建工作、成果展示等多位一体的服务,引导社会组织发展壮大,力争为社会提供更加优质和专业的服务。

一是培育社会组织,促进其规范注册。

二是提升社会组织服务能力,培育优秀品牌项目。

三是推动政府购买服务,创新社会治理。

四是搭建公益平台,营造良好氛围。

三、项目方案

(一)项目准备阶段

召开社会组织交流会,根据交流情况制订项目实施方案。

(二)项目实施阶段

1. 中心运营

负责中心日常接待、交流等具体事务,根据工作需要,协助登记管理部门指导有关社会组织开展网上登记、变更、年检等工作,配合登记管理部门做好年检、评估的通知发放、结果公告以及社会组织档案整理工作。

2. 组织培育

培育社会组织 20 家以上,每年重点培育发展空白短板类社会组织 2 家。

3. 等级评估

承接社会组织等级评估工作,具体负责社会组织等级评估,以及评估工作宣传引导、组织申报、资格审查、实地评估、专家终审等工作,保质保量完成预期评估任务指标。

4. 项目督导

负责对获得当年度省、市、区级公益服务项目的社会组织开展项目督导工作，主要对项目实施情况、项目经费使用情况、服务对象满意度等内容进行全面督导评估，并出具中期和终期评估报告。

5. 能力建设

定期开展以沙龙、座谈、培训交流和外出考察等形式为主的能力建设活动，主要包括注册辅导、管理咨询、项目指导、财务沙龙、品牌建设、督导评估等服务。

6. 党建工作

推动社会组织党建工作。

7. 成果展示

组织开展社会组织公益活动成果展示。

（三）项目总结

整理项目档案，针对项目实施情况进行评估和总结。发挥优势，改进不足，并制订下一年度更好的实施方案。

四、项目方案实施过程

立项以后，执行团队根据项目实施方案，细化工作内容，分工合作，紧紧围绕委托协议事项稳步推进执行。

（一）中心运营

在做好常规的日常管理工作基础上根据工作需要，负责中心日常咨询、接待、社会组织档案整理等具体事务。项目周期内（2017 年）共接待来访 4 次，分别是 2 月 13 日，南通崇川区新城桥街道领导考察交流；2 月 15 日，潘部长带领淮安市妇联一行人来中心参观交流；5 月 23 日，淮安市盱眙县民政局领导参观交流；10 月 11 日，接待省综治办副主任李三顺等一行领导。同时，承接开发区社会组织年检工作。从 5 月初发年检通知、动员组织参检、提供年检培训、网上年检、档案整理等工作，直到 8 月完成年检事务。

（二）能力建设

项目自启动以来，根据组织的需求开展，与社会组织沟通交流后，拟定培训主题，力求解决社会组织发展过程中遇到的问题，提升社会组织服务能力，营造良好的社会组织服务氛围。项目周期内共开展了为老服务交流沙龙、项目运作与管理、社会组织成立登记、项目申报书撰写、服务专业化、财务管理工作坊、社会团体年检、民办非企业年检等10场培训、交流活动（见表1）。

表1 能力建设项目一览

序号	时间	培训主题	重点内容
1	2月16日	为老服务交流沙龙	为老服务组织彼此认识熟悉、交流问题及需求
2	3月2日	项目运作与管理	从项目申请书、项目具体实施要点、资金使用等方面解构项目管理
3	3月10日	社会组织成立登记	针对社会组织成立登记步骤、流程及相关表格材料的填写与大家进行互动交流，答疑解惑
4	3月22日	项目申报书撰写	从目标明确、时间框架、资源有限3个方面描述项目特征，学习项目申报书填写要求
5	3月30日	服务专业化（社会工作介入新模式）	学习社会工作领域新模式，并与传统的问题模式作比较
6	5月11日	财务管理工作坊	交流财务管理方面知识并分组模拟设计项目财务收支表等
7	5月25日	社会团体年检	就系统设置、操作、具体流程、内容、准备报送的材料等重点内容与参与人员进行交流，并进行现场演示
8	6月13日	民办非企业年检	就系统设置、操作、具体流程、内容、准备报送的材料等重点内容与参与人员进行交流，并进行现场演示
9	9月29日	困境人群精神关爱项目	项目管理实施经验及项目督导内容
10	10月22日	项目指导	投标资质、项目设计及响应文件的准备

经过10场培训工作，一定程度上提高了组织的发展能力、专业能力以及组织工作人员的素养，并得到了绝大多数服务对象的认可。

（三）社会组织培育

组织培育是本项目的重要内容之一，一方面负责接待组织注册咨询，制作民非（社团）成立登记说明书等产品，组织注册登记培训，一年内经指导成功注册 22 家、变更登记 5 家，换证 10 家；另一方面积极培育入驻社会组织 7 家，从招募到出壳，入驻期限 1~2 年，通过提供管理咨询、能力建设、资源链接、督导评估等服务，协助社会组织发展与提升。

（四）项目评估

负责淮安市社会组织公益项目以及协助辖区内社会组织申请中央财政、省厅等各级服务项目。自淮安市社会组织公益项目竞争性磋商文件发布以来，积极动员社会组织申报，并协助社会组织撰写标书，安排项目签约工作，有针对性地对社会组织在项目实施过程中遇到的问题进行督导，5 月及 12 月根据项目实施进度、资金监管等情况，分别组织评估人员开展中期和终期评估验收工作。为进一步确保淮安市公益项目顺利进行并取得预期成效，促进会制定了《淮安市社会服务项目实施指南》等公益产品。具体运作流程见表 2。

表 2　项目运作流程

工作阶段	工作任务
项目发布	发布信息。通过网站、微信公众号、社会组织交流群等方式向社会组织发布项目信息
	申报指导。中心开展辅导培训或专题会议等，指导社会组织按照规定流程进行项目申报
项目评审与立项	资格审查。根据项目评选要求，专家对申请社会组织进行资质审核，对于符合文件资质要求的可继续参加磋商
	专家评审。评审专家根据评分标准进行打分，按分数高低确定入围项目
	结果公示。评定结果在指定网站向社会公示
	签订合同。公示期满，协助承办单位与获选项目的社会组织签订合同，正式立项

续表

工作阶段	工作任务
项目督导与评估	督导项目实施。对于立项项目，中心督导其按照项目申报书的约定，按时进行项目实施，并做好实施过程中的指导工作
	能力建设支持。中心有针对性地提供项目管理、财务管理等能力建设服务，以提升公益项目的实施成效
	组织评估。根据项目实施进度、资金监管等情况，组织评估人员开展中期和终期评估验收工作并出具评估报告
项目总结	向服务购买方提交总结报告和相关项目开展资料

（五）等级评估

等级评估工作自 7 月初启动，直至 12 月中旬结束。评估工作严格分 7 个阶段稳步推进。共完成 2017 年度淮安市 120 家社会组织的评估申报，其中评定 A 级、AA 级的社会组织有 25 家，AAA 级的社会组织有 6 家，AAAA 级的社会组织有 39 家，AAAA 级等级评估复评的社会组织有 27 家，2 家被取消资格。完成 2017 年度开发区 13 家社会组织的评估申报。具体流程见表 3。

表 3 社会组织等级评估流程

评估阶段	具体事宜
发布评估通知或公告	通知、动员各社会组织申报等级评估
	对社会组织等级评估政策法规、评估实施流程、评分细则进行全面解读，帮助各社会组织更好地完成申报工作
评估资格审核	在社会组织自愿报名的基础上，对申请的社会组织进行资格审查并予以回复，将符合申报条件的社会组织记录在册
过程跟进	针对资料不齐全的社会组织，或者根据申报材料有待改进的社会组织提供改进措施，跟进申报过程，以评促改
组织实地考察和提出初步评估意见	成立评估小组，对社会组织在查看资料的基础上，分组按照基础条件、内部治理、工作绩效和社会评价等指标进行实地评审，并提出初评意见

评估阶段	具体事宜
审核初步评估意见并接受复核申请	审核初步评估意见并向社会组织公示，在公示期内社会组织可以以书面形式向评估小组提出复核申请
评估终审	由评估专家对参评单位进行终审复核，确认评估等级
归档并颁发证书	将获评的社会组织资料进行归档，形成结题评估报告。评估结果将按规定在指定网站进行公示
	向获等级评估的社会组织颁发评估等级证书和牌匾

（六）党建工作

针对开发区社会组织党建情况进行统计调查，掌握社会组织党建工作的基本情况，并协助民政部门做好《关于统计填报社会组织党建工作相关表格的通知》等事宜。社会组织在党建工作方面面临党组织组建难、巩固难、党员发展难等一系列问题，党建工作后续将继续推进，会更加注重社会服务与党建服务叠加合作的创新融合，以党建促社建。

（七）成果展示

公益成果的展示既是对成果的认可和肯定，也是社会组织宣传工作的重要组成部分。促进会充分利用线上与线下相结合的方式针对公益组织、公益产品、服务内容等进行宣传推广。线上宣传有相关政府网站、淮安市社会组织网、微信公众号和QQ交流群，线下宣传则包括服务简报、宣传折页以及宣传交流活动。多方位的宣传方式拓宽了宣传的渠道，建立了与社会大众接触的桥梁，提高了社会组织的影响力，让更多的社会组织进行了借鉴学习。

五、总结评估

在为期一年的项目运行过程中，促进会扎实推进日常运行管理、能力建设、社会组织培育、项目评估、等级评估、党建工作、成果展示等各项工作，阶段性地对项目实施进展以及所遇到的问难进行评估总结，同时还邀请淮阴师范学院社会工作系赵海林教授进行月督导，大大提升了项目的成效与专业性，项目受到了社会组织的广泛好评。

一是推动了组织发展的社会化。经过项目一系列服务的推动，社会组织数量和质量都获得了一定程度的提升。草根型的组织，得到了一定的土壤滋养，逐步正规化、合法化；存量的社会组织也在良好的氛围中活跃起来，发挥所长服务社会。各组织逐步成长，发展壮大，引起了更多社会大众的关注。

二是实现了组织管理的规范化。积极稳妥推进社会组织培育、成立登记与变更等管理工作，增加社会组织数量的同时也更加注重组织的质量，坚持依法依规办理。同时，加强等级评估，不断完善社会组织自身管理规范，以评促改，促进社会组织在基础条件、内部管理、业务活动与诚信建设等方面的规范性。

三是促进了组织服务的专业化。引进社会工作专业方法，培育和发展社会组织。促进会以能力建设为基础定期举办培训、交流、督导、人才培育等服务，增强组织自我发展能力，提高工作人员的专业素养，大大提升了社会组织实务能力，使服务更加专业化。

四是加强了组织监管的常态化。在日常社会组织管理过程中积极参与组织年度检查、等级评估、项目监测等事务，加强了社会组织的日常管理工作。同时还及时将社会组织信息录入社会管理信息平台内网，利用网络平台披露社会组织信息，实现了社会组织动态监管及跟踪服务。

六、专业反思

（一）项目实施经验

1. 强化项目管理

项目管理是一项特殊的任务，具有很强的完整性，同时也有很强的时间性，是贯穿项目周期的一项管理过程。为了有效实现项目目标，促进会细化目标，优化人力、资金、技术、资料等资源配置，将委托项目分解成几个子项目，有效地组织、计划、控制项目的运作过程。社会组织运营委托项目活动主要包含日常性活动和项目性活动两个方面。日常性活动是日常咨询、接待、登记、年检等日常性事务；项目性活动则包含能力建设、社会服务项目督导评估、社会组织等级评估等。以项目化方式，系统性地控制管理培育中心，符合时代发展需求，提高了管理效率，有助于更有效地实现目标。

2. 社会工作的介入

社会工作在公益领域的重要性日益凸显，社会组织的培育需要社会工作专业理念与方法的介入以及社会工作专业人才的加入。"授人以鱼，不如授之以渔"，秉承助人自助的理念，发挥优势视角理论。在社会组织培育项目执行过程中，初创期的社会组织虽有满满的活力，但它的茁壮成长需要阳光和露水的滋润。社会工作的优势视角理论能协助组织立足发现和寻求，探索和利用组织自身的优势和资源，协助他们达到自身发展的目标。社会工作者在项目实施过程中扮演着资源提供者、使能者与评估监督者的角色。资源提供者：为社会组织搭建交流合作平台，定期发布公益资讯，或者定期链接外部协助或帮扶发展上面临困难的社会组织。使能者：定期开展培训、交流、沙龙、督导等能力提升服务，促进社会组织能力提升，利用自身资源，更专业地开展服务，真正做到自助。评估监督者：为社会组织发展提供指导与督促，指导其更有效地开展服务及提升其服务的专业性。

（二）项目改进思考

第一是社会组织培育创新不足。在日常工作中，结合社会组织的不同发展情况和需求，提供有针对性的培训，采用沙龙、参访、一对一或集中辅导、案例研讨等多种形式。如对于初创期的社会组织，可以采用一对一的辅导、案例分享等方式；对于发展期的社会组织，可从组织发展战略、转型、筹资、资源拓展等角度开展服务，提升组织发展能力及品牌建设能力。

第二是行政化严重。社会组织培育中心隶属民政局，受民政局的指导，同时承接社会组织注册、年检等事务性工作。长期特定的环境中，中规中矩的工作模式，缺乏组织发展的活力，容易阻碍培育工作。此后，重新定位培育工作，明确第三方机构和政府部门的关系，在利用政府行政资源的同时，与其保持适当的距离，把握好独立自主的服务空间，只有二者合作得当，才能实现互助共赢。

专 家 点 评

项目案例完整展现项目背景、项目目标、项目计划、项目实施过程、总结评估、专业反思架构与内容，将社会组织培育中心委托运行项目完整呈现在读者面前。层层递进、环环相扣、相互呼应，项目目标设定与计划很好地回应需求，项目实施与评估很好地把控服务方向与质量，专业反思具有前瞻性。项目具体做法、实施过程与服务反思对同类社会组织培育项目具有一定的借鉴意义，项目反思的内容仍然是现阶段社会组织培育项目存在的问题，值得持续性的实践与探索。我们不妨将采购方、行政单位等看作服务共同体，作为可使用资源，转变思路，平衡角色，变阻力为助力。

（纪杰杰：淮阴师范学院社会工作系助教，高级社会工作师，江苏省社会工作领军人才）

亲子"悦"读悦参与①

朱善争②　纪杰杰　马　笑　孙　璇　金璐璐

淮安市清江浦区心苑社会工作服务社

一、背景介绍

（一）社区图书室建立，但是没有营造良好的阅读氛围

在 2017 年初居民议事会上，社区骨干王叔叔提出"社区居民缺乏阅读习惯"后，经过召开居民议事会，与社区协调，将社区一楼的活动室打造成社区图书室。由社区购买书架，居民、学校、网民捐赠图书，经过淮阴师范学院图书馆志愿者整理，于 2017 年 9 月底，社区图书室初步建立。2018 年，申请到中国儿童基金会 10 万元的图书、玩具等物资，社区图书室建立完成。随着图书室的建立，社会工作者策划开展一些阅读活动，考虑到机构的运行成本，活动开展频率低，零散的活动没能帮助社区营造良好的阅读氛围。

（二）社区家庭普遍缺乏阅读习惯和亲子陪伴

滨河社区正式成立于 2016 年 9 月，辖区总人口达 1.2 万，由 4 个拆迁安置小区组成。辖区中的大多数家庭仍然是传统的多代联合家庭，即祖孙三代同堂，即使三代人不住在一个单元房，也会住在对门或者同一单元等非常近的地方。这些家庭的孩子基本上是老人代管，爸爸妈妈很少过问。滨河社区儿童差不多属于"类留守儿童"，没有被社区重视。他们爷爷辈在房子被征收前，都是面朝黄土背朝天的农民，文化水平低，只能照顾孩子的衣食住行，无法辅导孩子的学习，更无法提升孩子的文化素养。他们父母也因为读书不多，缺乏良好的阅读习惯，再加上工作忙，缺少对孩子

---

①　项目获得 2019 年度江苏省社会工作优秀项目三等奖。

②　朱善争，社会工作师，助理总干事，江苏省社会工作领军人才，江苏省"最美社工"。

的陪伴与教育。辖区内学校老师向社会工作者抱怨"很多孩子从学校回家后,家长不闻不问,却又希望孩子学习能力得到提升;孩子一旦出现问题,就会认为是老师的责任,家长完全没有培养孩子的意识"。

(三)居民社区参与度低,缺乏社区意识

虽然机构入驻滨河社区开展社区服务 3 年,提炼出"村改居"社区的"四汇一融"社区治理模式,并在社区居民中形成一定的影响。但是社区居民仍然缺乏参与社区公共事务的空间,无法真正参与社区事务,从而导致社区问题无法解决。加之在组织与引导居民参与社区治理方面缺乏具体的具有可操作性的方案,居民参与社区公共事务的积极性和主动性较低。同时由于缺乏互动,居民之间关系疏远,社区居民缺乏公共意识,凝聚力差。

为了进一步动员和组织社区居民,引导社区居民积极参与社区治理,我们以"亲子阅读"为切入点,通过动员社区居民共同参与亲子阅读习惯的养成,引导社区居民关心公共事务,并在此过程中,培育和发展社会组织,从而构建社区多元参与,协商共治的治理局面。

二、项目目标

一是协助社区成立亲子阅读组织,引导并建立亲子阅读自组织机制;

二是鼓励居民参与亲子阅读,推进亲子阅读习惯的养成;

三是开展社会组织的能力建设,推动社区动员、资源整合;

四是通过参与式规划,激发社区居民参与社区事务的热情,逐步达成社区共识;

五是依托亲子阅读平台,营造共建共治共享的社区治理氛围。

三、项目方案

(一)项目理论

1. 地区发展模式

地区发展模式是由美国学者杰克·罗斯曼根据社区发展以及社区建设的相关经验提出的社区工作实务模式,该模式强调在一个较大的社区范围内鼓励社区居民通过自助或互助的方式,广泛参与社区事务,解决社区问题，推动社区发展。地区发展模式包含了三方面的意义：一是强调一种以地区为基础的经济、社会、文化等实质内容的发展；二是强调一种发展理念，促进当地居民的需求与当地的资源、环境和人口的协调、可持续发展；三是强调一种社会工作的介入方法，推动社区居民自下而上的参与、合作，让居民集体组织起来，掌握、利用社区资源，解决社区问题，满足社区需求，增强社区的归属感和凝聚力。

2. 生态系统理论

对于生态系统理论来说，社会工作不仅关注人，情境同样是社会工作的焦点，它提出"人在情境中"的联合交流系统的观点，即人与环境相互影响，形成互惠的关系。对于社会工作来说，要理解个人就必须将其置于所生长的环境中。因为个人的能力形成是其与环境长期交互适应的结果。因此，不论是个人的正向发展还是生活过程所出现的问题，都与环境密不可分。根据生态系统理论来考察社区与家庭的关系，家庭所在的社区是中观系统，虽然有些家庭成员并不一定直接参与社区的有关活动，但也受到社区的影响，特别是如果家庭成员中有一名或者几名参与社区活动的积极分子，那么社区的影响就更为显著。

（二）项目计划

项目以"亲子阅读"为切入点，以发掘社区领袖，培育社区组织为手段，以推动社区居民参与和多元共治为落脚点，通过发掘社区领袖、发展自治队伍，组织和动员社区居民整合内外部资源，共同参与社区建设。并在此过程中，通过开展能力建设培训、社区议事会、参与式规划等，引导社区居民关注社区公共议题，并参与讨论，共同寻找解决社区问题的途径和方法，激发社区居民的参与热情和主动性。

表1　不同阶段社会工作者的角色与服务内容

阶段	主题	服务内容	社会工作者角色
第一阶段	整合社区资源	引导居民共同梳理社区具备的相关资源和力量	使能者 中介者
第二阶段	开展团队培训	通过社区培训及实地参访等，打开居民的思路，激发居民活力，发展自治队伍	教育者

阶段	主题	服务内容	社会工作者角色
第三阶段	打造活动平台	开展线上线下活动，搭建沟通平台，调动社区居民积极性	协调者
第四阶段	引导社区参与	通过居民议事会，动员社区内外资源，共同发现并解决社区问题，达成社区共识	协调者
第五阶段	展示活动成果	总结推广社团成立模式，将年度活动成果在社区中展示，吸引新的成员，为社团注入新力量	使能者

四、项目实施过程

（一）发掘社团领袖，整合社区资源

1. 发掘领袖

2019 年 1 月，我们召开了社区楼栋长年度会议。社区楼栋长在社区具有一定的威望和号召力，且对社区公共事务较为关心，与居民关系融洽。通过会议，我们了解了社区目前存在的问题，挖掘了 18 名对亲子阅读回应较为积极的居民骨干，他们表示愿意动员居民参与培养亲子阅读习惯的活动。

2. 资源梳理

社会工作者邀请社区领袖、志愿者、社区工作者和居民等相关代表，组织开展需求资源分析会。在会议讨论过程中，社区各方逐步达成了一个共识：社区家庭普遍缺乏阅读习惯和亲子陪伴。此次需求分析会进一步梳理了共性问题，确定了社区自治方向。此外，通过需求资源分析会，社区各方也共同梳理了社区开展亲子阅读活动具备的相关资源和力量。

（二）培育社区居民，发展自治队伍

鉴于社区居民对亲子阅读的理念理解不深，也对亲子阅读习惯养成缺乏信心，社会工作者通过开展领导力提升、社区治理、阅读指导培训及实地参访商业绘本馆等活动，增强社区居民行动的信心，并打开居民的思路，激发居民活力，发展自治队伍。一系列的培训和参访累计 116 人次参与，每次培训和参访都带给大家新的能量，帮助居民在社区自治的道路上更有信心和方向。增强居民的凝聚力，使社区社团组织的队伍不断壮大。

（三）开展线上线下活动，激发社团活力

线下"亲子悦读营"活动的主题多样，有表达母爱的"猜猜我有多爱你"、介绍科普知识的"蜗牛"、介绍端午节日的"粽子娃娃"等，"亲子悦读营"活动在欢声笑语中拉近亲子关系，培养家庭阅读习惯。另外，"亲子悦读营"社团参与社区图书室的开放及管理，开展阅读指导活动。为了更好地帮助居民养成亲子阅读习惯，我们建立了线上"亲子悦读营"微信群，开展线上打卡活动。群内大家围绕亲子教育的问题积极讨论，商议解决问题的办法，帮助家长搭建网上沟通平台，共同面对亲子养育中的种种问题。此外，群里推荐适宜优秀绘本、书籍，普及育儿知识，通知活动时间，成为社团成员互通信息的平台。

随着线上线下活动的开展，很多社团成员变得积极，不识字的王阿姨主动提出负责社区图书室的卫生维护，家里有五年级小学生的李叔叔帮助整理图书。

（四）培育社区意识，引导社区参与

1. 参与式规划

社会工作者注重引导社区进行"放权"，并"赋权"社区居民，鼓励社团成员参与社团活动的决策。通过参与，社团成员的真正需求才能被反映出来，社会工作者针对需求提出解决方案，进一步提升社团成员的参与程度，吸引社区居民加入社团。具体推进工作如下。

（1）为了帮助没有时间参加线下活动的家长，社团成员共同商议建立"亲子悦读营"微信群并开展线上活动，鼓励家长在家带孩子进行亲子阅读，养成亲子共读的习惯。

（2）为了让新成员迅速融入活动，社团成员共同设计了"亲子悦读营"活动的专用签名帖，将签名帖粘贴在儿童和家长的衣服上，方便大家参加活动时，可以互相喊出名字。

（3）为了吸引更多社区居民参加社团活动，社团成员共同协商，尝试将亲子阅读活动由室内搬到室外广场上开展，让居民更直接地感受到社团活动的魅力。这一措施，帮助社团发展了 20 多名成员。

（4）为了拓宽社团活动维度，社团成员共同商议，参与社区图书室的开放及管理，开展阅读指导活动。

（5）为了协助创建文明城市，社团成员商议开展国学课堂，运用传统文化，宣传文明行为。

（6）为了照顾社区孤寡老人及困境儿童，社团成员商议，在节假日开展亲子手工活动，将做好的粽子、饺子等食物送到困境家庭。

通过一次次居民议事会，大家共同发现并解决社区问题，达成共识，共同行动，居民的参与热情有了可喜的变化。

2. 资源动员

在社区中形成一支由社区领袖和志愿者组成的比较稳定的队伍后，我们在社区内外开展了社区资源动员，并整合了如下资源。

物资资源。社区提供图书室、妇儿之家、党员之家作为活动场地；中国儿童基金会捐赠价值 10 万元的计算机、书籍等物资；居民捐赠家中闲置的书籍。

人力资源。社区"益路同行"志愿者服务队培养一批社区志愿者，高学历父母成为绘本讲师；辖区里已经合作过的新城实小在学校内帮助宣传活动；淮阴工学院及淮阴师范学院输送社会工作专业实习生；老约翰绘本馆指导亲子阅读活动开展方法。

媒体资源。活动接受了《淮海晚报》、淮安电视台等媒体报道 8 次。

（五）分享治理成果，凝聚社团意识

在年底开展了"亲子悦读营"社团宣传活动，对一年中的活动精彩片段进行展示。在准备宣传活动的同时，社团成员梳理了社团一年的成长历程，讨论了社团的未来规划。此次活动，提升了社团成员的归属感，增强了社团的凝聚力。

五、总结评估

机构以社区图书室为基地，利用"线上+线下"两个活动平台，促进社区工作者、社会工作者、社会团体三方参与，帮助居民、社区工作者、社会工作者、社会团体四方受益。

整合社区多方资源，成立"亲子悦读营"社团，定期为社区居民开展"亲子悦读营"、阅读空间等活动。解决社区多代联合家庭中父母角色缺失的问题，改善亲子关系，提升亲子陪伴质量。新手妈妈张女士在参加"亲子悦读营"前，一直把娃"扔"给爷爷奶奶带。参加活动后，她感慨原来和娃相处可以那么轻松愉快，同时也意识到亲子阅读的重要性，参加线上打卡活动，养成亲子共读习惯。她说："如果活动早点开展就好了，现在我十分后悔之前5年把孩子扔给爷爷奶奶带，一直不过问。"

项目提升社团核心成员能力，完善社团规章制度，在项目实施后期社团具备自主发现问题、解决问题的能力，可以定期为居民开展活动，总结社团发展模式，孵化更多社团。

六、专业反思

（一）因地制宜，将有限的力量用在刀刃上

符合社区居民需求的社区活动才能受到社区居民的喜爱，得到社区居民的支持。社区资源链接、社团孵化督导、社区服务开展等都是建立在社区居民需求的基础上。比如本项目针对"村改居"社区多代联合家庭中父母角色缺失问题而诞生，如果不注重社区的需求发展社团，居民参与的积极性就会大打折扣。

（二）居民参与，社区才能活起来

社区问题的解决主要依靠社区居民，只有推动社区居民之间的交流、沟通、协商和合作，促进社区居民的互惠、互助，才能培养互相关怀的社区美德，促进社区归属感的建立。社会工作者要帮助居民建立参与解决社区问题的信心，传授解决问题的知识和技巧，培育居民骨干的能力，鼓励居民参与集体行动，群策群力解决社区问题，促进和推动社区自决能力的提升。

专家点评

随着我国基层民主建设的不断深入，社区居民参与的重要性日益彰显。但促进居民参与社区建设，参与社区活动，真正实现社区活动有人参，社区事务有人议的确需要专业的技巧与方法。本项目从"亲子阅读"出发，较好地找到了服务切入点，运用合理有效的社区工作方法，调动社会各方面的资源，成功打造了社区范围内的亲子阅读服务品牌，激活了社区居民的参与意愿，取得

了较好的社会效益。本项目在社区开展中有两个亮点：一是合理运用地区发展模式等方法开展社区服务，通过赋能技巧培养关键的社区领袖；二是发掘和利用社区内外资源，培育社区内的自组织，这在一定程度上保证了项目成效的持久性。项目有待进一步提升的地方是有些具体的介入方式须进一步细化与改进，该项目的服务群体多样化，涉及儿童、父母甚至老人多个年龄段的群体，因此在介入策略上要格外谨慎，尽量做到细化，根据不同服务对象和服务内容，选择不同的服务方式。

（徐璐：淮阴师范学院社会工作系讲师）

童享家园：儿童友好社区建设的社会工作支持服务项目①

王正中

淮安市同心社会工作服务中心

一、背景介绍

（一）社会层面

作为社区治理的重要主体之一，儿童参与是当今我国实现共建共治共享社会治理格局的现代社区治理中不可或缺的内容和途径。国家统计局2019年初的最新报告指出，2018年中国大陆0~15岁（含不满16周岁）的儿童青少年总人口为2亿4860万，占总人口比重为17.8%。儿童青少年群体的权利和需求一直是国家重点关注的问题。近年来，儿童友好社区的理念在深圳、上海等地区流行开来，并有了一些实践与探索。

儿童友好社区是以社区为依托，以保护儿童权利和促进儿童发展为宗旨，以0~18岁儿童及其监护人和其他家庭成员为服务对象，在安全友好的社区公共空间里提供包括文化、教育、健康等在内的多维度的普惠型服务。儿童友好社区是将儿童置于其关怀中心的社区，使儿童能在其生活的社区中进行良好社会化，从而参与社区、参与社会。

（二）社区层面

淮安经济技术开发区成立于1992年，现为国家级经济技术开发区。该区产业发达，大中专院校集中，是国家级台资企业产业转移集聚服务示范区核心区，全区具有0~17岁户籍人口45566人。其中，枚乘街道辖区人口36073人，涉及儿童的有1所小学、3所幼儿园，幼儿园共有在校学生

---

① 项目获得2020年度江苏省社会工作优秀项目三等奖。

2414 人。通过对枚乘街道下辖的最大社区——轮窑社区——调查发现，社区人口 1.9 万，14 周岁以下儿童 503 人。虽然兴建了许多新小区，硬件设施较为完善，但面向儿童的服务仍然有待改善，尤其是社区作为儿童经常活动的较大区域，在儿童保护、社区教育和参与方面存在较大的缺陷，以致许多社区的儿童保护功能得不到发挥，给社区儿童的安全及身心发展带来了阻碍。轮窑社区作为其中的典型，回迁户较多，在社区儿童安全教育方面问题较多，在社区参与方面，儿童参与社区管理较少，儿童的主人翁意识淡薄，整体上社区还不能将儿童置于其关怀中心。

调查发现，社区有部分儿童渴望在课余时间参与社区活动丰富自己的生活，也有很大一部分儿童家长支持社区举办儿童活动，并且有参与愿望。对于儿童自身来说，他们正处于个人成长发育的关键时期，儿童时期对于外界的好奇和对于危险的忽视使儿童常常处于危险环境之中，在这方面，儿童友好社区的建设就是在社区范围内给予儿童安全保护以及给予儿童自身安全保护知识宣传；对于家长来说，现在城市社区的儿童家庭大多为"双职工"家庭，儿童的保护和教育较为缺乏，儿童友好社区能够在一定程度上弥补"双职工"家庭在家庭保护和教育方面的缺失；从社区层面看，儿童友好社区的建设活动的开展可以调动社区居民参与社区的积极性，增进邻里沟通，促进居民关系的融洽和谐，有利于营造温暖、舒适的社区环境，提升居民的社区幸福感；从社会层面看，儿童友好社区的建设有利于维护儿童成长和发展的各项权益，保障儿童福利，有助于祖国花朵的茁壮成长。本项目为 2019 年江苏省妇女儿童公益社工服务项目，实施区域为淮安市经济技术开发区枚乘街道，项目周期一年，资助资金 10 万元。

二、项目目标

（一）总目标

通过"儿童友好"社区建设项目，能够协调个人、家庭和社区关系，共同为儿童创造和谐的生存和成长环境，使儿童成长为有健全人格和美好品质的人；使家庭成员学会尊重儿童，拉近亲子关系，创造和谐的家庭关系；社区从文化、教育、健康、社会参与等多个维度关爱儿童成长，营造"儿童友好"的环境氛围；儿童社会参与意识和能力获得显著提升。

（二）分目标

第一，开展社区及儿童基本状况调研专题活动，社会工作者进入社区，走访社区家庭，了解儿童生活情况；初步对社区儿童基本状况进行评估，为所有服务对象建立档案，以便开展工作。

第二，通过个案管理与辅导，对参与意识和能力不足、封闭、孤僻、性格暴躁、缺乏自信、社会交往障碍、亲子关系紧张和学业困难的儿童及其家庭进行个案工作，有针对性地解决服务对象的困境。

第三，通过开展亲子小组活动、生命教育小组活动、社区小领袖培养小组活动，通过身、心、社、灵的全面培育，使儿童接纳自我，自尊自信，感恩生活，热爱生命，培养社区主人翁意识。

第四，通过举办社区教育系列讲座、社区环境美化参与、成立儿童议事会等活动，提升儿童社区参与程度，培养儿童主人翁意识。

第五，"促进儿童发展"儿童友好社区建设倡导，整合社区多方资源，协调个人、家庭和社区关系，为各类儿童和谐人格的发展形成合力。

三、项目方案

表1　项目方案

活动时间	活动内容
2019.04—2019.06	一、社区及儿童基本状况调研方案 1. 社会工作者进入社区，走访社区家庭，了解儿童生活情况 2. 初步对社区儿童基本状况进行评估 3. 开展服务对象建档服务，一人一档
2019.06—2019.08	二、生命教育小组方案 通过身、心、社、灵的全面培育，使儿童接纳自我，自尊自信，感恩生活，热爱生命，培养社区主人翁意识
2019.05—2019.10	三、个案工作辅导方案 1. 通过外展和求助等形式确定个案工作服务对象 2. 由社会工作者进行个案管理与辅导，由2名督导跟踪指导 3. 涉及服务对象问题是与儿童友好要求相悖而引发的

续表

活动时间	活动内容
2019.08—2019.10	四、亲子类小组方案 1. 招募组建"彩虹桥"亲子关系小组 1 个，活动以相关节日活动的形式举行 2. 活动目标为父母和孩子能够彼此配合，增进对彼此的了解，促进亲子关系良性发展
2019.09—2019.11	五、社区小领袖培养小组活动方案 儿童走访社区进行拍摄活动，制作保护环境宣传标语，并将其挂在社区中，呼吁社区居民保护环境
2019.09—2020.04	六、社区教育系列讲座方案 1. 通过社区平台发布讲座信息，统计参与讲座的人数 2. 家庭教育讲座：向家长讲解儿童成长及心理相关知识 3. 社区安全教育
2019.10—2019.12	七、社区参与主题活动——环境美化小主人方案 1. 发布志愿者招募信息，招募小志愿者 2. 环境美化设计及作品评比 3. 社区环境美化（包括卫生打扫、创意涂鸦等）
2020.01—2020.04	八、困境儿童社区关爱专题活动方案 1. 为无父母监护的困境儿童寻找合适的家庭帮扶资源 2. 对学习困难的困境儿童结对帮扶，做学业辅导 3. 邀请其他困境儿童为当月过生日的孩子举办小型生日会，体会"爱"与"被爱"的温暖
2019.06.01	九、"美好社区，快乐成长"六一儿童社区活动方案 1. 以"六一"儿童节为契机，引导服务对象参与创作、表演自己的节目 2. 动员志愿者广泛参与，宣传儿童友好社区建设理念
2019.12—2020.04	十、"促进儿童发展"儿童友好社区建设倡导方案 1. 印制传单和海报 2. 通过媒体开展困境儿童关爱的政策倡导 3. 面向区域内市民散发儿童友好社区建设倡导书 4. 在公共媒体上登载儿童友好社区活动信息

四、项目方案实施过程

（一）确定实施内容，整合服务资源

为推进试点工作的开展，本项目负责人王正中多次赴南京等地调研儿童友好社区建设情况，确定了"儿童友好社区"建设方向和内容，提出了让社区所有儿童及其监护人都能较为容易地接受到包括文化、教育、健康等多维度、专业化服务，为社会工作介入提供了一揽子方案。本项目在获得省妇女儿童公益社工服务项目资金资助后开始实施。一年来，淮安市同心社会工作服务中心以淮阴工学院师生提供的智力支撑和志愿服务，整合各类资源，利用轮窑社区、李集社区以及天津路小学、师者教育培训学校3所教育机构和2所幼儿园提供的场所、设备等硬件环境，积极开展以"儿童友好社区建设"为主题的社区营造和家庭教育，提供系统的社会工作专业服务。

（二）对照目标任务，开展社工服务

社区是未成年人除家庭以外接触到的第一个社会性界面，创建儿童友好社区首先就要从社区的公共空间入手。作为本项目的负责人，王正中教授受托主持起草了《淮安市儿童友好型街区示范点创建方案》及其实施细则。项目团队结合本项目目标和枚乘街道轮窑社区儿童发展状况，提出一整套有关"儿童友好社区"的细化建设方案，按步骤推进儿童友好社区建设社工服务与相关活动，即组建社工团队和志愿者队伍，打造儿童活动阵地，开展家庭教育讲座、亲子活动，指导家长并提供相关服务，完善儿童事务的支持系统，营造儿童友好社会氛围等。目前，在轮窑社区设立了儿童友好社区建设工作站，在天津路小学及其枚乘校区、师者教育培训学校、哆吢培训中心4个教育机构设立了"儿童友好社区"大型活动场馆2个、小组活动室3个，儿童议事会所1个，通过"儿童友好进课堂""童享家园议事会""环境美化小主人"等子项目，扩大了儿童友好活动阵地，营造了"尊重儿童、儿童优先"的社会氛围，推进儿童友好社区建设。

（三）推动儿童参与，营造环境氛围

儿童参与的外围利益相关方也经历了不断改变的过程，从支持、配合到信任、鼓励，是不断强化儿童参与意识的重要力量。因此，本项目

通过在社区积极营造"儿童友好"的环境氛围，构筑儿童参与的良好生态圈，在圈层内带领儿童成功地完成参与活动，帮助儿童建立有序参与的观念，养成主动参与的习惯。围绕儿童友好优先理念和儿童参与成绩，重视宣传工作，提高公众对建设儿童友好型社区的知晓率和参与度，在微信公众号开设"儿童友好型社区"专栏，专题策划制作内容丰富的微信公众号推文，及时发布建设儿童友好型社区及儿童参与的相关信息，在社区党群服务中心等窗口发布建设儿童友好型社区公益广告，放置和派发宣传折页；在域内主要交通路口、公共闲置墙体和建筑围挡制作儿童友好型社区及社区参与的墙体文化介绍和主题公益广告，广泛吸引广大市民关注、参与并传播，为儿童参与和儿童友好型社区建设营造良好的社会氛围。

（四）发挥专业作用，提高服务质量

建设儿童友好社区是城市社区建设的一个全新的领域，不仅需要严格地遵从儿童友好社区建设标准，更需要一支具有专业知识和理念的队伍去持续推进，提供一整套专业化服务，才能够真正实现城市及社区的儿童友好化。本项目围绕"儿童友好社区"建设标准，结合本地儿童发展状况，从个体、家庭、社区、学校4个层面出发，综合介入个案、小组、社区等专业社工方法，从源头上缓解或修补社区中的社区教育、儿童参与、亲子关系等方面存在的问题与缺失，形成以儿童为中心的社区关爱合力。本项目自实施以来，先后开展了社区倡导活动3场，举办了生命教育小组、亲子类小组、社区小领袖培养小组等小组活动8场次、儿童议事会2场，组织了家庭教育、社区安全教育等系列讲座3场，开展了"新春联送春联""文明城市创建参与"等主题社区活动6场，举行了大型活动如"美好家园，快乐成长"、"六一"文娱晚会和"环境美化小主人"儿童社区参与设计及作品比赛，针对交往、学习等困难儿童开展了8个个案辅导。其中，在江淮印象小区举行的"社区小领袖培养"小组活动被《淮安日报》宣传报道。

五、总结评估

淮安经济技术开发区枚乘街道，是淮安市首家开展儿童友好社区创建试点，该街道借助专业社会工作者的力量，以打基础、抓服务、创品牌为目标，将儿童置于社区关怀的中心，着力推动儿童认识和影响自己的社区，积极培育参与意识和参与能力，使他们成为社区的真正主人。同时，革新了以往只注重改善青少年弱者处境，而忽略了他们在社会建设方面的作用的情况。

本项目直接惠及儿童200人，间接受益人群800余人，营造了浓厚的关爱儿童健康成长的良好氛围。儿童有了健康的成长环境，方能推动家庭的和睦，提升家庭幸福指数。作为儿童友好城市概念的延伸，儿童友好社区不仅要提供满足儿童需要的文娱体育设施、教育空间，更要着眼于推动孩子们积极参与社会治理、社会实践，终极目标是让儿童的生存环境更友好。

以本项目为驱动的轮窑社区儿童友好社区创建工作，在淮安市是以儿童发展为特色的一种社区治理创新。它从儿童青少年需求出发，以社区为平台，以社会工作者为主导，链接其他多元社会组织，以"三社联动"的方式，培养青少年参与社区事务，为打造多元合作共治的社区治理格局增添新元素、注入新活力。

六、专业反思

我国儿童友好社区建设进程至今只有10年左右，地方政府的行动是非常重要的，得到政府的支持，才有可能推动儿童友好社区的建设标准的制定，才能让儿童友好社区以实体呈现出来，才能总结、复制儿童友好社区的建设经验，让更多的社区有所参考，从而造福更多的儿童及家庭。政策倡导不仅是中央层面的法律法规支持，更包括地方标准的制定，地方政府对儿童友好社区建设的关注、参与是儿童友好社区建设模式的创新。

在儿童友好社区的服务开展过程中，社会工作者应根据社区不同年龄段的儿童设计有针对性的儿童服务，做到服务覆盖社区所有年龄阶段的儿童，满足不同儿童的个性化需求。如针对3~6岁的社区儿童，活动应帮助幼儿锻炼思维与想象能力，帮助幼儿培养伙伴和增加亲子之间接触等；针对6~12岁的社区儿童，活动方向应在链接社区内和社区外的教育资源，开展丰富多彩的趣味学习小组，满足此年龄段儿童的其他社会化需求。

构建儿童友好社区不仅需要推进政府购买儿童福利的社会政策，还需要政府在宏观政策方面，推动社会工作机构和社会工作者人才队伍建设，鼓励高校培养更多的专业社会工作人才，鼓励专业社会工作者参与我国儿童友好社区建设，推动我国儿童福利的发展；更需要积极地推进我国基层社区自治管理，鼓励基层社区自主探索构建儿童友好社区行之有效的方法和途径。

专家点评

　　社区作为儿童游乐、成长和监护的重要场所，对儿童的健康成长起着十分重要的影响作用。项目将儿童及其家庭作为服务对象，体现了社会工作在儿童福利建设与发展方面的价值。社会工作的独特理念与原则在儿童友好型社区建设方面得到重视。项目涵盖了儿童社会工作的主要内容，包括对社区儿童生长空间的创造，儿童个人发展和辅导的支持服务。在家庭层面，项目可以补充家庭对围绕儿童教育、安全和健康的保障，在社会层面起到了爱护儿童、陪伴儿童和服务儿童的重要引领作用。

　　"童享家园"项目将儿童作为社会工作的服务重点，对推动现代儿童福利制度具有重要意义。也揭示了我国儿童社会工作需要专业的理念、成熟的技巧和科学的方法，为不同年龄阶段的儿童，尤其是困境儿童开展特定的支持和服务。

（曹欣欣：淮阴师范学院社会工作系讲师、博士）

真情守护，为爱起航：关爱农村留守儿童社会工作服务[①]

秦伟国[②]

淮安市惠泽社会工作服务中心[③]

一、背景介绍

（一）项目背景

1. 社会背景

近年来，留守儿童问题是一个突出的社会问题。随着中国社会政治经济的快速发展，越来越多的青壮年农民走入城市，在广大农村也随之产生了一个特殊的未成年人群体——农村留守儿童。留守的少年儿童正处于成长发育的关键时期，他们无法得到父母在思想认识及价值观念上的引导和帮助，成长中缺少了父母情感上的关注与呵护，极易产生认知与价值上的偏离，个性心理发展异常，一些人甚至会因此走上犯罪道路。由于留守儿童多由祖辈照顾，父母监护教育角色的缺失，容易对留守儿童的全面健康成长造成不良影响，"隔代教育"问题在"留守儿童"群体中最为突出。据调查，父母外出打工后，与留守儿童聚少离多，沟通少，远远达不到其作为监护人的角色要求，隔代教育容易导致留守儿童"亲情饥渴"，心理健康、性格等方面出现偏差，学习受到影响。

2. 政策背景

中共中央、国务院高度重视儿童福利工作，特别是对农村留守儿童和困境儿童格外关心。2016 年，国务院印发了《关于加强农村留守儿童关爱

[①] 项目获得 2018 年度江苏省社会工作优秀项目三等奖。

[②] 秦伟国，淮安市惠泽社会工作服务中心法定代表人。

[③] 淮安市惠泽社会工作服务中心成立于 2013 年，AAAA 级社会组织。

保护工作的意见》。在中共中央、国务院的正确领导下，农村留守儿童关爱保护工作取得了重大进展，政策体系进一步健全，工作机制进一步完善，工作力度也进一步加大，关爱服务水平进一步提升。但目前关爱服务体系建设仍然存在很多短板，比如机构建设还不够到位、工作力量配备不足、社会力量参与不够广泛、儿童类社会组织成长发育不足等，客观上影响和制约了农村留守儿童关爱服务向更深层次、更高质量发展。

（二）项目实施主体

淮安市惠泽社会工作服务中心成立于 2013 年 11 月，是首家在淮安市民政局登记的社会工作服务机构，自 2014 年起，连续 5 年承接民政部门"共享阳光"——青少年健康成长守护计划项目，为多个社区青少年及其家庭提供专业社会工作服务，为项目实施提供经验技术支持。机构有专业社会工作者、心理咨询师和社会工作督导师，同时社会工作专业实习生、大学生志愿者为项目实施提供了强有力的人力资源保障。

（三）项目创新性

1. "家校社联动"健全留守儿童保护体系

项目开展结合服务对象所在家庭、学校以及社区，三方联动共同营造关爱农村留守儿童的社会氛围，促进农村留守儿童健康成长。

2. 专业社会工作方法

项目实施运用专业社会工作方法，如个案工作、小组工作以及社区工作三大社会工作方法，为服务对象提供心理关爱服务，提升服务对象综合能力，培养服务对象积极心态。

3. 多样化与个别化服务相结合

项目针对淮安区农村留守儿童开展多样化社区活动、小组活动，针对有个别需求的服务对象提供有针对性的个案服务、上门服务等。项目结合普惠性服务以及个别化服务，在扩大项目覆盖面的基础上，提升项目服务专业性，达到服务范围更加广泛、服务内容更加精准的效果。

4. 建立一支专业程度高的执行团队

项目团队由专业心理咨询师、社会工作者、社会工作督导师、志愿者等构成，按需分配、各司其职，共同推动项目高质量实施。

二、项目目标

（一）总目标

优化农村留守儿童成长环境，营造全社会共同参与的良好氛围，逐步健全"家庭、学校、社区"三位一体的农村留守儿童关爱保护体系，促进农村留守儿童的健康成长。

（二）分目标

通过开展各种类型的服务活动，为服务对象提供心理慰藉、文化娱乐、意识培养、能力提升等支持。

一是通过开展各项节日活动，让留守儿童感受到节日的氛围，通过开展各项主题活动，丰富留守儿童的课余生活，提升留守儿童的动手动脑能力，促进其健康快乐成长。

二是通过开展小组活动，帮助留守儿童认识自己，互相信任，产生群体归属感，形成互帮互助小组，通过开展人际交往小组活动，改善留守儿童的人际交往能力；通过开展团结合作小组活动，增强小组凝聚力，留守儿童合作意识，使其互相协助，共同进步；通过开展安全教育小组活动，增强留守儿童安全保护意识。

三是通过工作坊、实践课程、讲座、体验等方式，让留守儿童获得各项能力的提升，为其赋能，使其能够自己解决生活、学习上的困难。

四是通过各项主题的教育讲座，促使孩子们在活动中增长见识，拓宽视野，帮助留守儿童树立正确的人生价值观，帮助其正确认识事物，促进个人的成长和发展。

三、项目方案

（一）项目理念

"真情守护，为爱起航"：关爱农村留守儿童社会工作服务项目秉承社会支持以及优势视角两种专业社会工作理念，运用交互模式、发展模式等专业社会工作服务模式，构建"家庭、学校、社区"三位一体的农村留守儿童关爱保护体系。社会支持理念视角下的社会工作，挖掘服务对象周边资源，如学校、老师、村民委员会主任、社会工作者以及家长等，多方联合形成庞大的农村留守儿童社会支持网络，为服务对象提供情绪支持和心理疏导。优势视角下的社会工作，关注服务对象的内在力量和优势资源，把服务对象及其生活环境中的优势和资源作为项目实施过程中关注的重点，侧重于挖掘服务对象自身的优点，帮助服务对象认识其优势，促进服务对象问题的解决。通过开展抗逆力工作坊，提高了服务对象的抗挫力，使服务对象能够以积极、乐观的态度面对并解决生活中的挫折和困难。

（二）服务内容

第一阶段调研（2017年10月）：开展需求调研。

第二阶段项目宣传发动（2017年11月）：

一是做好项目的宣传工作，引起服务对象及相关群体的关注与重视；

二是根据具体需求，拟订项目具体实施方案；

三是整合资源，广泛发动当地的志愿者、义工、党员、居民、心理咨询师等社会资源，确保提供优质服务。

第三阶段前期准备（2017年12月）：

一是协调淮安区内各村积极配合服务项目，做好社会志愿者的报名、注册登记，建立档案工作；

二是根据社会志愿者的技能、特长及兴趣爱好进行分工、培训；

三是定期对社会志愿者进行心理学、社工专业知识培训。

第四阶段全面实施（2018年1—9月）：主要围绕5个服务模块进行：

一是节日活动。针对元旦、春节、清明、端午等节日，开展相应的主题活动，传承传统文化，丰富留守儿童生活。

二是讲座。举办青少年梦想讲座以及"活力、快乐、感恩"公益课堂讲座，设定目标、拓宽视野。

三是小组工作。"四点半课堂"教育小组；亲子关系改善小组；安全法治教育小组；人际互动学习小组；心理成长工作坊。

四是探访。农村留守儿童家庭探访。

五是个案服务。为服务对象中有个案需求的留守儿童或家庭提供专业的一对一的个案服务。

第五阶段总结评估（2018年10月）：对项目进行全面总结和评估，报送执行情况报告。

四、项目方案实施过程

项目指标：项目计划开展不少于 20 场主题团体活动，6 次讲座，5 次工作坊，10 次小组，60 人次探访和 8 个个案服务，为农村留守儿童提供非在校期间生活照料、课后辅导，帮助他们解决学习、生活、成长中的实际问题，服务人数 450 人以上。

项目完成情况：项目共开展了 113 次服务，其中包括启动会 1 次；节日类或其他主题团体活动 26 次；小组活动 13 次；能力提升工作坊 5 次；教育讲座 8 次；入户探访 60 人次。此外，项目还完成了 8 个个案服务，服务人数共计 3504 人。

（一）项目启动

目的：通过项目启动的方式，向服务对象明确本项目的性质与内容，开启项目活动。

活动形式：项目启动。

活动频次及完成情况：1 次，已完成 1 次。

受益群体参与情况：共计参与人数为 104 人，服务 104 人次。

主要产出：宣布淮安区农村留守儿童关爱服务项目正式启动，引起社会各界的关注和重视，为以后活动的开展奠定良好的基础，让社会、政府和学校对此项工作予以关心和支持。

（二）开展各类节日活动和其他主题活动

目的：通过开展各项节日活动，让留守儿童感受到节日的氛围，了解中国传统节日；通过开展各项主题活动，丰富留守儿童的课余生活，提升留守儿童的动手动脑能力，帮助其健康快乐成长。

活动形式：互动、实践、游戏教育、知识宣讲和节日宣传等。

活动频次及完成情况：26 次，已完成 26 次。

受益群体参与情况：共计参与人数为 1160 人，服务 1160 人次。

主要产出：通过制定不同活动的内容，开展各种富有特色的活动，为留守儿童的个人成长和心理健康发展创造一个良好的环境，通过互动、沟通与合作以及技能学习，协助他们认识自我，发现个人优势，克服自卑、害羞，敢于展现自我，提升自信心，学会控制情绪，改善自我认知，丰富留守儿童课余生活。

（三）开展小组活动

目的：通过开展小组活动，帮助留守儿童认识自己，互相信任，产生群体归属感，形成互帮互助小组，通过开展人际交往小组活动，改善留守儿童的人际交往能力；通过开展团结合作小组活动，增强小组凝聚力，增强留守儿童合作意识，使其互相协助，共同进步；通过开展安全教育小组活动，增强留守儿童安全保护意识，帮助留守儿童健康成长。

活动形式：小组、互动、体验等方式。

活动频次及完成情况：15 次，已完成 15 次。

受益群体参与情况：共计参与人数为 652 人，服务 652 人次。

主要产出：通过开展"风雨同舟、合作共济""携手成长、学会互助"等小组活动，改变了留守儿童对合作和互助的看法，使留守儿童更愿意帮助别人，信任他人，帮助留守儿童形成良好的人际关系；通过开展亲子小组活动，改变了留守儿童和父母之间的交流沟通方式，使其互相理解；通过开展手工小组活动，帮助留守儿童增强动手能力和创新思维；通过开展游戏互动小组活动，促进留守儿童之间的友谊，建立信任关系，丰富留守儿童课余生活；通过互动小组活动，使大家学会换位思考，理解别人的感受，增强组员的人际沟通能力，建立相互信任、支持的网络。

（四）开展能力提升工作坊

目的：通过互动坊、实践课程、讲座、体验等方式，让留守儿童获得各项能力的提升，帮助他们应对生活和学习上的困扰。

活动内容：

专注力提升工作坊

抗逆力提升工作坊

自信心提升工作坊

活动频次及完成情况：5 次，已完成 5 次。

受益群体参与情况：共计参与人数为 302 人，服务 302 人次。

主要产出：通过开展抗逆力提升工作坊，提高了留守儿童的耐挫力，与之前相比，留守儿童能够更好地面对生活中的挫折和困难；通过开展专注力提升工作坊，帮助留守儿童提高注意力，使留守儿童能够更高效地应对生活与学习上的事情；通过开展自信心提升工作坊，帮助留守儿童树立自信，形成积极乐观的心态，也促进留守儿童个人的成长。

（五）开展教育讲座

目的：通过开展各个主题的讲座，拓宽留守儿童的视野，增长其见识，帮助留守儿童更好地面对生活和学习，通过讲座纠正留守儿童的一些错误认知，帮助其正确认识事物，树立正确的价值观。

活动形式：讲座。

活动内容：

法治教育

梦想启迪教育

学会感恩教育

心理健康教育

卫生教育

安全教育

活动频次及完成情况：法治教育讲座 1 次；梦想启迪教育讲座 2 次；学会感恩教育讲座 1 次；心理健康教育讲座 1 次；卫生教育讲座 1 次；安全教育讲座 2 次，已完成 8 次。

受益群体参与情况：共计参与人数为 1286 人，服务 1286 人次。

主要产出：通过各个主题的教育讲座，使孩子们在活动中增长见识，拓宽视野，帮助留守儿童树立正确的人生价值观，促进个人的成长和发展。

五、总结评估

（一）项目成效

通过开展各类不同主题的小组活动，让服务对象感受到政府、社会和社会工作者的关怀和爱护，为农村留守儿童的个人成长和能力提高创造了一个良好的环境。通过互动和手工技能的学习，帮助他们了解自己，发现个人优势，克服自卑、害羞，使其敢于突破自我。同时也让服务对象学会团队协作，增强人际沟通能力，建立相互信任的支持网络。纠正服务对象有偏差的价值观念，使其学会理解父母，感受到父母对他们的关爱，学会感恩。

通过安全、卫生和法治教育拓宽服务对象的知识面，提升服务对象的自我保护意识、安全卫生意识以及法治意识等，帮助服务对象全方位地成长和进步。通过各个主题工作坊，使孩子们在活动中逐渐找到真正的自我，提升服务对象的自信心、抗逆力、专注力等，并且通过社会工作者的专业引导，帮助服务对象舒缓心理压力，抒发不良情绪。通过活动中的观察以及对服务对象的基本情况摸底，筛选个案，开展个案服务，帮助服务对象解决心理、行为问题，形成积极乐观的心态，促进服务对象健康全面成长。

（二）项目影响

1. 留守儿童

社会工作者运用个案工作、小组工作等专业社会工作方法，帮助服务对象发掘自身优势，链接社会资源，走出困境，促进服务对象身心健康成长。在项目实施过程中，社会工作者入户走访了30户家庭，采用问卷调查法和访谈法为30名服务对象建立了个人档案，实现一人一档。完成个案辅导5例；完成15个小组工作，其中亲子关系改善小组2个、心理成长小组3个、人际互动学习小组3个、安全法治教育小组3个、"四点半课堂"学习教育小组4个，完成2个以感恩、梦想为主题的专题讲座，服务3504人次，组织志愿者100余人。通过以上这些服务活动的实施，服务对象沟通交流能力得到增强，学习能力和学习成绩得到提升，安全法治意识得到提高，心理状况得到改善，变得越加积极和健康。

2. 学校

社会工作者在借助学校场所开展服务工作的过程中，在运用专业的社会工作理念、方法和技巧帮助留守儿童的同时，也为学校领导和老师在开展品德培育工作和解决学生生活问题方面起到了良好的示范作用，学校通过组织老师、年级主任参与观摩项目活动，借鉴项目实施经验，促进学校非教学教育工作的开展，学校社会工作理念得到进一步的普及，促进了留守儿童、社会工作专业和学校教育共同健康成长，实现多方共赢。

3. 社工机构

该项目的开展与实施，使机构得到了更多实践机会，积累了更多儿童社会工作服务经验,通过项目定期督导,机构的服务水平得到进一步提高,服务工作得到进一步规范,同时也为机构的长远发展奠定了新一层的基础,让机构不断向成熟迈进。

4. 项目指标完成

在合同指标量完成情况方面,个案及辅导指标、家访指标、小组、讲座、工作坊及社工宣传活动指标正常或超额完成。项目服务成效显著,在进行服务对象满意度调查时,服务对象表示非常喜欢惠泽社会工作者开展的各项活动。尤其是小组活动,很期待参与小组活动,并愿意主动向社会工作者倾诉自己的心声。乡镇领导和学校也对惠泽机构项目服务给予了高度评价。

六、专业反思

(一)存在不足

一是由于该项目主要是依托学校来开展的,活动的时间、地点经常受到学校限制,开展集体活动的难度较大,为活动进程推进加大了难度。

二是该项目服务对象范围较广,集中开展活动需提前和各方面进行对接,加大了工作难度。服务对象人数多,只能为部分服务对象提供精准化服务。

三是该项目要进入农村开展社会工作,在交通和活动场地等方面会限制社工服务的开展。

(二)建议

1. 提高认识,整合资源

充分认识项目的开展离不开社会各方面的支持和帮助。同时,加强与其他机构项目之间的交流沟通,共建资源共享和资源链接平台,形成项目合力,借力提高项目的深度和广度。

2. 加强管理,及时总结

项目实施过程中不断完善项目台账资料,及时总结项目经验,加强对项目经验和做法的归纳提炼,探索具有可操作性、可持续性、可复制性的专业社会工作服务模式。及时分析项目推进中存在的问题,不断优化服务方案,提高服务质量。

3. 学会创新，树立品牌

在项目实施过程中，加强社会工作项目创新意识，努力打造项目品牌，利用品牌效应，宣传推广项目、政策以及机构。加强项目宣传，树立典范，形成具有可复制性、可持续性的社会工作服务模式。

专 家 点 评

项目依据专业社会工作服务的思路进行设计，分别从个案、小组和社区工作角度开展社会工作服务，完成相应的工作量，但项目对专业社会工作服务理解不深入，项目实施的专业化程度不高。对项目成效和影响提炼不够，项目虽然运用优势视角和社会支持理论，但这两个理论未能很好地体现在项目设计以及项目成效中。

（赵海林：淮阴师范学院社会工作系教授，全国专业社会工作领军人才）

倾听"新"声拥抱你：新业态新就业女性社工公益服务项目[①]

陈 怡[②]

淮安市乐民社会工作服务中心[③]

一、背景介绍

伴随工业社会向数字社会的转型，数字经济与诸多行业领域深度融合，催生了我国经济新业态、新就业的蓬勃发展，吸纳了千万量级的就业人员。对于女性群体而言，这一方面为她们带来了更多的机会；另一方面也会因家庭角色、社会观念等传统因素的制约使其陷入新的就业桎梏之中。数字经济催生的新就业形态在工作时间上相较于传统的二、三产业具有更加灵活的特点，从而在一定程度上为部分女性兼顾职场发展与家庭杂务提供了可能。在女性所承担的家庭职责并未得到减轻时，所谓外卖、快递、网约车等新业态的灵活就业事实上延长了她们的劳动工作时间，导致女性工作与生活大量重叠、家庭与事业矛盾日益激化，使新业态职场女性面临比男性群体更多的身心健康和社会问题。

本项目前期针对这一新就业女性人群的上述问题，对淮安市外卖、快递和网约车的企业从业女性员工进行了调研。首先，通过文献调查法查阅近三年淮安市外卖、快递、网约车三类新业态女性员工就业情况以及所在企业的妇联组织情况；其次，采取问卷调查法在淮安经济技术开发区辖区内随机抽取上述三类从业的女性员工 60 名进行一般性问题和需求的收集及统计；最后，采取个别访谈法从这 60 名女性员工中选择 5 名进行深度访谈。

---

① 项目获得 2022—2023 年度江苏省优秀社会工作项目。
② 陈怡，淮安市乐民社会工作服务中心法定代表人，社会工作师。
③ 淮安市乐民社会工作服务中心成立于 2018 年。

二、分析预估

（一）服务对象情况

据调查，2021 年底，淮安市从事外卖、快递、网约车三类新业态、新就业群体的女性人员 1652 人，其中外卖 108 人、快递 1400 人、网约车 144 人，她们来自 108 家企业。其中，淮安经济技术开发区三类新业态女性就业人员为 183 人，从就业状态来说，她们普遍呈现"无固定时间""无固定工作场所""无固定收入"的"三无"状态，八成受访者平均每天工作时长在 8~12 小时；工作压力大，送件时间紧，收入一般，经常出现被催件和被投诉等问题。另外，工作稳定性差，劳动关系不规范，相关权益难以得到充分保障等。基于此，本项目在淮安经济技术开发区确定了 30 名问题相对明显的三类新业态女性就业人员为服务对象。

（二）问题和需求

1. "男性系统"中的女骑手

骑手的劳动过程均紧紧围绕"平台"，平台基于掌握的数据信息进行工作分配与管理，让骑手在工作中常陷入被全方位的监控状态之中。此外，平台系统赋予消费者以"上帝视角"给予骑手奖惩的权利。在这种"公平"的平台系统下，此类行业在劳动强度与管理规则方面均偏向男性气质和特点。多数女骑手因身体素质相对较差而在服务速度等方面落后，面临被催件、投诉甚至扣除工资的困境。在多方凝视的劳动过程中，身体方面处于先天劣势地位的女骑手常发展出两种生存策略，一种是用男性气质包装自己，给自己带来极大的工作压力；另一种是将自己下沉至相对轻松的服务站点，展现"笑脸迎人、有耐心"的女性特质，将硬性弱点转化为软性竞争力，但这一过程极易消耗女性情感，增加其心理压力。

目前，外卖系统中普遍缺乏女性服务。比如，生理期是困扰大部分女性的问题。调查获知，多数服务对象只要生理期的症状不是严重到无法工作，就会坚持上岗，这不仅会造成潜在危险，也会降低工作效率，进而影响消费者的满意程度等。

2. 经济与"母职"的双重负担

调查发现，多数服务对象选择从事外卖行业，是认为骑手不仅能够得到可观的工资，而且工作灵活性强、能够自由安排工作时间，与她们一边工作一边兼顾家庭、照料孩子的需求相匹配。但是，不仅女性骑手想多接单、多赚钱，延长工作时间，平台也会规定某段时间必须在岗，这又会导致她们失去陪伴和教育孩子的时间，难以抽出时间陪伴、关心孩子，难以周到照顾孩子的生活。这种经济和母职的双重压力让她们陷入了持续的焦虑。

3. 相关权益难以获得保障

外卖行业作为对传统雇佣关系和劳动管理模式的打破，面临更多的社会风险，这方面女性骑手与男性是相同的。首先，骑手社会保险的缺失问题。外卖行业打破了传统的劳动关系与保障关系，导致骑手与平台间的劳动关系含混不清；同时，骑手受平台制度的管理，但因工作方式、时间灵活，没有稳定的保障。其次，骑手的工作环境具有不确定性，其接触的责任主体相对多元，主体间的关系也更加复杂，导致权责关系尚无明确的界定，一旦发生纠纷，权益难以得到保障。

三、项目目标

（一）总目标

针对服务对象的问题和需求，沿着"调研摸底、团结聚拢、思想引领、服务需求"主线，以"妇女儿童之家"等妇联服务机构为依托，综合运用社会工作的理念和方法，扩组织、造阵地、建网络、树典型、送服务，将社会工作介入服务新就业妇女群体中，在就业、人际、心理等层面开展相应的介入活动，从多个层次帮助服务对象激发潜能、链接资源、构建社会支持网络，增强新业态新就业女员工的获得感、安全感、幸福感。

（二）分目标

根据服务群体的需求，主要针对以下几个方面具体展开。

1. 新业态新就业女性社会支持网络的构建

肯定、重视新业态新就业女性自身蕴含的潜能，并借助社会工作充权模式强化并扩大这部分服务对象可以利用的资源，推进新就业女性参与公共事务，激活妇女所拥有的权能，提升其社会适应能力。

2. 权益保护知识普及

通过线上线下相结合的方式举办就业法律、家庭服务等讲座，帮助服务对象掌握就业必需的法律知识和家庭教育相关知识，从而提升心理素质及自身解决问题的能力。

3. 新业态群体妇女服务平台建设

依托"妇女儿童之家"等平台，帮助链接资源，整理服务对象需要的如产业政策、法律知识等信息和政策，汇编成册并发放，推动设立服务站点，为新就业女性提供休息场所，搭建自助互助平台。协助开通"驿姐热线"，通过热线、网络提供服务，提高其自助、互助能力。

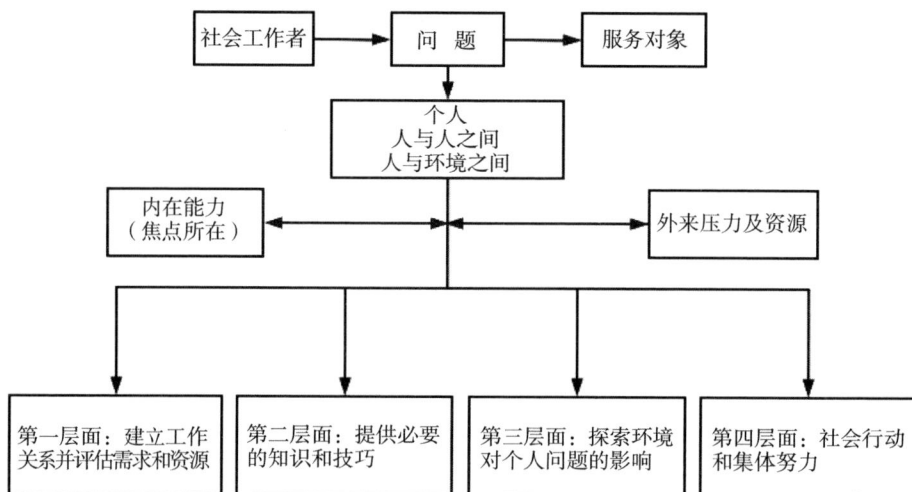

图 1　服务逻辑图

四、服务内容

计划服务内容如表 1 所示。

表 1　计划服务内容

内容	具体工作
1. 新业态妇女群体区域调研	调研服务对象基本情况、工作内容和强度、困难和需求，形成调研报告
2. 关爱新业态妇女社会倡导活动	安排 2 次专题社会倡导活动，宣传新业态新就业妇女群体的社会作用和典型样板、事迹和凡人善举
3. 家庭走访与建档	进行走访慰问，表达妇联和社会工作者的关爱。建档 30 人

内容	具体工作
4. 个案服务	选择 8 名重点对象进行个案服务，服务 ≥80 人次，提供情感支持，缓解心理压力，矫正非理性情绪，增强工作、生活信心
5. "就业能力成长小组"活动	组建"我的未来不是梦"妇女就业能力成长小组，招募 8~10 人，针对当前新就业女性在工作中遇到的职业困境进行解答，提升其工作能力，开展 4 次活动提升其就业能力
6. 法律、心理咨询	举办 2 场法律、心理咨询会，每场 ≥20 人，线上线下相结合，帮助解决权益维护、亲子教育等方面的疑惑，指导问题解决途径，提升其心理素质
7. "点亮微心愿"活动	选择服务对象 10 名，引导其提出微心愿，社会工作者通过链接资源帮助其实现心愿
8. 新业态群体妇女服务平台建设	依托"妇女儿童之家"等平台，推动设立 2~3 个服务站点，为新就业女性提供直接明了的互助服务场所。由平台整理服务对象需要的如产业政策、维权知识等信息和政策，汇编成册（30 册）并发放，提高其自助、互助能力，全年服务 ≥80 人次
9. 开通"驿姐热线"	开通电话热线及线上服务平台，通过热线、网络提供服务，及时链接资源，快速解决服务对象在工作、生活上遇到的困难，全年服务人数 ≥80 人

五、实施过程

（一）需求评估，制订方案

1. 阶段目标

本阶段主要通过实地走访，结合访谈和问卷法，厘清服务对象问题，评估服务对象需求。

2. 实施过程

（1）实地走访

2022 年 5 月，社会工作者与所在辖区内的快递点取得联系，并根据当地妇联提供的名单开展为期一个月的走访活动。在初步了解淮安经济技术开发区内的从事外卖、快递等职业的女性的家庭、工作及社会支持情况之后，选取了其中30名20~40岁较为有代表性的新就业女性作为本项目的服务对象。社会工作者在对信息进行整理与分析的基础上，界定服务对象问题和需求，进而策划一套灵活有效的服务方案。

（2）家庭走访

6—7月，在了解了30名服务对象的基本情况之后，社会工作者对其进行了家庭访视，了解服务对象的家庭状况、工作现状及存在的困境。社会工作者也依据这30名服务对象的情况多次进入服务站点，与服务对象相关的工作人员及同事交流接触，观察服务对象的工作和生活环境。

（3）社会倡导

自6月起，共计开展了3场关爱女性新业态社会倡导活动，现场通过张贴海报、发放折页等方式向周边居民宣传本项目，扩大项目影响力。选取已经挖掘到的新就业妇女群体的典型样板、事迹和凡人善举进行展示，呼吁大家对从事外卖、快递、网约车的女性给予关爱，营造和谐友爱的社区氛围和环境，提升新就业女性的公民意识和性别意识，使其变得自尊自信自强。

（二）增强认知，提升能力

1. 阶段目标

强调提升自身对环境的适应能力和才能，能够拥有改变自身困难处境的能力与信心和获得社会资源的能力，社会工作者主要通过个案工作及小组活动，纠正服务对象对于自身的认知偏差，提升其自助互助、适应环境的能力。

2. 阶段过程

（1）个案工作服务

根据前期走访结果，发现这30名服务对象普遍存在认知偏差，为帮助她们纠正认知偏差并形成积极正向的自我认知，6—11月社会工作者针对其中8名在工作和生活上存在较为明显困境的服务对象开展了个案工作服务。在了解到服务对象的基本情况之后，社会工作者根据服务对象的实际情况制订了详细具体的服务方案。社会工作者运用增能理论和社会系统理论，将服务对象放入周围的情境中。纠正服务对象对于自身的非理性认知，链接多方资源共同搭建社会支持网络，增加服务对象可用的社会资源，增强其自身的社会控制力，矫正非理性情绪，增强其工作、生活信心。共计开展个案 80 人次。

（2）开展就业能力提升小组

8—10 月，每两周的周三下午在淮安经济技术开发区钵池街道暖"新"驿站开展"我的未来不是梦"女性就业能力提升小组。第一次活动通过"我们真的很不错"游戏破冰，形成同伴意识，帮助小组成员快速认识，减少陌生感和距离感。接着社会工作者与服务对象共同制定小组契约并现场宣读，建立专业关系，制定小组目标。第二次活动，通过学习制作手工灯笼活动帮助服务对象探索和了解职业偏好及职业技能，在给予服务对象肯定和鼓励的同时挖掘其就业潜能。第三次活动，以游戏方式向服务对象讲授基本就业技能和技巧，提升其就业能力。第四次活动，服务对象共同推选出了小组骨干，让小组活动更具有持续性。组员间互相交流，巩固成果。

（三）互助增能，合力发展

1. 阶段目标

本阶段社会工作者主要关注服务对象在工作和生活中缺少维护自身权益能力的问题，社会工作者主要从女性自身权益维护的角度出发，帮助服务对象链接外部资源，搭建完善的社会支持网络，提升能力，学会运用周围的资源为自身创造良好的就业和竞争机会。

2. 阶段过程

（1）进行家庭教育辅导

10 月 27 日，开展了"让心更靠近"家庭亲子教育心理辅导活动，线上线下共计 40 余人次参加。家庭教育师通过现场故事讲述，引导服务对象互诉烦恼压力，在共性问题中找到共鸣并获得支持。同时向服务对象讲解青少年儿童发育沟通的基本知识，为更好地搭建亲子关系，促进家庭和谐奠定基础。

（2）开展法律讲座

2023 年 1 月 11 日，开展了以"法律援'新'——新业态女性普法维权"为主题的法律讲座活动，邀请专业法律老师带领服务对象学习劳动合同关系、社会保险、工作中的风险、就业当中的法律风险等与新业态女性劳动者工作、生活紧密相关的法律知识，提高了新业态女性劳动者的法律意识。

（四）外部推进，助筑体系

1. 阶段目标

本阶段社会工作者从改变服务对象外部环境入手，针对服务对象缺乏工作休息场所、对自身权益维护相关政策不了解等情况，搭建新业态女性休息平台，帮助实现"微心愿"，打造"驿姐热线"一体化服务，从社会层面构筑服务体系，帮助服务对象提升幸福感和获得感，增强自我认同。

2. 阶段过程

（1）"点亮微心愿"活动。2022年9月，社会工作者采用"线上+线下"的形式，通过前期走访、微信平台、电话等多种途径向新业态群体征集"微心愿"，根据心愿的迫切程度选取了其中10位新就业女性，为她们准备了子女的课外读物、学习资料、生活用品等"微礼物"，点亮服务对象的心愿，发布"圆梦瞬间"。社会工作者与她们进行单独的交谈，了解她们的近况，提供情感支持，帮助其增强工作、生活信心。针对部分子女关爱缺失的服务对象帮助链接民政与社区携手开展托管服务，解除她们的后顾之忧。

（2）开通"驿姐热线"。依托前期搭建的新业态群体妇女服务平台，引入专业团队配备心理咨询师、家庭教育指导师、社会工作者等，设置排班表轮流值班，倾听新业态、新就业女性群体的心声，并为有困难、需要帮助的新业态、新就业女性开展一对一服务，提供政策咨询、法律咨询、就业指导、权益保障、心理辅导等精细化服务。

（3）新业态群体妇女服务平台建设。为解决当前新就业女性缺少休息场所、体力跟不上男性等问题，6—10月，依托淮安经济技术开发区"妇女儿童之家"，社会工作者联合当地妇联及部分企业，为服务对象设立了互助服务站点2个，分别为钵池街道"红亲亭·暖新驿站"和徐杨街道"如意园·新新驿站"。在驿站内设置了休息区、阅读区和服务区，同时提供了休息桌椅、沙发、茶水、消暑物资、急救用品和女性用品等，让服务对象能够及时获得休息，在细节之处表达对这部分群体的关心。

六、总结评估

社会工作者在项目结束后进行服务回顾，采用服务对象自我评估、第三方评估机构对服务对象状态的评估以及社会工作者的观察评估三种方法进行服务评估。评估结果显示，接受服务的新业态、新就业女性在个人、人际和社会环境层面均有了相应的提升（见表2）。

表2　服务对象接受服务前后改变情况

层面	具体服务	接受服务前	接受服务后
个人层面	女性就业能力提升小组	自我评价低	改变了不合理的认知，认识到自己的长处，提高了自我效能感
人际层面	法律、心理讲座	社会资源缺失、人际关系网络简单	服务对象建立起小团体，并且能够运用团体内的资源解决没空接送孩子等生活中的问题
社会环境层面	"点亮微心愿"活动、新业态女性服务平台、"驿姐热线"	工作过程中女性服务的缺失	设置驿站为女性提供服务区：提供政策咨询、法律咨询、就业指导、权益保障、心理辅导等精细化服务

（一）个人层面

由于行业的特殊性，新业态女性群体常常因为身体方面处于先天劣势而认为自己不如男性，存在巨大的工作和心理压力。针对此问题，社会工作者主要从社会倡导活动、女性就业能力提升小组两方面入手，首先，从社会层面入手开展社会倡导活动，营造和谐友爱的社区氛围和环境，进而帮助新就业女性提升公民意识和性别意识；其次，从个人层面入手开展女性就业能力成长小组，引导组员发现自身就业优势和潜在的就业能力，提升她们的自我效能感。服务结束后，服务对象向社会工作者表示自己现在不那么悲观了，她们能够发现身边人对她们都持有友好的态度，也相信可以运用自己的长处在工作中取得优势。

（二）人际层面

针对新业态女性缺乏社会资源和人际关系网络简单的问题，社会工作者开展法律、心理讲座，并进行相应的个案介入帮助服务对象学会运用有限的社会资源和人际关系网络来帮助自身创造良好的就业和竞争关系。服务对象在社会工作者的帮助下建立起小团体，并创建微信群，每天在群里发送就业、政策等信息，有时服务对象还会在群里排班轮流接送孩子上下学，在相互给予精神支持的同时，也一定程度上解决了工作和生活困扰。

（三）社会环境层面

针对新业态、新就业环境背景下女性服务缺失的问题，社会工作者通过"点亮微心愿"活动征集服务对象心愿，在此基础上搭建新业态妇女群体服务平台并开通"驿姐热线"，为需要帮助的新业态女性提供帮助，服务对象表示，平台的建立给她们提供了极大的便利。

七、专业反思

（一）理论反思

1. 服务对象众多的情况下如何挖掘个别化优势

赋权视角下自我赋权原则超越了服务对象自决原则，它强调组员在赋权过程中的权力和责任。本项目的服务对象数量较多，且为新业态、新就业人群，具有较大的流动性，目前提供的服务存在将服务对象优势类型化的缺陷，因此在关注不同服务对象个别化优势上有待提升。

2. 如何在制度层面寻求改变

赋权理论在提升女性就业能力问题上表现出较好的效果，有其独特的实践层次，包括个人、人际、环境三个层次，为整个实务提供了基本逻辑与框架。但是，本案例中对理论的使用还存在一些问题，赋权理论属于激进传统，追求更彻底、更深层次的改变，特别是社会结构与政策，而赋权的效果也依赖于这种更深层次的结构改变。目前案例中服务对象在社会工作者的帮助下虽然在价值观与就业能力方面有所改变和提升，但是项目能服务的新业态、新就业女性仍是少数，我们无法改变整个社会的就业环境与趋势，现有的力量无法在社会层面有较大的推动与改变，这是本项目的不足之处。

（二）实践反思

1. 关于服务对象界定的思考

该项目的服务对象直观看是新业态、新就业女性本人，但实际上更多的是面向其家庭，这些女性的家庭在经济、照护、心理等方面面临同样甚至更大的压力。社会工作者在开展服务时仅关注女性本身可能很难实现服务效果，更多地应面向其家庭开展服务。在界定服务对象的时候，要有别于其他领域主要关注个人的视角，更多地考虑以女性家庭为服务对象开展系统化服务。

2. 提供综合性服务，不局限于操作层面

在学习能力、勤奋程度、讲诚信等方面，女性和男性并没有明显的差别，而且在与她们的交流中可以发现许多可圈可点的想法，还可以发现有的妇女在模仿学习方面有很大的潜力。因此，对于新业态女性的发展，我们应该注重女性在整个过程中的主体性和主观能动性，发掘她们的潜力，强调增强她们的能力和权利，让她们不只参与服务的操作层面，更要参与政策、制度、项目和计划的决策、实施、总结的各个层面，从而自发地去改善个人处境并获得社会福利。

专 家 点 评

项目聚焦于新业态女性从业者，具有时代性和创新性，紧跟政策与社会发展步伐。项目设计与服务建立在充分的前期调研基础上，服务需求评估更为精准，体现了项目的专业性、合理性和严谨性，这是本项目的突出优点。在服务设计与介入层面，项目通过个案、小组、社会倡导等层面满足服务对象自我效能感提升、人际支持提升等需求，具有一定的针对性和有效性。项目可进一步把握这一群体的现状与需求，制定更为有效的服务策略。这个群体时间紧张，对社工服务是否认同；面向服务对象的法律讲座是否有效解决其困境。项目在评估层面如能够贯彻前期调研的专业性，其成效将更加显著。

（纪杰杰：淮阴师范学院社会工作系助教，高级社会工作师，江苏省社会工作领军人才）

向阳花开：淮阴区护童成长项目①

刘　婧②

淮安市淮阴区民政局

一、背景介绍

（一）加强顶层设计，助力儿童发展

儿童是家庭的希望，是国家和民族的未来。在党和政府的高度重视下，我国保障儿童权益的法律体系逐步健全，儿童合法权益得到有效保障，生存发展环境进一步优化，在家庭、政府和社会的关爱下健康成长。同时，也有一些儿童因家庭经济贫困、自身残疾、缺乏有效监护等原因，面临生存、发展和安全困境。一些冲击社会道德底线的极端事件时有发生，不仅侵害儿童权益，也影响社会和谐稳定，亟须得到妥善解决。

1. 加强顶层设计，开展精准保障

"十三五"以来，国家、江苏省先后出台《国务院关于加强困境儿童保障工作的意见》（国发〔2016〕36号）和《国务院关于加强农村留守儿童关爱保护工作的意见》（国发〔2016〕13号）、《关于落实困境儿童分类保障制度有关问题的补充意见》（苏民事〔2018〕11号）等相关文件，全面落实党的十八大和十八届三中、四中、五中全会精神，深入贯彻习近平总书记系列重要讲话精神，按照中共中央、国务院决策部署，以促进儿童全面发展为出发点和落脚点，坚持问题导向，优化顶层设计，强化家庭履行抚养义务和监护职责的意识和能力，综合运用社会救助、社会福利和安全保障等政策措施，开展分类施策，进行精准保障。

---

① 项目获得2020—2021年度第二批江苏省社会工作优秀项目三等奖，原项目名称为淮阴区"向阳花开"护童成长项目。

② 刘婧，淮阴区民政局社会事业科科员，社会工作师。

2. 加强"四社联动"，营造良好环境

淮阴区民政局运用"四社联动"模式即以社区为平台、社会组织为载体、专业社工为支撑、社区志愿者为补充的"四社联动"机制，发挥辖区各类组织的协同作用，探索创新社会治理方式，提升社区公共服务水平，为困境儿童、留守儿童健康成长营造良好的环境。

（二）加强跟踪关爱，陪伴儿童成长

社会工作者以教育干预为项目核心。淮阴区"护童成长"——困境、留守儿童跟踪关爱服务项目密切关注儿童教育和发展，依托儿童关爱之家和入户探访，通过家长亲职能力提升和社区（村居）参与活动、政策宣讲等方式，整合家庭和社区（村居）力量，在改变监护人行为的同时，为儿童营造一个滋养型的社区（村居）环境和家庭生态环境，促进儿童在身体、语言、认知、社交和情感领域的全面发展。

社会工作者对儿童进行分级评估管理。对困境、留守儿童开展"四色"等级风险评估，明确风险等级，按照普通儿童（低风险）为绿色、需要关爱的儿童（中低风险）为蓝色、需要兜底的儿童（中高风险）为黄色、需要紧急干预的儿童（高风险）为红色，实行四色（红、黄、蓝、绿）管理。并根据不同风险类型困境儿童，分别制订了有针对性的服务方案。

引进专业的社会组织，对困境及农村留守儿童群体进行走访和调研，建立完整的档案，开展具有针对性、专业化、系统化的儿童社会工作服务，从而构建更加完善、系统的儿童关爱保护体系。

二、项目目标

（一）总目标

综合运用社会工作专业方法，普及心理健康及生命教育知识，协助困境、留守儿童面对及解决问题，提升其应对风险的能力，促进他们在认知、情感、行为等方面的全面发展。

（二）具体目标

一是普及儿童心理健康及生命教育方面的知识。

二是为监护人提供亲职教育，使其学会家庭教育技巧。

三是协助困境、留守儿童解决问题，全面提升其自我成长能力及抗逆力，使其树立积极、正向的信念。

三、项目方案

（一）项目理论指引

1. 自我效能理论

自我效能理论，是美国著名心理学家班杜拉于 20 世纪 70 年代在其著作《思想和行动的社会基础：社会认知论》中提出的，自我效能是指人们对自身能否利用所拥有的技能去完成某项工作行为的自信程度。班杜拉等的研究指出，自我效能具有下述功能：（1）决定人们对活动的选择及对该活动的坚持性；（2）影响人们在困难面前的态度；（3）影响新行为的获得和习得行为的表现；（4）影响活动时的情绪。

自我效能影响或决定人们对行为的选择，以及对该行为的坚持性和努力程度；影响人们的思维模式和情感反应模式，进而影响新行为的习得和习得行为的表现。

2. 优势视角理论

"优势视角"是指社会工作者所应该做的一切，在某种程度上要立足发现、寻求、探索及利用服务对象的优势和资源，协助他们达到他们的目标，实现他们的梦想，并面对他们生命中的挫折和不幸，抗拒社会主流的控制。概括地说，"优势视角"即着眼于个人的优势，以利用和开发人的潜能为出发点，协助其从挫折和不幸的逆境中挣脱出来，最终达到其目标、实现其理想的一种思维方式和工作方法。

优势视角的基本信念包括：一是赋权。二是成员资格。成员资格的另外一个意义在于人们必须走到一起，让他们的声音被听到，需要得到满足，不公平受到重视，从而实现他们的梦想。三是抗逆力。越来越多的研究和实践正在使人类的这样一个规则清晰可见——人们在遭遇严重麻烦时会反弹，个人和社区可以超越和克服严重麻烦的负面事件。抗逆力是一种面对磨难而抗争的能力。四是对话与合作。在对话中，我们确认别人的重要并开始弥合个人、他人和制度之间的裂缝。

优势视角强调每个人、团体、家庭和社区都有优势；创伤和虐待、疾病等具有伤害性，但它们也可能是挑战和机遇；以优势和资产为本的取向可以激发服务对象和社会工作者的乐观情绪、希望和动机。

（二）项目实施方案

通过入户走访、团体活动等形式让服务对象了解及接受项目社会工作者，理解项目的目标及内容，以便在项目社会工作者的协助下，更好地面对及摆脱困境。开展困境、留守儿童动态信息管理，并按上级规定完成淮阴区8个镇的困境、留守儿童和4个街道困境儿童信息建档；对服务区域内所有困境儿童每季度完成1次电话探访，每半年完成1次入户走访；在每个镇的儿童关爱之家开展各类关爱活动，依托儿童关爱之家为困境、留守儿童开展关爱保护政策宣传、家庭教育指导、文体娱乐、心理疏导、学业帮扶、安全法治宣传、监护人监护职责教育等活动，围绕工作目标及时对活动进展进行跟踪报道。

项目有序扎实开展，通过前期对服务对象走访了解到的情况进行分析，针对困境、留守儿童出现的自信心不足、自我认知能力较弱等情况，我们通过个案辅导、团体活动等形式，运用专业方法，帮助服务对象提升自信心，加强自我认知，协助服务对象提升解决问题的能力。在此基础上，通过活动提升儿童的自助互助能力，成功协助服务对象与家人建立情感链接，帮助其建立良好的社会支持网络。

四、项目实施过程

（一）准备阶段（2021年4月—2021年5月）

项目前期，项目组通过摆摊设点、入户宣传等方式开展护童成长启动仪式，与此同时，项目组通过访谈、焦点小组等形式，面向学校、村（居）委会干部、服务对象等进行项目前期宣传。

（二）项目服务阶段（2021年5月—2022年3月）

项目实施关键是社会工作者与儿童及其家人建立专业关系，实现每月有团体活动、入户走访个案，每半年有第三方评估机制。帮助生活、学习有困难的儿童通过实施自我效能感理论、优势视角理论专业工作方法，提升自我效能。自2021年4月项目启动以来，建立困境、留守儿童个人档案1710份、开展团体活动32场、完成个案12例，其间将1名儿童由留守儿童转为困境儿童，6 名留守儿童通过参加团体活动以及夏令营活动，学习能力明显提升，改变比较显著。四色管理中 25 名红色高风险儿童，7 名已成功转为蓝色中低风险，18 名儿童成功转为绿色低风险儿童。截至 2022 年 3 月，有序完成项目目标，累计服务困境、留守儿童 3000 余人次。

表 1   项目实施方案

服务时间	服务计划	具体服务内容	频次
第一阶段：2021 年 4—5 月	1. 前期调研	针对困境、留守儿童开展调研活动	2 次
	2. 项目宣传	搭建项目执行团队平台	2 次
	3. 困境、留守儿童个人档案建设	建立困境、留守儿童个人档案	1 次
第二阶段：2021 年 5 月—2022 年 3 月	1. 童·汇安全——困境、留守儿童跟踪关爱、动态信息管理服务	对服务区域内所有困境儿童每季度完成 1 次电话探访，每半年完成 1 次入户走访；对服务区域内所有困境、留守儿童完善信息建档	2 次入户/年 4 次电话/年
	2. 童·暖陪伴——暖心个案	对存在情绪、亲子等问题的困境、留守儿童开展个案服务	10 个/30 人次
	3. 童·和乐趣——社区（村居）参与活动	以"童·和乐趣"为主题的儿童议事会开展形式多样的儿童关爱活动，引导儿童共同参与社区（村居）活动	30 人/场×8 场
	4. 童·益成长——家长亲职能力提升课堂	为儿童实际监护人开展家庭教育指导、亲子互动培训以提升家长的亲职能力	30 人/场×8 场
	5. 童·惠政策——儿童政策宣讲	围绕困境儿童分类保障政策、儿童主任履职、父母（监护人）监护职责、儿童自我保护等，加大困境儿童关爱保护政策宣讲力度，提高群众知晓率	30 人/场×8 场
	6. 困境、留守儿童跟踪关爱服务项目媒体宣传	利用网络、报刊等途径及时进行宣传并留存图片、视频等资料	4 次

服务时间	服务计划	具体服务内容	频次
第三阶段：2021年4月—2022年3月	1. 困境、留守儿童动态信息管理总结整理	对现有的资料信息进行整理核对	1次
	2. 困境、留守儿童个人档案建设总结整理	对现有的资料信息进行整理核对	1次
	3. 整理项目文档，撰写结项报告	对项目设计的所有文档进行归档整理，并撰写结项报告	1次

（三）项目评估阶段（2021年4月—2022年3月）

项目第三方根据项目开展情况建立跟踪评估机制，就项目开展进度及成效进行评估，并出具中期和末期相关评估报告。

五、总结评估

（一）目标达到情况

本项目的预期目标为帮助困境、留守儿童提升面对及解决问题的能力，改善消极的价值取向，取得政府与社会各系统的支持。解决困境、留守儿童问题，从心开始，切实关注他们的成长，让他们在家庭、学校、社会、网络、政府、司法六大保护下实现自我价值、达到自我认同、增强自我效能，健康茁壮成长。同时带动家长及社区其他居民共同参与，取得良好的成效及社会效益，项目活动多次被《淮安电视报》、淮阴电视台、一点资讯淮安等主流媒体宣传报道，取得良好的社会效益。

（二）社会评价及影响

项目活动多次被《淮安电视报》、淮阴电视台、一点资讯淮安等主流媒体宣传报道，项目成效得到了相关部门的充分肯定，项目也获得了相关荣誉。2021年9月，该项目被市政府评为淮安市第四届"淮安慈善奖最具影响力慈善项目"。

六、专业反思

社会工作处在一个不断探索的阶段，是一个专业性和实践性要求相当高的行业，在掌握特定领域或群体的社会工作内容、方法、特点以及相关理论的同时要学会运用，抓住问题存在的主要原因和主要方面，运用专业知识、技能和方法解决问题。项目实施过程中出现了一些困难和波折，无论是项目初期儿童家人的质疑与困惑、中期激发和动员留守、困境儿童持续参与的阻力，还是后期项目持续性的拓展，对项目组而言均是一种挑战。

（一）加大尝试力度，推进项目落地生效

在项目筹备阶段，项目组在淮阴区广泛宣传，但效果并不明显。极少数困境、留守儿童家长对儿童参与活动接受个案服务并不重视，认为自己的孩子身体健康，其他是次要的。入户寻找服务目标遇到一定困难，项目组及时调整宣传策略，与相关学校分管德育的校长对接，约定在校园内持续开展相关团体活动以及个案辅导活动。其间，社会工作者就项目实施过程中的难点和堵点多次开展讨论，并形成具体实施方案，机构总干事、项目督导引导团队加深对项目主旨以及目标的理解和内化。

（二）加强动力激发，提升儿童主动参与意识

持续性、有针对性的服务对困境、留守儿童有积极而深远的影响，一个人的转变不是一蹴而就的。项目服务的关键是激发困境、留守儿童深层次动力，使其持续参与团体活动和个案服务。经过不断探索和反思，我们认识到在项目执行初期与困境、留守儿童及其家长、乡镇建立稳固的专业关系是基础，在服务过程中逐渐建立信任关系，及时了解和收集各方对于项目的反馈，提升项目活动的可行性，让困境、留守儿童及其家长亲身感受到参与活动的益处和实用性。

（三）加强需求导向，实现助人自助目标

促进困境、留守儿童健康成长并非仅将其作为服务对象，在为其提供专业服务的同时也可以化被动为主动，引导困境、留守儿童在活动中体会帮助他人、服务社会的过程，"体验"助人的快乐、提升自我价值，促使其自身"改变"，实现助人自助目标。"授人以鱼不如授人以渔"，能力的

提升才能使其彻底走出困境，降低再次陷入困境的可能性。关注困境、留守儿童的全面发展，通过具体救助措施，促进困境、留守儿童的社会化。

专 家 点 评

　　项目服务对象人数多、分布分散，需求复杂，精准把握服务对象特征与需求，在采购方全面布局与设计的基础上，做好精准化、精细化服务是项目合格的关键。此项目总体遵循采购方要求开展服务，详细呈现服务设计，在案例各处分散介绍了项目成效，尤其是"四色管理"中个案服务介入促使服务对象风险等级降低，是项目成效的重要体现。专业反思强调专业性，体现项目实施过程对专业理念与方法的重视。由于此类项目采购要求的特殊性，建议突出具体做法与特色举措的提炼，深入分析如何在搂草式服务中做细做好，这是此类项目突围的重要意义。从案例总结的角度，建议重新布局案例结构与内容。

　　（纪杰杰：淮阴师范学院社会工作系助教，高级社会工作师，江苏省社会工作领军人才）

聚力行动

——淮安市社会工作高质量发展项目

何庆荣① 赵海林 唐 立 张莉莉

淮安市清江浦区心苑社会工作服务社 淮安市社会工作协会

一、背景介绍

（一）党和政府高度重视社工站建设

2021 年 4 月，中共中央、国务院印发《关于加强基层治理体系和治理能力现代化建设的意见》，提出坚持共建共治共享，建设人人有责、人人尽责、人人享有的基层治理共同体。2021 年 4 月，民政部办公厅印发《关于加快乡镇（街道）社工站建设的通知》，提出到 2025 年，实现乡镇（街道）社会工作站全覆盖。乡镇（街道）社会工作站建设是打通为民服务"最后一米"、推进国家治理体系和治理能力现代化的重要举措。

（二）社工站发展良莠不齐

2021 年，淮安市乡镇（街道）社会工作服务站实现全覆盖，四区三县三个功能区共建成 102 家乡镇（街道）社会工作服务站。社会工作服务站基本实现设置不少于 40 平方米的"两室 N 区"，配置了必要办公设备，建立组织架构，配备了不少于 3 名专（兼）职工作人员，通过购买第三方机构服务或从乡镇（街道）选派人员等方式来实现正常化运营。虽然全市实现乡镇（街道）社会工作服务站全覆盖，但是由于淮安地处苏北，社会工作的基础相对薄弱，全市社会工作站的建设还面临一些现实困难。

一是部分承接社会工作站的社会组织实力不强，难以在社会工作站提供专业性指导；

---

① 何庆荣，淮安市清江浦区心苑社会工作服务社项目部社工，社会工作师，负责淮安市社会工作发展指导中心工作。

二是市域范围内资源不足，每个县（区）社会工作发展指导中心组建有效专家团队难度大；

三是缺少与外在资源联系的平台，导致各家社会工作站联系域外资源的成本高；

四是乡镇（街道）社会工作服务站发展参差不齐，整体服务质量不高。

淮安市社会工作发展指导中心的建立，回应当前社会工作服务站发展的需求，通过建立强大的市级社会工作发展指导中心，为各县（区）社会工作发展指导中心、乡镇（街道）社会工作服务站提供专业督导、评估服务，建立统一评价体系，链接多方资源，完善服务维度，拓宽服务广度与深度。

二、项目目标

（一）总目标

本项目旨在通过专业的培训、督导和支持，提升社会工作从业人员的服务能力，促进社会工作服务站规范化运行，提升淮安社会工作的专业化程度，通过市级社会工作发展指导中心督导县（区）社会工作发展指导中心和乡镇（街道）社会工作服务站，实现社会工作服务站的高质量发展。

（二）具体目标

1. 打造一批

示范性社会工作服务站和社会工作服务室阵地。开展全市社会工作服务站常态化实地督导评估。

2. 壮大一批

开展社会工作服务的社工机构。推动社工机构服务质量提升和评估等级申报，推选出全市、全省乃至全国有影响力的机构和案例。

3. 培育一批

全科社会工作人才，开展社会工作者考前培训、实务培训、持证社会工作者再教育培训，持续推动持证社会工作者人数增加。

4. 实施一批

民政领域社会工作服务项目，开展慈善、社会工作者、志愿服务宣传，在巩固党的执政基础、保障和改善民生、创新基层社会治理等方面持续发力，为全市民政事业蓬勃发展打好头阵，在促进淮安市社会工作品牌打造中发挥关键性推动作用。

三、项目方案

1. 实地督导

针对全市 102 家乡镇（街道）社会工作服务站开展常态化督导评估，每季度对每家社会工作服务站实地走访 1 次，并与各家社会工作服务站负责人或工作人员建立微信群，及时沟通信息。

2. 技能培训

依托社会工作培训基地，组建培训专家库，开展专业知识培训及能力建设培训，每月不少于 1 次。

3. 考前培训

社会工作职业资格水平考试前集中开展社会工作者考前培训，持续推动淮安市持证社会工作者人数增加。

4. 交流座谈

建立市级与县（区）社会工作发展指导中心定期交流机制，每季度面向县（区）社会工作服务站工作人员开展 1 次实践经验交流座谈会。

5. 项目宣传

制作社会工作发展指导中心宣传手册和宣传片，并撰写全市社会工作服务站调研报告。

四、项目方案实施过程

（一）项目准备阶段

1. 制订实地走访督导计划

联系各级民政部门，确定各乡镇（街道）社会工作服务站地址、运营单位、项目资金、人员信息、服务内容等，制订实地走访督导计划。

2. 加强社会工作督导培训

走访前，联系各具体乡镇（街道）民政部门负责人以及社会工作服务站负责人，确定走访时间，做好走访前准备。

3. 开展社会工作服务站调查研究

与相关领导讨论设计调查问卷，为项目后续撰写调研报告奠定基础。

（二）项目实施阶段

中心以习近平总书记在统筹推进新冠肺炎疫情防控和经济社会发展工作部署会议上提出的"要发挥社会工作的专业优势，支持广大社工、义工和志愿者开展心理疏导、情绪支持、保障支持等服务"重要讲话精神为指引开展工作。

1. 建立市级社会工作发展指导中心

淮安市民政局和心苑社会工作服务社多次讨论，规划场地布局，场地使用和墙体布置。中心共两层楼，一楼设立市社会工作培训基地，便于开展社会工作者培训和经验交流座谈，同时基地也对外开放，其他单位或组织可申请使用。二楼设立了9个功能室，有档案室、资源交换室、督导室、个案室、党建室、书吧等，功能齐全，为全市社会工作从业人员提供全方位服务。

在打造功能室的基础上，中心还向省社科联和市社科联申报了市级社会工作科普基地，将社会工作相关知识，如我国以及淮安市的社会工作发展历程、社会工作者与志愿者的区别、社会工作者与社区工作者的区别、社会工作行业发展情况、就业方向以及淮安市社会工作的发展状况等上墙展示。

2. 社会工作服务站实地督导

制作淮安市乡镇（街道）社会工作服务站督导手册，内容包含督导表、调查问卷、访谈提纲等，并制订走访计划表，邀请淮阴师范学院专家对全市102家乡镇（街道）社会工作服务站实地走访和督导。

3. 组建社会工作协同发展中心

成立淮安市社会工作发展指导中心和淮安市社会工作协同发展中心，并举行了揭牌仪式，邀请省民政厅副厅长周恒新、淮阴师范学院党委副书记韩同友、市民政局局长李萍共同为淮安市社会工作协同发展中心揭牌。联动高校、相关社会工作服务机构、县（区）社会工作服务中心，发挥淮安市社会工作政校合作平台作用，更好地拓宽与全市民政系统的合作空间，充分发挥资源优势，为社会工作服务站的发展提供专业支持。协同发展中心通过政校合作，统筹社会工作行业资源，提供专业服务，培育社会工作人才。

4. 多层次、全方位技能培训

（1）督导培训。邀请南京理工大学沈黎教授为市内督导开展培训。培训具有很强的理论性和指导性，进一步提升了中心督导工作能力和水平。

（2）社会工作站从业人员培训。开展第一期、第二期和第三期全市社会工作从业人员主题培训班，培训主题包含项目管理、社会工作实务、社会工作能力提升、自媒体应用、党建引领等，联动高校专家力量，从多方面、多角度开展培训，持续推动淮安市人才建设。

表1　培训情况一览

序号	培训主题	培训专家/职称	培训时间	培训内容
1	项目管理	徐璐/讲师	2023.02.23	通过游戏互动、交流研讨，帮助社会工作者更好地执行项目，做好项目管理工作，拓宽工作思路，进一步提升基层社会工作者队伍的专业服务能力
2	社会工作服务站建设能力提升专项培训	赵海林/教授	2023.03.09	强调乡镇（街道）社会工作服务站的服务属性，支持、引导社会工作者走村入户提供面对面服务
3	社会工作实务知识培训	唐立/博士	2023.03.09	通过理论授课、交流研讨两种形式相结合，帮助社会工作者加深对社会工作的认识，明确社会工作服务站的角色定位和工作职责
4	自媒体在社会组织发展中的运用	李德顺/博士	2023.04.06	发挥自媒体内容鲜活、形式多样、传播力强等突出优势，推动自媒体成为社会治理新力量，实现共建共治共享
5	项目设计	赵海林/教授	2023.06.15	学习项目设计的基本流程，引导社会组织相关人员积极思考，如何丰富和优化项目，提高项目影响力
6	党建引领——社会工作服务专题培训	刘东杰/副教授	2023.06.26	加强党的理论学习，加强党性教育，将党的坚强领导与社会力量的专业优势有机结合，提高服务的积极性和质量

（3）社会工作职业资格水平考前培训。中心联合市慈善事业促进和社会工作处为全市社会工作从业人员开展考前培训工作，中心通过工作日线下集中培训，周末线上培训的方式尽可能地满足服务对象不同的需求。

5. 建立项目监测制度

中心设立主任、副主任、工作人员组织架构，并确定主任和副主任的职责：主持指导中心工作，统一协调安排中心各项工作，组织实施并督促检查中心工作计划、执行情况，确保各项工作任务落实；及时总结中心工作，制定定期汇报机制，制定风险调控机制，提升社会工作服务站的服务质量。

6. 定期交流会商

（1）开展社会工作服务站实践经验交流座谈会，邀请专家督导、政府部门负责人、社工站负责人分享交流工作方法、经验及成效，同时，就个性化需求集思广益，寻求问题解决之道。建立专家督导与社工站服务人员即时督导机制，及时为其答疑解惑，促使其能力提升。

（2）专家督导之间定期交流，讨论近期督导情况，就个别问题开展头脑风暴，思维碰撞，寻找最佳解决方案。

（3）专家督导与市慈善事业促进和社会工作处就淮安市乡镇（街道）社会工作服务站评价指标体系召开专家评审会，修改并完善指标体系。

（4）专家督导定期与县（区）民政、社会工作机构负责人交流，讨论社会工作站面临的问题、机构运行情况、未来发展方向。

7. 项目宣传

拍摄市社会工作发展指导中心宣传片，编写市社会工作发展指导中心指导手册。在接待参访时通过播放宣传片和发放指导手册的方式提高中心知名度和影响力。同时，在各大网站发布相关报道，宣传和推广指导中心。淮安市人民政府官网发布《我市成立全省首家市级社会工作发展指导中心》。2023年6月26日，市民政局官网发布《省民政厅党组书记、厅长谢晓军到淮安市社会工作发展指导中心调研》、《信息新报》发布《淮安市组建社工"专家库"推动实施民生服务项目》等。

8. 项目总结

完成社会工作服务站督导调研报告，整理项目档案，对项目实施情况进行评估和总结。

五、总结评估

（一）社会高度认可

本项目以淮安市社会工作发展指导中心为平台展开服务，指导中心由市民政局牵头成立，于 2022 年 7 月启动，2023 年 3 月正式投入使用。中心建成后，得到省民政厅领导的高度重视，4 月 6—7 日，全省慈善社会工作会议在淮安市召开，江苏省民政厅副厅长周恒新带领全省 13 个地级市的社会工作相关部门工作人员来中心参观学习。6 月 26 日，省民政厅党组书记、厅长谢晓军来中心调研，并对中心提出殷切期望：要完善社会工作服务体系，强化乡镇（街道）社会工作服务站专业化、规范化、长效化运行，加强评估督导，提升服务能力；要深化"五社联动"机制建设，实现站点聚合、资源整合、服务融合；要创新社会工作人才培养模式，打造优秀社会工作品牌，推动社会工作高质量发展，为基层社会治理和民生保障提供有力支撑。

（二）服务成效实现四化

1. 平台集成化

淮安市在三级社会工作服务体系的基础上，建立了市级的社会工作发展指导中心服务平台，打造淮安"市—县—镇—村"四级社会工作服务体系。平台具有档案管理、产教融合、督导培训、行政服务、实务操作展示等多种职能。

2. 资源集中化

一是整合市内外专家资源，为全市社会工作服务站从业人员开展专业化督导和培训，解决本地社会工作专家资源不足问题，提高资源利用效率；二是编写优秀案例和项目，供社会工作从业人员参考和借鉴；三是探索社会工作服务标准化，为基层社会工作服务站提供标准化服务方案；四是中心会提供有经验的社会工作者或专家及时回应问题；五是建立社会组织交流平台。中心还成立了资源交换室，方便不同社会组织和社会工作服务站沟通交流。

3. 督导常态化

社会工作发展指导中心专业督导队伍由 13 名专家组成，包括市内和市外的多名专家，统筹指导全市社会工作服务站项目的督导工作，定期、持续对其进行监督、指导，主要包括：一是社会工作服务站的常规督导；二是督导定期研讨；三是与市级及各县（区）民政部门的督导交流。

4. 培训系统化

依托社会工作培训基地，定期开展社会工作服务站从业人员主题培训班。目前中心已开展了 3 期的全市社会工作服务站从业人员主题培训班。中心面向全市社会工作服务站和社会工作从业人员提供项目管理、人才培训、站点运营等服务。

市社会工作发展指导中心围绕社会工作人才队伍培育、社会工作项目指导实施、社会工作机构孵化培育等方面，对各县（区）社会工作发展指导中心、乡镇（街道）社会工作服务站、村（社区）社会工作室开展有效指导与服务，推动全市社会工作专业化发展，提升基层社会工作服务能力。

六、专业反思

（一）角色定位

社会工作发展指导中心在项目实施过程中扮演着资源提供者、使能者与评估监督者的角色。但作为资源提供者仅在培训、督导层面，无法在资金方面提供支持。作为使能者和评估监督者，希望通过中心的努力来促进社会工作整体发展，但受制于县（区）财政，作用发挥差异较大。

（二）资金投入

社会工作服务站资金投入以社会工作者工资、福利为主，开展服务资金较少。加大资金投入、保证资金的稳定性，是留住社会工作人才、提升服务质效的关键。同时，社工站加强资源链接与整合能力，也是解决资金问题的补充手段。

（三）市级与县（区）的协同发展

由于县（区）社工站发展差异大，中心除了在市培训基地开展定期培训，还可以根据各县（区）的差异性，针对各县（区）社会工作发展的实际情况开展精准化的理论培训、政策培训、管理培训等。这有利于解决部分县（区）路途较远，往返不方便的问题。精准化培训应因人而异、因时

二、项目目标

一是推动妇女社会参与，发挥基层治理"她"力量；

二是培育赋能社区人才，提高社区团队专业能力；

三是培育女性文娱团队，推动组织开展志愿服务。

三、项目方案

（一）理论基础

1. 地区发展模式

地区发展模式是由美国学者杰克·罗斯曼根据社区发展以及社区建设的相关经验提出的社区工作实务模式。该模式强调在一个较大的社区范围内鼓励社区居民通过自助或互助的方式，广泛参与社区事务，解决社区问题，推动社区发展。地区发展模式包含了三个方面的意义：一是强调一种以地区为基础的经济、社会、文化等实质内容的发展；二是强调一种发展理念，促进当地居民的需求与当地资源、环境和人口的协调、可持续发展；三是强调一种社会工作的介入手法，推动社区居民自下而上地参与、合作，让居民集体组织起来，掌握、利用社区资源，解决社区问题，满足社区需求，增强社区的归属感和凝聚力。本项目聚焦居民日常需求和"一老一小"关键需求，以社区妇女文娱团队"追梦"舞蹈队为抓手，挖掘各有所长的社区文娱团队"能人"加入志愿服务队，推动社区居民自下而上地参与、合作，满足滨河社区居民多样化、专业化、个性化的服务需求，增强其社区归属感。

2. 生态系统理论

对于生态系统理论来说，社会工作不仅关注人，情境同样是社会工作的焦点，它提出人在情境中，是一个联合的交流系统，即人与环境相互影响，形成互惠的关系。对于社会工作来说，要理解个人就必须将其置于所生长的环境中。因为个人能力的形成是其与环境长期交互适应的结果。因此，不论是个人的正向发展还是生活过程中出现的问题，都是与环境密不可分的。项目社会工作者运用"人在情境中"理念将服务辐射到妇女所在的家庭及社区，开展一系列志愿服务，不仅增强了参与的妇女群体本身的能力与社区参与感，也在社区里营造了浓厚的志愿氛围，让整个社区中的居民受到熏陶和教育，从而自发加入志愿队伍，人与环境互相影响，形成互惠关系。

从生态系统理论来考察社区与家庭的关系，家庭所在的社区是中观系统，虽然有些家庭成员并不一定直接参与社区的有关活动，但也受到社区的影响，特别是如果家庭成员中有一名或者几名参与社区活动的积极分子，那么社区的影响就更为显著。项目以业余爱好为着眼点，赋能一支"追梦"舞蹈队带动社区其余 12 支文娱团队加入新创立的"追梦"志愿队，在社区营造浓厚的志愿服务氛围，吸引越来越多的家庭成员参与社区服务。

（二）项目计划

项目以社区妇女"追梦"舞蹈队为抓手，通过"点"的建设帮助社区文娱团队转化为志愿者团队，推动群众参与志愿服务。

1. 整合资源，创建"追梦"志愿队

以业余爱好为着眼点，整合多支社区文娱团队资源，由"追梦"舞蹈队的妇女群体带动社区其他文娱团队转变为"追梦"志愿服务队。

2. 赋能成长，提高专业能力

共同制定志愿者服务制度，定期为"追梦"志愿服务队提供专业的能力建设培训，为其赋能，助其成长。

3. 打造品牌项目，引导社区参与

通过打造社区治理品牌项目，为志愿队提供展能平台，服务社区不同群体，推动志愿服务深度融入社区治理。

4. 展示成果，带动更多居民参与

通过宣传视频与媒体正面报道进行成果展示，加速催化更多的文娱组织向志愿组织的转化，让越来越多的居民参与社区治理服务。

四、项目方案实施过程

（一）从自娱到志愿，推动社区女性志愿服务

社区团队跑得快，关键还要车头带。在社会工作者的指导与帮助下，"追梦"舞蹈队的阿姨以爱好为着眼点，通过"扫街"式走访辖区 12 支文

娱团队，鼓励她们共同加入社区"追梦"志愿队。与此同时开展了一系列舞蹈与志愿服务相结合的活动，受到了社区居民一致好评，还登上了社区大报纸。一石激起千层浪，剩下几支文娱团队的参与热情被"追梦"舞蹈队激活，在舞蹈队阿姨的推动下，纷纷加入新创立的"追梦"志愿队。志愿队伍也由原来的 13 人，增加到 146 人，其中有中老年妇女，也有年轻女性；有家庭主妇，也有职业丽人。

（二）由热情到专业，推动社区团队的专业发展

社会工作者与志愿者一起制定符合团队的志愿者服务制度，包括志愿者进出制度、志愿者奖励机制、志愿服务活动条件等，并定期为"追梦"志愿服务队提供专业的能力建设培训，挖掘女性领袖，如结合"爱心敲敲门"入户探访老人行动，组建帮困扶弱志愿服务队，赋能志愿者掌握基本的入户探访技巧；后期，志愿者能自主地开展帮扶行动，帮助老人构建良好的社区互助网络。并通过巾帼之旅活动带领社区妇女实地参访，帮助社区女性了解其他优秀志愿者队伍先进经验。随着社区妇女群体眼界开阔、思维拓展、能力提升，"追梦"志愿队的服务也由最初的热情开始转向专业。

每个月的第一天，由"追梦"志愿队领袖组织团队成员召开议事会，引导团队成员就不同类型的社区问题进行讨论、协商，共同处理问题，共享自治经验。随着议事行动的推进，妇女议事会成员可以看到自己的付出有了结果，从中获得成就感，进而为"他治"转变为"自治"提供可能性。"改造社区共享走道花园、加强垃圾分类工作、夏日社区送清凉计划……"翻开妇女议事会记录本，每次讨论的议题、汇总的难题、共商的建议都一目了然，涵盖社区治理的方方面面。议题来自居民，解决问题的办法也来自居民，在不断参与行动的过程中，她们认可议事会这种组织形式，进而表达了对更为一般化的议事规则的需求意愿，于是大家一起讨论制定了议事规则和公约，并张贴上墙。

（三）从单一到多元，推动志愿服务深度融入社区

通过打造"爱心敲敲门""亲子'悦'读营""巾帼公益坊""我们的节日"等社区治理品牌项目，组织志愿群体为老人、儿童、妇女、社会组织等社区群体开展服务，丰富社区精神文化生活，推动志愿服务深度融入

社区治理，实现社区资源互助共享，有效激活社区联结，推动居民的社区参与。

1. "益老" ——爱心敲敲门

"追梦"志愿队殷艳萍阿姨在一次议事会上提出，很多社区老人有什么要紧事第一时间给社区打电话求助，但往往电话里讲不清楚，办事效率极低。社区老年人口比例大，不少老人由于子女长期外出打工，成为"空巢"老人，还有独居老人以及丧偶的孤寡老人，这些老人由于腿脚不便很少出门与人沟通交流，生活上缺乏照应，长此以往不利于身心健康。

议事会商议讨论出通过品牌项目"爱心敲敲门"，推出"邻里守望"制，由"爱心敲敲门"志愿服务队的成员主动和他们所在楼栋的空巢老人结成对子，每月主动上门了解老人的情况，帮助老人排忧解难，使空巢老人户户有人管、个个有人帮。社会工作者与志愿者根据调研情况，每月定期入户探访，查看老人健康状况，陪伴老人聊天，提供生活照顾，给老人提供心理慰藉，让老人感受到爱与温暖。此外，由社区"追梦"志愿队妇女代表陈玉珍、殷艳萍等志愿者定期入户进行活动宣传，呼吁居民共同参与社区活动，增强居民社区归属感。

2. "益小" ——亲子"悦"读营

"追梦"志愿队中有许多热爱阅读的年轻宝妈，她们作为志愿者讲师，充分利用社区图书馆资源，每周日下午举办亲子绘本阅读活动，以读书为载体，志愿者讲师带动孩子、孩子带动父母，营造良好的家庭阅读氛围，通过阅读来帮助家庭掌握科学育儿、科学教子的理念，提高社区居民整体素质，使其适应城市生活。经过多期亲子"悦"读营的开展，社会工作者与志愿者讲师对活动进行总结讨论，研究并制定出"绘本讲师+家庭教育指导"2套课程体系，研发出绘本讲师手册1本、不同主题的课程包20节。新志愿者在刚加入时便可依据手册及课程包来开展绘本阅读活动，加快新志愿者对活动开展的熟悉速度，让其有章可循。此产品具有可复制性，附近的其他社区还对此课程包进行了学习借鉴与推广使用。

3. "益参与" ——巾帼公益坊

为解决社区的矛盾和问题，充分挖掘妇女群体的能力与潜能，鼓励她们发挥自身的优势，充当社区妇女能人、领袖，提升其自治能力，社会工作者联合"追梦"志愿队打造了品牌项目"巾帼公益坊"。

通过开展走道花园——"我为花坛添新衣、我为社区增抹绿"等系列活动,装扮社区走道花园,并成立"爱花家"植物养护队,对花园里的绿植进行认领,养护队负责日后的浇水修剪等工作。

通过开展"帽美如画 清凉一夏"手工彩绘草帽活动,将制作好的草帽送给社区环卫工人、孤寡老人以及经常在社区广场聚集的高龄老人,增强妇女的主人翁意识,提升了妇女参与社区治理的能力,让辖区妇女朋友充分发挥自我潜能和创新意识,也留下了专属的独特夏日回忆。

通过开展爱心义卖活动,将"追梦"志愿队妇女亲手制作的手工作品、小吃饮料以及未使用过的闲置物品摆上社区小摊进行义卖,所得款项将根据摊主们的意愿,由摊主本人去购买米、面、油等生活必需品,捐献到义仓,用于帮助社区里的困难群体。

4. "益家亲"——我们的节日

逢年过节,"追梦"志愿队建言献策设计方案,开展别具特色的节日活动,渲染节日氛围,促进社区同乐。通过这一系列的社区同乐活动,实现社区居民一家亲,在增进邻里情的同时,丰富社区居民的文化生活,提高居民社区参与度,提升社区居民的归属感,给予社区志愿队伍展示的平台。

通过"浓浓邻里情,欢乐闹元宵"活动,志愿者阿姨将热腾腾的汤圆煮好后送给社区高龄老人,共同度过一个欢乐、喜庆、祥和的元宵佳节。

通过开展"'花'点心思,传递感恩"——母亲节活动,志愿者阿姨将亲手制作的花束送给社区空巢老人、保洁阿姨以及家中母亲,让感恩之心在社区传递。

通过开展"端午佳节颂清风,巧手香粽传廉情"——端午节主题活动,将手工编织的五彩绳与包好的粽子送到社区困难家庭,并与其亲切交谈,向他们了解近期生活、身体状况及需要解决的困难。

通过开展"忆峥嵘岁月,传红色基因"——"七一"建党节主题活动,为老党员进行红色歌舞表演,营造良好的敬老氛围,共叙美好生活,共发生日感言。

(四)由"她"力量到"众"力量

社会工作者为"追梦"志愿队拍摄了专门的宣传视频,进行成果展示。并且链接了电视台对其事宜多次报道,进行正面宣传,极大地加速推动更多的文娱组织向志愿组织转化，以点带面，让越来越多的居民加入社区治理服务。并摸索出"1+5+N"志愿服务模式，即围绕 1 个社区，孵化培育出以居民需求为导向的 5 支志愿者队伍——追梦志愿队、爱心敲敲门队、巾帼公益队、亲子阅读队、小小红领巾——以促进社区志愿服务常态化发展，推动志愿服务深度融入社区治理，共同服务社区。开展 N 项社工活动，如入户探访、亲子阅读活动、我们的节日等，让居民在"家门口"就能享受到专业、优质的社会服务。与此同时，家庭里的其他成员也受到影响，主动参与社区服务，社区治理中的"她"力量逐渐扩充为"众"力量。

五、总结评估

社区志愿服务是居民参与社区公共事务的重要载体，浓厚的志愿服务氛围，有助于激发居民的社会责任感。项目以社区妇女文娱团队"追梦"舞蹈队为抓手，通过"点"的建设帮助社区居民团队转化为志愿者团队，推动群众参与行动。探索出"1+5+N"志愿服务模式，围绕 1 个社区，最终孵化培育出以居民需求为导向的 5 支志愿者队伍，开展 N 项社会工作活动，以促进社区志愿服务常态化发展，推动志愿服务深度融入社区治理，共同服务社区。

在志愿队伍培育方面，孵化培育出的以居民需求为导向的 5 支志愿者队伍，目前已能够自觉自主地参与社区志愿服务，开展常态化社区自治服务。

在成果产出方面，社会工作者与志愿者共同研究并制定绘本阅读的课程体系，研发出绘本讲师手册 1 本以及不同主题课程包 20 节，加快新志愿者对活动开展的熟悉速度，让其有章可循。

在居民参与方面，通过打造社区治理品牌项目，提供展能平台，促进社区居民积极参与社区事务，实现居民由被动服务向主动参与的转变。社区居民现已形成意识，社区新居民也积极参与人居环境治理，已形成良好的社会氛围。

六、专业反思

（一）因地制宜解难题

随着中国城市化进程的不断推进，"村改居"社区应运而生。传统的社区、单位和身份界限被打破，社区不再是一个"熟人社会"，社区的"乡土性"逐步被瓦解，居民的社区归属感、认同感、获得感产生了很大的变化。滨河社区在"心苑社工"的支持下，因地制宜地链接适合特定社区场域特征的社会资源，建立适合本地特征的运行机制，相对于直接建立服务型志愿队来说，将文娱型团队转化为志愿者团队，具有组织快、好召集等优点，由此实现通过"点"的建设帮助社区居民团队转化为志愿者团队，让"她"力量扩充为"众"力量。

（二）专业力量与本土力量相辅相成

社会工作者是社区治理的中坚力量，社区治理过程不仅要依赖本土力量，同时也离不开专业力量指导。作为"村改居"的社区本地居民，社区居民本土力量的参与意识在日益提高，但参与能力尚且不足，一些新孵化的居民志愿队对社区参与信息的掌握不充分、不及时，尚未形成成熟机制，若得不到社会工作者的专业指导，遇到严重困难时甚至会解体。只有专业力量与本土力量相结合，两者共同参与社区骨干挖掘、团队目标组建、组织管理规范、团队服务推进，才能进行社区志愿服务队伍的规范性建设，满足社区居民多样化、专业化、个性化的服务需求。

专家点评

从政治学的角度，"治理"代表人们重新思考行动、民主的价值观和它们彼此之间的关系。诸多学者都强调女性对基层治理的重要意义。然而，女性作为当今社会最重要的力量之一，其在基层治理的参与度和活跃程度仍然存在较大提高空间。女性作为基层治理主体的优势十分明显：女性的思维和情感十分细腻。心苑社会工作服务社为弥补基层治理中女性群体参与的缺失，因地制宜采取了一系列激励和支持方式，体现了专业社工机构对非传统治理决策者和参与者的推动技巧与理念。通过丰富且贴近生活的活动，增强与提高了女性在治理中的角色多样性以及重要程度，为社区增添了别样的精彩。同时，项目也体现了社会调节与居民自治的良性互动。

（曹欣欣：淮阴师范学院社会工作系讲师、博士）

民生零距离：清江浦区和平镇
社工站建设项目

王梦洁　徐亚洲　纪杰杰

淮安市清江浦区心苑社会工作服务社

一、背景介绍

近年来，江苏省民政厅等 18 部门联合出台《关于加快推进社会工作高质量发展的意见》，省民政厅、省人才办出台《江苏省"十四五"社会工作专业人才发展规划》。新政明确了专业社会工作者的待遇，确定社工站全覆盖目标，打通为民服务堵点，改善人民生活品质，推动民生服务从"兜得住"向"兜得好"转变。

2020 年，淮安市民政局出台了《关于全面推进镇（街道）社会工作服务站建设的实施方案（试行）》，清江浦区民政局积极响应并推进相关工作，深入贯彻落实省民政厅部署要求，采取项目化推进、社会化运行、专业化服务、规范化管理方式，高位推进社工站建设，镇（街道）社工站实现全覆盖。新时期基层民生服务工作面临更高要求，镇（街道）社工站将依托专业化社工队伍补充基层民生服务力量，满足居民多元化社会服务需求，破解基层民生服务能力不足的痛点和堵点。

淮安市清江浦区心苑社会工作服务社是首批参与清江浦区镇（街道）社工站运营的社工组织。社工站是社会组织参与社会治理创新的探索实践，对于提供专业支持、调配服务力量、配置服务等具有重要的意义。心苑社会工作服务社进驻和平镇社工站，围绕增强基层民政服务能力，积极探索如何充分发挥社会工作和志愿服务在助力脱贫攻坚、乡村振兴和社会建设中的积极作用，打通为民服务"最后一米"，进一步发挥专业社会工作在加强基层民政服务能力和社会治理中的积极作用。

二、项目目标

（一）服务信息对称，困境群体由信息滞后转向信息对称

和平镇残疾人、空巢老人、失能老年人、留守妇女等困境群体在计算机、智能手机等先进的通信设备的使用方面还非常低下，在当今信息时代产生了信息严重不对称的情况。困境群体与社会普通群体之间的差距越来越大，需要帮助其实现服务信息对称。

（二）服务队伍壮大，人员队伍由分散转向合作赋能

虽然和平镇居民已经陆续有人加入老年协会、广场舞队等志愿者队伍，但服务队伍并没有蓬勃发展起来。整个志愿者队伍发展分散，没有凝聚力。不同的志愿队伍之间缺乏联动，常常各自为政，造成志愿者资源的巨大浪费，使志愿服务长期处于低水平状态。需要帮助其壮大服务队伍，使人员队伍由分散转向合作赋能。

（三）服务质量提升，民生保障由"兜得住"转向"兜得好"

辖区内的困境群体需要社会工作者为其开展心理疏导、能力提升、关系调适、社会融入等专业化和个性化服务。需要社会工作者提高服务质量，不断健全和平镇社会工作站的组织体系，由此推动服务高质量发展，民生保障由"兜得住"转向"兜得好"。

（四）服务方式对路，基层治理从管理转向共治共享

前期我们发现，社区希望居民参与社区事务，而社区事务的决策和监管方面则鲜有涉及。即使是参与社区事务，多是一些组织居民打扫街道等活动，形式主义多，造成居民的参与热情不高，服务方式不对路，居民自治参与程度不深，参与效率低下，需要基层治理从管理转向共治共享。

（五）服务群体全员化，社会服务全覆盖且精准对接

打通为民服务"最后一米"，首先需要实现服务群体全员化，使服务对象范围覆盖残疾人、留守儿童和妇女、老年人等困境群体，并精准对接服务对象需求，在社会救助、为老服务、儿童关爱、社区治理等方面开展多种专业社会工作服务。

三、项目方案

（一）通道搭建，解决信息不对称问题

社会工作者为困境群体搭建和政府间的桥梁，通过印发政策宣传手册、开展"社会救助政策宣传日"活动、建立救助资源人员名册并主动为服务对象寻求资助等方式，为困境群体搭建"阳光通道"。

（二）"五社联动"，解决人员队伍分散问题

社会工作者抓好"五社"整合，发挥社区的基础平台作用。依托"五社"营造治理场景，以社区为平台、社会工作者为支撑、社区社会组织为载体、社区志愿者为动力、社区公益慈善资源为补充，实现服务队伍真正意义上的壮大。

（三）社工主导，解决服务质量低问题

以街道为平台、社会组织为载体、专业社工为骨干主导，充分保证服务的专业性和质量。以专业的视角，有针对性地提供专业服务。

（四）居民议事，解决服务方式不对路问题

畅通沟通机制，从"重复反馈"变为"集中反馈"；完善协商制度，从"居民参与"变为"居民主导"；定期进行成果反馈，从"做完了事"变为"跟踪反思"。

（五）服务全员，社会服务全覆盖且精准对接

精准对接服务对象需求，覆盖群体广、覆盖人数多、覆盖影响大，促使服务接受者转变为服务提供者。

四、项目方案实施过程

（一）通道搭建，链接政策资源

社会工作者作为兜底民生服务的基层一线，立足镇（街），深入田间地头，印发政策宣传手册 1500 份，挨家挨户为困境群体宣传社会救助相关政策，如适用人群和范围、内容及标准、申报流程、需提交的资料等，搭建"阳光通道"缓解困境群体信息滞后问题，帮助困境群体链接政府政策资源。在宣传过程中，我们发现和平镇 QD 村陈某，因为年前腿部骨折落

下残疾，想要申请残疾证。陈某由于年龄较大，且子女都在外地打工，不知道申请残疾证该准备哪些材料。社会工作者主动了解了其家庭状况，在与镇残联负责人积极沟通后，帮助陈某领取《残疾人证申请表》并协助其填写。社会工作者告知陈某准备身份证、户口本的复印件、两寸彩色照片等材料，并给陈某解释相关评残流程，如残疾很明显的可以直接到残联进行等级审核办理，残疾不明显的需要到指定医院，由医院组织专业人士进行评级（一、二级为重度，肢体、视力、精神、智力四类重度残疾的可以享受生活补助），等一切手续完备再送到当地残联进行办理。在社会工作者的细心讲解下，陈某露出了开心的笑容。之前，他心里很忐忑，害怕给政府添麻烦，幸好有社会工作者的讲解和帮助，让他少走了很多弯路。社会工作者也很开心可以帮助陈某，社会工作者很好地起到了作为政府与服务对象之间的中介的作用，为政策落地提供了便利。

另外，社会工作者积极发挥社会工作贴近群众的优势，开展"社会救助政策宣传日"活动，和居民面对面交流，在零距离接触中了解群众需求，发挥社会救助职能，保障困难群众基本生存权益。真正将民政社会救助等服务落在基层、沉到一线，打通为民服务"最后一米"。

同时，社会工作者积极了解民政部门和其他相关部门的政策性救助资源（正式资源），整理可链接到的基金会、企业和个人资源（非正式资源），建立救助资源人员名册并主动为服务对象寻求资助，为困境群体搭建与政府间的"阳光通道"。

（二）"五社联动"，聚集民生力量

社会工作者抓好"五社"整合，发挥社区的基础平台作用。以专业社会工作者为纽带，激活社区社会组织，发动社区志愿者，链接社区公益慈善资源，提高老年协会、广场舞队、社区义工队等志愿队伍合作服务能力。

在和平镇社区志愿服务队伍成立初期，社会工作者用"专业化服务"作为志愿队伍长效发展的基石，以社区为平台，社区社会组织为载体，积极构建"社会工作者+志愿者"的服务模式，同时链接社区公益慈善资源，通过爱心人士、慈善组织捐赠的资金和物资，为社会工作服务和志愿服务的深入开展提供了有力支持。另外，通过爱心商家捐赠物品以及志愿服务激励，吸引更多居民参与或组建各具特色的志愿服务团队，建立志愿队伍的资源库。

此外，社会工作者还依托"五社"营造治理场景，盘活社区已有公共服务空间，为志愿服务打造更好的社区场景。在社会组织的引导下，社会工作者联动社区老年协会、广场舞队、社区义工队等志愿者队伍一起打造社区公共服务空间，对闲置的文化活动中心、农家书屋、儿童之家、居家养老服务中心等公共空间进行清扫与布置，利用这些公共空间为困境儿童和留守儿童开展"向阳花开"系列主题小组活动，为居家的有特殊困难的老年人开展养生保健讲座，对失能半失能老人照顾者进行护理培训，给为老服务的"温暖关爱"系列主题小组、留守妇女技能培训等活动提供了场所。同时链接社会慈善资源捐赠的书籍、桌椅等物资，为教育健康、养老育幼、琴棋书画、文创科创等兴趣活动提供更多样、更丰富、更有特色的社区场景。加强"五社联动"，充分发挥志愿者队伍的主观能动性，培育多元治理主体，构建联动机制，积极引入和培育社会组织、专业社工、志愿者队伍，强化慈善资源供需对接，实现服务队伍真正意义上的壮大。

（三）社工主导，提升服务质量

和平镇社工站发挥了枢纽平台作用，吸引各方力量参与志愿服务，推动服务区域的社会治理和社会建设。以街道为平台、社会组织为载体、专业社工为骨干，充分保证了服务的专业性和质量。

社会工作者前期通过入户对服务对象进行筛查、识别、诊断，实现社会救助对象精准识别。开展特困人员生活自理能力评估，并建立专业服务档案，协助对服务人员进行培训，加强服务指导，提升特困人员服务专业度。和平镇社工站通过定期开展交流会、培训会等，邀请高校教师对社会工作者与志愿者进行专业培训，从而提高志愿服务质量。在项目执行过程中，通过个案与专业的小组活动，在利他主义价值观的指导下，关注困境群体的心理需求和精神需求，运用专业知识和技巧，帮助困境群体挖掘和运用自身及周围的资源。以专业的视角，有针对性地提供专业的服务。在走访 WQ 村时，社会工作者发现小月兄妹俩，父亲去世，母亲改嫁，与爷爷奶奶一起生活，他们沉默寡言，不爱说话，也不愿意与外人交流。在奶奶那里了解到相关情况后，社会工作者发现不久就是女孩小月的生日，于是周末去商场给其买礼物，订蛋糕，一起上门给她庆祝 7 岁生日。奶奶告诉社会工作者，这是孩子父亲去世后，他们一起过的第一个这么有仪式感的生日，社会工作者有心了。鉴于小月兄妹因为父亲去世不喜欢与人交流，社会工作者循循善诱，教导他们慢慢打开心扉，试着接纳他人，学会倾诉。社会工作者特地给小月买了布娃娃，表示以后如果有小秘密以及不想与别人说的话可以说给布娃娃听，小月摸着布娃娃爱不释手。后来社会工作者多次探访，通过"心理与社会治疗模式"，利用直接治疗技巧，对兄妹二人进行精神和心理干预，帮助他们缓解丧父的痛苦以及自卑等问题，取得了良好的效果。

（四）居民议事，贴合居民需求

1. 畅通沟通机制，从"重复反馈"变为"集中反馈"

为打通居民反馈需求的渠道，营造"人人了解、人人支持、人人参与"的浓厚氛围，从"重复反馈"变为"集中反馈"。社会工作者从线上线下两方面入手，搭建居民自治诉求平台，实现服务方式对路。

线上，通过建立微信交流群，实现社区与居民间的及时沟通。另外，社会工作者通过微信公众号每月收集小区需要解决的问题并对其进行分类，与志愿者、社区、社会组织合作，在让居民了解社区工作、掌握最新政策动态的同时，共同讨论问题的解决办法，并在微信公众号中定期进行反馈。

线下，社会工作者以"居民骨干访谈"、"小区物业、商铺走访"、召开"联席会议"等形式，组建和平镇协商议事小组，为居民搭建表达与传递需求的平台。

2. 完善协商制度，从"居民参与"到"居民主导"

社会工作者以"民事、民议、民决"为导向，通过"三社联动"形成民政办、社工站、村"两委"、社区自治组织和居民代表组成的联席会议制度，商讨社区公共事务，不断提升社区自治能力。引导服务对象积极参与社工站活动和社区公共事务，逐步提升其使用社区公共资源和公共服务的意识和能力，和平镇居民逐渐从"说事者"变为"议事者"，从"接受者"变为"主导者"，从"观望者"变为"参与者"，畅通了居民和社区之间的沟通机制，营造了接纳、友好的社区氛围。

3. 定期反馈成果，从"做完了事"到"跟踪反思"

对于议事协商的过程和结果，社会工作者联合村"两委"与居民骨干建立了专门的跟踪机制去监督保证方案的执行。开展居民议事会时由专门工作人员做好会议记录，分配职责到位，定期汇报反馈，召开报告会议。

在服务开展过程中，由居民自己通过活动成效观察社区人群需求的变化、问题的改善，从而达到对活动的监督与成果的反馈。同时通过居民的反馈，收集新的需求，再次回归到居民表达和议事机制上。由此形成良性闭环的工作路径，从而不断调整服务平台的输出，提高服务对象自治能力。

例如，小区内太极拳活动正是体现了居民议事、精准服务的需求。由于拆迁后集中居住的社区老人较多，他们因为不需要种地，所以有了大量闲暇时间，从而无所事事，只能在广场上聊天或者打牌。社会工作者在集中了解到居民亟须消遣的需求后，线上线下收集居民的信息，了解到他们年龄较大、不爱吵闹之后，社会工作者通过"三社联动"召开居民议事会，集中讨论选取适合居民的娱乐活动。经过层层筛选和表决后，最终决定开展每日太极拳活动，在成果反馈中，大家反映太极拳活动既能锻炼身体，又能消磨时间，重点是太极拳不像广场舞节奏那么快，很适合年龄大的居民，贴合居民需求。在镇民政办的支持下，由社区居民担任太极拳老师，居民代表招募活动成员，太极拳正式成为该小区的常规活动，越来越多的居民陆续加入活动，形成了社区内的一道亮丽的风景。

（五）服务全员，社会服务全覆盖

本项目精准对接服务对象需求，覆盖群体广、覆盖人数多、覆盖影响大，促使服务受助者转变为助人者。

1. 覆盖群体广

本项目精准对接服务对象需求，覆盖了留守妇女，残疾人，留守（空巢）、独居、高龄、失能等特殊困难老年人，困境和留守儿童等困境群体，以及有意向加入社区治理的社区贤达人员及骨干，覆盖群体广。"与爱同行"志愿者团队里的小杨就是最典型的一位，他是社会工作者在残疾人关爱之家开展活动时挖掘的志愿者。小杨虽然自身是肢体二级残疾，但是始终对生活保持乐观，脸上一直充满笑容，社会工作者刚看见他就被这个自信乐观的男生吸引住了。在活动过程中，社会工作者发现小杨一直在帮助其他残疾人，在和周围人的聊天过程中也了解到小杨是个热心肠，于是社会工作者在活动结束后主动找到小杨，表示想邀请其作为志愿者帮助社会工作者为居民（主要是残疾人）提供服务，小杨非常高兴。最后，在小杨和其他残疾人的陆续加入下，"与爱同行"志愿队伍正式成立，残疾人志愿者为镇里其他的残疾人群带去了温暖和关爱。

2. 覆盖人数多

本项目直接服务人群 100 人，间接服务人群 200 人，服务 2000 人次。在精力与资源有限的情况下，通过引导服务对象积极参与社工站活动和社区公共事务，以点带面，调动更多群众参加，服务由此覆盖更多的居民。

3. 覆盖影响大，服务受助者转变为助人者

社会工作者秉持助人自助的理念扎根和平镇社工站，相信每个服务对象都有其自身价值和潜能。并用专业方法将其激发，为其赋权，使其增能，目前能为我们固定提供服务的志愿者已经有 56 人，均是由原先的服务受助者转变而成的。

其中，78 岁的老党员张大爷早年因交通事故导致下半身残疾。如今步入晚年，生活上越发感到力不从心，觉得自己成了身边人的负担，甚至想用结束自己生命的方式来逃避痛苦。社会工作者在入户探访中了解到他的情况后，第一时间为他链接了正式资源和非正式资源，为其提供生活照料、康复护理和精神慰藉等服务。在一次探访后，张大爷拉着社会工作者与志愿者的手，主动要求加入社区志愿服务队。并表示想学习理发技术，为 60 岁以上的老年人提供免费理发服务，也想为社会尽一份力。张大爷还主动参与社区志愿服务。"谁说我这一身老骨头就没有价值呢！"服务过程中，张大爷满面春风，再也没有了曾经的颓废消极。在他的带动下，越来越多的人报名加入了社区志愿服务队。

五、总结评估

（一）目标评估

本项目以街道为平台、社会组织为载体、专业社工为骨干，为辖区居民群众、社区提供专业社会工作服务，帮助困境群体由信息滞后转向信息对称；壮大服务队伍，人员队伍由分散转向合作赋能；使服务质量提升，民生保障由"兜得住"转向"兜得好"；服务方式对路，基层治理从管理转向共建共治共享；服务群体全员化，社会服务全覆盖且精准对接，达到

了预期效果。

（二）过程评估

在该项目服务过程中，社会工作者通过走访和调研对服务对象需求进行评估，以专业社会工作者为主导，结合服务对象实际情况提供生计发展、心理疗愈、能力提升和社会融入等服务。通过搭建"阳光通道"，帮助困境群体链接和政府之间的关系；通过"五社联动"营造治理场景，以专业社工为纽带，激活社区社会组织，发动社区志愿者，链接社区公益慈善资源，构建联动机制，提高社区志愿队伍合作服务能力；通过开展"居民议事会"，畅通沟通机制，完善协商制度，形成良性闭环的工作路径，提高服务对象的自治能力。充分发挥服务对象的主观能动性，激发服务对象的潜能，实现社会服务全覆盖和精准对接。

（三）结果评估

本项目以专业社会工作者为主导，通过专业的服务，了解群众需求，发挥社会救助职能，保障困难群众基本生存权益。在精力与资源有限的情况下，通过引导服务对象积极参与社工站活动和社区公共事务，以点带面，调动更多群众参加，服务更多的居民。真正将民政社会救助等服务落在基层、沉到一线，打通为民服务"最后一米"，取得良好的社会反响。

六、专业反思

（一）服务优先，服务专业化的重要性

社工站社会服务在困难群众帮扶和脱贫攻坚战略中发挥了重要作用，与普通的志愿服务不同，社工站项目不仅要向服务对象提供物质帮助，为其解决眼前的困难，还要向他们提供精神方面等的相关服务，帮助服务对象激发潜能，培养自身摆脱贫困、获得长期发展的能力，这就体现了服务专业化的重要性。只有提高服务质量，运用多元专业方法回应服务对象需求，才能保证社工站有效运作，真正保障困难群众基本生存权益，激发其自身价值与潜能。

（二）资源整合，"五社联动"的必要性

在项目实施中我们发现，和平镇农村地域可利用资源不足，要想撬动农村社会资源，助力乡村振兴，"五社联动"尤为必要。社会工作者依托

"五社"，以专业社会工作者为纽带，激活社区社会组织，发动社区志愿者，链接社区公益慈善资源，一方面，在多方资源整合下，盘活和平镇已有的公共空间；另一方面，多方联动，充分利用各方资源，壮大社区服务队伍，建立项目志愿队伍资源库，形成了以困境群体为核心的包含专业机构社工、残疾人家庭、老人妇女家庭、社会资源（高校、社区骨干、爱心人士、社区、媒体、企业、志愿者）等的支持体系，更易于推动社会各界参与，全方位为困境群体服务。

（三）外引内培，专业社工队伍维持的迫切性

要想服务有好的成效，就需要能够熟练运用社会工作的一般理论与方法的专职社会工作者准确了解各类困难群众的特殊需要，以及他们的心理、行为和社会环境的特点。然而当前社会工作者流失率高，专业社会工作者队伍的维持显得尤为迫切。一方面，政府应加大投入，提高社工站运营经费，引进专业服务机构，组建专业社工服务队伍；可以实行轮换制，将城市社工派入农村，以城市带动乡村发展。另一方面，社会工作者应与多方力量联动，挖掘培训高质量志愿者，这样才能提升社会服务质量，形成增能的社区支持网络。

（四）助人自助，角色转变的带动性

授人以鱼，一日享用；教人以渔，终身受用。助人不仅要救急，帮助其解决眼前的困难，更要救穷，帮助他发掘潜能，积极寻找出路，学会一技之长，掌握"捕鱼"的能力，最终让受益人自己解救自己。本项目中，社会工作者不仅致力于解决困境群体基础生活救助问题，更注重挖掘和发挥社区、服务对象优势和资源，激发其自身价值和潜能，培养社区居民自治能力。帮助服务对象从受助者转变为助人者，引起良好的社会反响，带动更多的受助者加入助人队伍，将爱心暖流传递回社会。

专 家 点 评

乡镇（街道）社工站的全面铺开是近年来社会工作领域发生的大事件。总结提炼好优秀社工站建设的经验对于推动全国社工站建设、实现社会工作高质量发展具有重要的意义。案例中和平镇社工站的建设有以下几方面值得深入学习。第一，社工站建设中的资源整合策略。社工站本身的资源并不多，但有

时候都助他人需要很多资源，这时候资源整合就是一个很好的策略。案例中社会工作者将链接到的基金会、企业、个人的资源进行整理，形成救助资源人员名册，弥补了政策性资源的不足。第二，社工站建设中的鼓励社会主体参与的策略。案例中社会工作者在"五社联动"的背景下激活社区社会组织，发动社区志愿者一同参与社区治理，构建了共建共治共享的社会治理格局。第三，社工站建设中的居民议事策略。居民参与议事可以很好地增强社区居民参与社区事务的意识，居民可以自行解决很多问题，给政府和居（村）委会减少了行政负担。案例中社会工作者畅通沟通机制、完善协商制度、赋能社区居民的做法可以很好地为其他地方提供借鉴。

（唐立：淮阴师范学院社会工作系主任、副教授、博士，高级社会工作师）

用心守护助你健康成长：
清江浦区困境儿童健康成长服务项目

刘海健①
淮安市清江浦区一米阳光社工服务社②

一、背景介绍

（一）项目背景

国务院印发的《关于加强困境儿童保障工作的意见》（以下简称《意见》）指出，要以促进困境儿童全面发展为出发点和落脚点，加快形成家庭尽责、政府主导、社会参与的困境儿童保障工作格局。在社会力量参与方面，该《意见》强调要建立政府主导与社会参与良性互动机制，支持社会工作者、法律工作者等专业人员和志愿者针对困境儿童不同特点提供心理疏导、精神关爱、家庭教育指导、权益维护等服务。近年来，地方政府及部门开始探索将困境儿童保护服务的工作以政府购买的方式委托给专业的社会工作服务机构来开展，并建立了一系列儿童服务机构。淮安市已建设并运行儿童"关爱之家"78个，投入276.25万元购买社会组织服务，打造优质关爱服务阵地、专业服务项目；配备儿童督导员和儿童主任1717名，其中儿童督导员117名、儿童主任1600名，实现镇（街）、村（居）全覆盖。

清江浦区位于淮安市主城区，截至2020年，清江浦区常住人口为594524人，占淮安市的13.05%；常住人口中0~14岁人口占17.48%。近年来，清江浦区民政等相关部门从生活、教育、医疗等层面落实了困境儿童相关救助政策。目前清江浦区困境儿童保障水平在淮安市最高，在淮安

---

① 刘海健，淮阴工学院人文学院副教授。
② 淮安市清江浦区一米阳光社工服务社成立于2020年4月，法定代表人是纪青松。

市率先实现 100% 救助，重残儿童全部被纳入护理补贴范围。在此基础上，针对困境儿童社会性需求的服务项目需要进一步加强。2021 年 5 月，本项目根据民政部门提供的困境儿童数据开展了入户访问。社会工作者在探访中发现，除了物质需求，不少困境儿童在学业辅导、业余兴趣培养和社会交往方面存在较大需求。因此，本项目针对这部分需求，制订了服务计划，用社会工作专业方法对清江浦区的 100 余名困境儿童进行专业社会工作介入。

（二）项目简介

本项目是淮安市慈善总会资助、针对清江浦区困境儿童的公益服务项目。项目旨在帮助困境儿童健康成长，通过社会工作者的专业服务，给予困境儿童物质、精神、文化等多方位的帮助，促进受助儿童全面、健康成长。本项目服务的困境儿童，包括在生活、学习、社会融入等方面存在困难的儿童。通过项目实施，清江浦区 80 名困境儿童直接受益。为了更好地总结项目经验，推广项目成果，项目组拍摄了微电影《微光·前行》，对项目实施中的一些社会工作服务场景作了影像记录。在遵守专业伦理的前提下，项目组征得一位服务对象同意参演微电影，保证了微电影的写实性和专业性。通过项目开展，本机构从情感、社会层面更加深入地探索了促进困境儿童健康成长的专业方案，为后续服务项目开展积累了经验。

二、项目目标

（一）短期目标

本项目的短期目标是为服务区域内的困境儿童提供物质资助、课业帮扶、心理疏导等方面的服务。首先，合理运用项目资金，帮助困境儿童满足其生活、学习等方面的需求，为其提供一部分学习用品和生活用品。其次，社会工作者招募部分具有中小学课业辅导经验的大学生，对部分存在学习困难的困境儿童提供针对性辅导，解决其学习动力和学习方法等问题。最后，对部分存在家庭人际关系问题的家庭进行个案辅导，促使其形成健康的家庭关系，解决困境儿童的心理问题。

（二）长期目标

通过困境儿童的社会工作服务项目，协调个人、家庭和政府部门的关系，共同为困境儿童创造和谐的成长环境，促使困境儿童形成健全人格和高尚品质；推动全社会、政府相关部门从学业、文化、教育、身心健康、社会参与等方面促进困境儿童健康成长。对机构来说，通过项目开展，深度积累从事困境儿童服务的经验，形成可供推广的模式。

三、项目方案

表 1　项目活动方案

时间	内　　　容
2021.5—6	一、困境儿童基本状况调研 1. 在服务区域区民政部门的协助下，获得清江浦区困境儿童的数据，对可能的服务对象进行初步筛查 2. 社会工作者进入相关社区，对困境儿童家庭进行入户访问，了解困境儿童基本生活状况 3. 根据入户访问的情况，初步与服务对象建立专业关系 4. 开展服务对象建档服务，一人一档
2021.7—8	二、个案工作辅导 1. 通过外展形式确定个案工作服务对象 2. 社会工作者针对服务对象的困境开展个案辅导，解决其学校、家庭人际关系问题。两名督导负责协调、配合
2021.9—10	三、课业辅导等教育活动 1. 招募志愿者，到相关社区家庭，入户开展义务课业辅导活动 2. 赴儿童福利院，对相关困境儿童开展课业辅导，并针对儿童特点组织特色益智类游戏
2021.10	四、微光点亮兴趣 1. 邀请服务对象进入大学校园，体验大学生活 2. 链接校园社团资源，让服务对象学习他们感兴趣的剑道、摄影等项目
2021.11—12	五、社工微电影拍摄 在尊重社会工作伦理的前提下，邀请一位服务对象参演社工微电影《微光·前行》，对相关服务内容进行影像记录和总结
2022.1—2	六、项目活动满意度评估 社会工作者通过对服务对象进行深度访谈，根据服务对象的表现和反馈，评估项目成效

四、项目实施

(一) 确定项目目标，制订服务方案

社会工作者根据项目目标，对项目展开工作计划的制订。首先，联系区民政局获取服务对象相关信息并进行筛查，初步选取服务对象；其次，计划于 2021 年 5 月对初期服务对象进行入户访问；再次，通过分析走访情况，对初期服务对象进行分析评估，根据服务对象的反馈，进一步明确项目服务对象；最后，根据对服务对象学业、生活、心理、发展等方面的评估，制订服务计划，预计采用个案、小组的社会工作方法，实施社会工作服务。

(二) 开展入户访问，建立"一人一档"

第二阶段主要内容是入户探访，建立服务档案。于 5 月上旬启动，第一次入户探访持续了一周左右，共有 30 名左右社会工作者及志愿者参与。项目组成员通过电话访问的方式联系了服务对象的家里人，并了解了服务对象的年龄、家庭住址及方便志愿者上门时间等信息，深入了解和确定了服务对象的身体状况、心理状况及家庭情况等信息，精准确定可参与活动的对象。参与本项目的志愿者身着"慈善总会"字样的红色志愿者服，带着精心准备好的慰问品（学习用品）到服务对象家中进行访问。志愿者为其登记详细信息、建立档案。向服务对象及其家庭成员介绍本项目的基本内容和目的。

(三) 开展个案心理支持服务

在该阶段，社会工作者通过运用同理心、赋能等方式为服务对象提供心理建设以及个性发展方面的服务。一方面，在征得服务对象家长同意的情况下，社会工作者对部分存在同辈人际交往和亲子沟通问题的服务对象进行了辅导；另一方面，为宣传慈善精神，体现一米阳光社工服务社及志愿者队伍的公益服务理念，机构社会工作者前往淮安市社会福利院对孤儿开展个案辅导服务，通过游戏辅导等活动，帮助他们树立自信，改善其人际关系。

(四) 课业辅导

针对入户探访中发现的部分困境儿童存在课程学习困难的问题，项目

组招募志愿者到相关社区家庭，入户开展义务课业辅导活动；同时，赴儿童福利院，对相关困境儿童开展课业辅导，并针对儿童特点组织特色益智类游戏。

（五）微光点亮兴趣

一是开展小组活动，改善同辈群体关系；二是邀请部分服务对象进入大学校园，体验大学生活，使他们对自己未来的发展产生憧憬，帮助他们树立远大理想；三是链接校园社团资源，让服务对象学习他们感兴趣的剑道、摄影等项目。

（六）社工微电影拍摄

2021年11月，在遵守社会工作专业伦理的前提下，社会工作者邀请一位服务对象参与社工微电影《微光·前行》的拍摄。

本片展示了项目实施中开展个案服务的基本过程。影片主人公小雨（化名）是一名初中一年级学生，居住于淮安市清江浦区某拆迁安置社区，也是项目服务对象。小雨父母均为残疾人，经济状况欠佳。小雨性格开朗，学习成绩优异，具有较好的表达能力和发展潜力，但在人际交往和能力拓展上存在不足。在取得小雨及其家长同意的前提下，一米阳光的社工与其建立专业关系，开展个案服务。社工对小雨进行了有针对性的个案辅导，肯定其优点，鼓励其勇敢说出自己人际交往的困扰，帮助其厘清思路，使其理性对待他人的非理性行为。在此基础上，针对小雨缺乏业余兴趣资源的问题，社工积极链接现有资源，为她学习剑道提供了支持。在整个服务过程中，社工秉持重视个人价值和尊严、赋权和尊重的价值观，坚持人在情境中、当事人自决和保密的基本原则，使用专注、倾听、反映感受、鼓励、开放式提问和自我袒露等技巧进行个案会谈，积极整合社会资源，为服务对象发掘自身潜力提供了契机。《微光·前行》的创意在于，虽然社会工作机构并不能为服务对象提供全面的支持，但一缕微光亦可使服务对象遇见美好，自信前行。

五、总结评估

本项目在淮安市清江浦区开展针对困境儿童的社会工作服务，满足项目实施区域内困境儿童的发展性需求，提升其社会交往能力，促进其健康成长。本项目在相关社会工作督导的指导下，结合高校社会工作专业相关科研项目深入开展困境儿童服务项目，从社会需求角度助力困境儿童健康成长。在项目实施过程中，社会工作者的实务能力得到了提升。本项目直接受益的困境儿童 100 人，间接受益人群 300 余人，进一步从情感、社会支持角度营造困境儿童健康成长的良好氛围。本项目重视精准把握其社会需求，帮助困境儿童解决校内关系和家庭亲子关系问题，提升其社会交往能力。通过项目实施，使困境儿童进一步树立自信，增强自我认同。

以本项目服务对象为原型拍摄的微电影《微光·前行》在"美亚联创杯"第五届全国社工微电影大赛中获奖，真实反映了社会工作专业的光芒与缺憾，发挥了宣传与教育功能。以微电影的形式引起社会对困境儿童的关注，提高了本项目的社会影响力。

六、专业反思

我们通过本项目的实施，对社会工作介入困境儿童及其他群体的干预、服务作了如下专业反思。

（一）针对困境儿童多元需求开展精准服务

满足困境儿童的生活、就学、就医等基本需求是专业服务的基础，地方民政部门在这方面的服务已日益完善。因而，社会组织要针对困境儿童的发展性、社会性和情感性需求进行深度考量并实施介入服务。在我国脱贫攻坚的历史任务已经完成的情况下，针对困境儿童的社会福利、社会保障等普惠性服务已经日趋完善。社会组织应找准服务领域，开展有别于普惠性服务的项目，实现更明确的政社分工与协作，可以尝试针对不同地区的困境儿童的多元化需求，科学界定相关儿童问题，从而开展更加精准的服务项目。

（二）强化针对困境儿童服务的资源整合能力

不少社会工作服务项目聚焦于自身专业能力而忽视了对社会资源的整合。困境儿童的需求是多元的，而且需求之间彼此相连，单向度的服务导致服务成效欠佳，这在一定程度上动摇了社会工作者的工作权能感与专业自信。实际上，社会工作机构及其员工应拓宽视野和思维，积极整合各类可用资源投入项目实施，包括行政资源、市场资源和社会资源等。比如，各类服务困境儿童的基金会和有关企业，都是社工机构可能的合作对象与资源整合对象；而瞄准政府在困境儿童服务中的"注意力"甚至通过自身作为来影响政府的"注意力"，同样有利于在我国场景下获得项目资源。要善于结合我国国情与民情特点，突破源自西方的那种典型意义上的资源整合模式，实现能用则用，将存量资源与增量资源相结合。

（三）辩证地认识社会工作服务项目的专业性

社会工作机构强调自身开展社会工作服务的专业性。但是，受社会工作者能力、政策环境、服务对象意愿等因素的影响，实际的项目运作很难达到理想意义上的专业性。比如，一些困境儿童家庭不愿接受服务，项目设计的很多团体活动因服务对象不足而只能退而求其次，去选择不在标准范围内的服务对象来"充数"；在资源链接环节，过度依赖行政资源而无法获取市场资源等。不过，要辩证地看待我国目前社会工作服务的专业性问题，因为在实际服务过程的开展中，多数项目要与党政机构、社区、社会团体等主体进行合作，后者实际上也深度介入了项目实施过程，但这并不意味着项目效果不佳。因此，需要充分考量我国社会工作服务项目开展的环境因素，有效利用好各类主体的力量，以服务效果为本优化专业服务策略。

专 家 点 评

困境儿童的帮扶一直是社会工作服务开展的传统领域及关注重点。以困境儿童的生活为中心，为增进困境儿童的生活适应和能力提升展开服务是本项目的主旨。该项目为服务区域内的困境儿童提供物质资助、课业帮扶、心理疏导，链接高校社团资源，并通过微电影的拍摄展现服务进程，提升专业以及服务本身的影响力。总体而言，项目既有微观层面上的个体介入和家庭辅导，也有中观层面上环境资源的调配与流动，宏观层面上通过特殊的宣传手段对社会工作专业和困境儿童服务进行推介，以促成更大范围内的社会影响。在项目后的反思中，社会工作者从精准帮扶、资源整合与服务专业性三个维度对服务本身进行自查与反省，现实服务情境成为出现频度较高的词汇，但是对本项目的现实服务情境以及服务对象的生活情境缺乏细致的探究。该项目中的服务对象多重诉求如何聚焦、服务对象生活情境中的有效资源如何查找与获取？这些资源的获取路径是持续性的还是跟随项目的实施方的变动而发生改变的？专业性服务的内涵究竟是什么？如何衡量项目服务的专业性？期待社会工作者在实践的进程中不仅提出问题，也能够阶段性回答问题。

（陈洁：淮阴师范学院社会工作系讲师、在读博士）

情暖长西：清江浦区长西街道社工站发展项目

葛倩倩[①]　朱善争

淮安市清江浦区心苑社会工作服务社

一、背景介绍

长西街道位于淮安市清江浦区主城区，区域面积 1.63 平方千米，划分 5 个社区，常住人口 2.6 万余人。2022 年 3 月，长西街道根据《淮安市清江浦区镇（街道）社会工作服务站规范化建设标准（试行）》相关标准完成社工站建设并挂牌。社工站设于长西街道办事处，配有站长 1 名，副站长 1 名，督导 1 名，驻站社工 2 名，皆为持证社工，另外发展社区志愿者 88 名。长西街道社工站荣获"2022 年度江苏省党建引领社会工作示范点"。

二、项目目标

（一）总目标

在清江浦区民政局"1344"运营模式下积极探索发展"以党建引领、社区为平台、社会组织为载体、社会工作专业人才为支撑、社区志愿者为补充、社会慈善资源为供给"的多元协同服务模式，激发居民参与活力，整合多方力量，提升社区治理水平，推动共建共治共享社区治理新格局。

（二）分目标

1. 深入调研，明确方向；

---

①　葛倩倩，淮安市清江浦区心苑社会工作服务社项目部社工，助理社会工作师，负责长西街道社工站。

2. 打造平台，关爱老小；

3. 精准聚焦，专业保障；

4. 培育孵化，增添活力。

三、项目方案

长西街道社工站按照"党建引领——专业、精准、多元服务"的工作思路，施行"1344"运营模式，发挥社工站一个引擎作用，立足基本民生保障、基本社会服务、基层社会治理三大目标，开展"一站式"四项服务来实现四大融合效应。社工站在清江浦区社工站"1344"运营模式指导下，根据长西街道居民的需求设计了长西街道社工站全年计划，站点服务主要为基础服务、兜底服务、增能服务和其他民政服务四类。

基础服务包括通过协助街道民政对低保和低保边缘人群走访，协助民政基层工作人员开展救助条件核定工作，建立基本情况档案，汇总需求；困境儿童和农村留守儿童信息排查、家庭随访和对象核查，对困境儿童和农村留守儿童家庭开展监护职责和兜底政策宣传，为合理设计和开展困境和留守儿童服务提供现实依据；协助开展对留守（空巢）、独居、高龄、失能等特殊困难老年人探视和巡访；了解其他困难群体家庭情况（如残疾人），进行综合评估，对符合条件但未享受相应政策的群体进行链接申请，对不符合申请条件但确实困难的链接其他救助资源。

兜底服务以困难及"三留守"人群为主要服务对象，围绕服务对象的所需所盼，有针对性地提供服务，开展新苗周末课堂、银龄空间等系列活动，丰富服务对象的精神文化生活，让他们切实感受到社会的温暖。

增能服务主要聚焦社区治理服务，协助发展志愿者队伍，培育公益性社会组织；深化"五社联动"，搭建共治平台，推进议事协商民主工作。开展志愿者招募和培训活动，不断壮大志愿者队伍，为居民提供更多的自助、互助服务。

其他民政服务根据其他困难群体家庭情况（如单亲家庭、失独家庭等），进行综合评估，开展针对性服务如针对单亲妈妈开展互助小组，来改善妇女家庭关系与社会关系，形成友爱互助的支持力量，促进社会和谐发展。

四、项目方案实施过程

（一）深入调研，明确方向

建站初期，驻站社工对利益相关方进行了全方位的联系。

首先，拜访上层，把握方向。项目组拜访了长西街道民政相关负责人，了解利益相关方对相关政策文件的解读，对社工站的期待、要求和资源支持。

其次，走访中层，了解实情。驻站社工与 5 位社区支部书记进行深入访谈，详细了解了社区规模、居民分布、就业情况、生活常态、重点居民关注问题、社区治理结构、社区社会组织现状等基本情况，以及社区支部书记对社区社会组织培育孵化和参与社区事务的想法和支持力度。

最后，深入基层，掌握民情。针对辖区内已有居民活动小组、楼栋长、居民骨干、商铺负责人等群体进行了一系列个别访谈和焦点小组讨论，充分掌握现有社区社会组织、居民活动小组的数量分布、发展现状、参与社区服务的情况，以及社区社会组织和居民的具体需求。根据评估结果，驻站社工梳理了利益相关方需求及资源优势清单、发展短板，长西街道社工站重点关注老人和儿童，着力打造"一老一小"精准关怀品牌服务，为后期社工站的运行明确了具体方向。

（二）打造平台，关爱老小

1. 聚焦老人需求，打造银龄空间

长西街道位于老城区，人口老龄化异常严重，仅 80 岁以上高龄老人就有近 2000 人。随着我国经济社会发展和人民生活水平的提高，许多老年人自身的养老需求，已经不仅仅满足于老有所养、老有所依，更希望老有所乐、老有所为。长西街道社工站多举措、多渠道为老年人打造银龄空间，让老人享受到更多的社会服务。为促进老年人社区参与，给予社区老人更多的支持与关怀，长西街道社工站联动引河、人民路社区打造"银龄空间"，携手社区志愿者、辖区商家慈善资源为辖区老人开展丰富多彩的活动。

一是实现老有所乐。为丰富老人退休后的闲暇生活，丰富晚年生活，开展长者生日会、爱心美食汇、以牌会友·掼蛋比赛等活动。二是实现老有所为。为让老人继续发挥余热，实现自我价值，邀请富有余力的老人组建巡逻队、环保队，针对社区安全卫生问题为社区居民提供服务。三是实现老有所学。为提升老人兴趣能力，集聚辖区内有相关兴趣的老人开设社团学习活动，提升其学习能力，丰富其日常生活。四是实现老有所养。为提升老人晚年健康意识，开展老人健康讲座、长者趣味运动会等活动。五是实现老有所依。针对"空巢老人""留守老人"的问题，开展耆幼互动活动，增强老人精神慰藉与情绪支持，弘扬孝道的时代精神；围绕中国传统节日开展妇女节、父亲节、七夕节等主题活动，促进老人相互沟通交流，增强社区的凝聚力和向心力，营造和谐幸福的社区氛围。

2. 关注困难儿童，开展新苗周末课堂

搭建多元互动平台，聚焦儿童成长。为加强社区、学校的联动，让辖区居民走进社区，提升社区居民服务能力，通过整合资源，利用社区公共服务空间阵地，为辖区儿童、青少年提供公益兴趣提升课堂，提升居民的参与度和增强其凝聚力，同时通过前期走访调研，了解到对于新业态、新就业群体而言，节假日其实是他们最忙碌的时候，恰巧这些时间段与孩子们的休息娱乐时间相重合。如何看管孩子、如何让孩子的假期过得更有意义成为新业态、新就业群体家庭关注的焦点。社工站旨在减轻新业态、新就业群体日常周末及暑期子女陪护压力，另外给困难群体家庭子女提供拓宽课外知识的渠道，同时拉近困难家庭儿童与普通家庭儿童之间的距离。结合长西街道特殊儿童群体精神文化需求，长西街道社工站联动长西社区、人民路社区和上海路社区的党员志愿者、心理咨询机构为长西街道新业态群体子女、留守儿童、困境儿童开展活动，提供多元服务。

为充分发挥长西街道社工站新苗周末公益课堂多元服务功能，课堂内容包括为父母提供指导的亲职教育课堂，为儿童开展的心理疏导、课外拓展、兴趣提升课堂及课外游学等活动，同时，社工站还会在寒暑假链接企业志愿者、社团等资源开展七彩夏令营、寒假乐多多等活动丰富儿童假期生活。在丰富辖区儿童课余生活的同时，社工站也着重关注儿童安全需求，开展儿童防溺水活动、暑期安全教育课堂。以传承和弘扬中华民族传统文化、激发儿童爱国主义情怀为落脚点，开展传承民族文化，赓续红色血脉主题活动；结合长西街道特殊群体儿童的需求，开展儿童团体心理辅导活动，促进儿童自我发现与自我实现；针对当代儿童对中国传统文化的热爱程度相对低下、对中国传统文化认识度较低的现状，开展剪纸、扎染、中国结编织等传统文化兴趣课堂，传承和发扬中华民族传统文化。依托《中华人民共和国家庭教育促进法》出台的背景、主要内容、实践要求等，开展亲职教育主题讲座，聚焦家庭教育新观念、新方法。

（三）精准聚焦，专业保障

社工站针对社区社会救助困难人群开展入户访谈，做好信息建档工作；针对特殊老人、儿童及其困难家庭提供专访服务，对服务进行精准聚焦，同时对服务对象需求及接受个案服务的意向等进行评估，共发掘个案服务对象3人，并持续推进服务。另外，在日常开展的社区、小组工作服务中，根据社工自身的敏感度，捕捉到参加活动的居民的潜在需求，发现潜在个案服务对象，并运用专业社会工作方法对服务对象开展个案服务。

（四）孵化培育，增添活力

在"共建共治共享"方面，街道社工站聚焦社区治理服务，协助发展志愿者队伍，培育公益性社会组织；深化"五社联动"，搭建共治平台，推进议事协商民主工作。

1. 组织孵化

开展志愿者招募和培训活动，不断壮大志愿者队伍，为居民提供更多的自助、互助服务。开展"乐夕阳""爱心"等志愿服务队孵化活动，激发社区党员志愿者活力，提升党员志愿者队伍凝聚力，进而促进党员居民参与社区事务，实现居民自治。

2. 培育发展

针对辖区现有已备案的编织社团，开展培育发展工作，对团队骨干开展骨干能力提升培训，共同探讨团队发展方向，并商讨邀请对编织感兴趣的困难群体加入，由编织技能出彩的老成员对其进行培训，拓宽就业渠道；链接商家资源，为编织社团提供编织物料，通过编织社团成员的巧手，形成精美的编织艺术品，通过跳蚤市场、后备箱集市、社区社会组织风采展示等活动进行爱心义卖，义卖资金用于帮助辖区内困难群体，帮助他们缓解生活困难，为社区治理积蓄群众力量。

培养辖区党员队伍，参与党建志愿服务，实现贯穿社会工作参与兜底性困难群体服务全过程。同时依托社区协商议事会，将社区社会组织纳入社区协商参与主体，坚持有事多协商、遇事多协商、做事多协商的原则，丰富协商内容和形式，激发多方参与社区事务的热情，参与协商处理社区难点、热点问题 200 余件，积极构建共建共治共享的社区治理格局。

五、总结评估

（一）过程评估

日常反馈聊想法。日常反馈是最能直接反映服务对象情况的方式，驻站社工在每次开展服务结束后主动询问服务对象对本次活动的直观感受及相关建议，每月将服务对象的反馈及时总结以便下月在服务过程中进行调整。

问卷调查聚需求。需求是不断变化的，及时跟进了解服务对象的需求，才能保持社工服务的专业性，采用过程性需求问卷能够比较具体地了解服务对象的想法以及新需求。

（二）成效评估

1. 社区层面资源整合和利用高效

社工站整合街道辖区资源建立完善的资源清单并绘制资源分布图，灵活运用社区资源为困难群体服务，加强互助型社区社会组织培育，资源运用产生了良好的成效。

2. 社工站品牌服务更具成效和影响力

长西街道社工站聚焦辖区内最需要帮助的群体，有针对性地提供服务，打造的新苗周末——公益课堂品牌，获得省市级媒体的报道及民政局等政府的表扬支持。截至 2023 年 6 月，长西街道社工站累计开展活动 58 场，服务 1308 人次；累计宣传报道 34 篇，阅读量 6528 人次。

六、专业反思

一是找准社工站的定位。避免陷入行政化工作的误区，要厘清社工站服务和街道民政事务的区别与联系，根据需求评估制定出持续的工作思路，明确社工站的方向，找准定位，有针对性地开展服务。

二是加强直接性服务。社工站针对困难群体服务的指向不明确，真正接受到服务的困难群体占比太少，且未挖掘出其真正的需求。应持续开展需求调研，加强需求调研的频率和深度，摸清情况，认真分析，精准识别服务对象。聚焦困难群体开展精细化专业服务，将更多精力放在中观及微观层面的小组和个案中，展现社工独特的专业价值，体现社工的核心竞争力。

三是加强专业支持。加强对一线社工的专业支持，尤其是加强督导对社工服务开展和个人成长的支持，通过稳定的、持续性的督导，使一线社工有信心、有能力开展更精深的服务。

专 家 点 评

社工站的项目设计一定要建立在需求评估的基础上。本案例中，社会工作者在建站初期就进行了比较系统的需求评估，通过"拜访上层、走访中层、深入基层"为社工站的运行明确了具体的方向。本案例中比较出彩的社工站项目是聚焦老人需求，打造银龄空间，一方面社会工作者不仅动员了社区志愿者参与，而且整合了辖区慈善资源为老年人服务；另一方面在项目设计上，社会工作者从"老有所乐""老有所为""老有所学""老有所养""老有所依"五个层面设计具体活动和服务，项目设计非常具有系统性和逻辑性，满足了老年人多层次的需求。此外，在"共建共治共享"方面，社工站能够培育孵化社会组织、赋能社会组织，搭建社区共治平台，为居民参与社区治理提供了渠道。但需要引起注意的是，案例中的背景和项目方案部分，一直在强调社工站是按照"党建引领"工作思路构建，但在具体的服务呈现中，只是在社会组织培育发展中体现了"党建引领"，对于其他具体服务如何体现"党建引领"并没有非常清楚地交代。

（唐立：淮阴师范学院社会工作系主任、副教授、博士，高级社会工作师）

守护夕阳：空巢老人救助帮困服务项目

周晓平[①]

金湖县荷都法轩普法艺术队[②]

一、背景介绍

（一）对受益群体面临的问题和需求进行摸底调查

经走访金湖县黎城街道平安路社区居民委员会、西苑社区居民委员会、任庄村村民委员会、新建村村民委员会，了解到每个村（居）都有数十名面临重度困难的空巢老人；经走访 12348 法律服务平台、法律援助中心、律师维权工作室等单位或机构，2020 年全年接待了关于困难空巢老人赡养、老人遗产继承等方面的法律咨询、法律求助等 425 人次，这些老人分布在全县的各个街道（乡镇）。空巢老人或患有癌症、糖尿病、心脏病、高血压、肢体残疾、尿毒症、阿尔茨海默病等各类严重疾病，生活起居不能完全自理但又缺乏照顾，失独老人思念儿女的情绪难以释怀却又没有畅通的倾诉渠道，有的老人连最基本的生活权益都无法得到保障，但他们不知道向谁求助。他们生活孤独、经济困难、疾病缠身、心性自卑、精神生活匮乏、社会交往能力缺失，他们需要生活帮助、精神抚慰、法律援助，他们需要我们的服务。

（二）针对受益群体的问题和需求提出对策分析

为了给困难空巢老人创造一种平安、祥和、幸福的晚年生活，金湖县荷都法轩普法艺术队研发了"守护夕阳"——空巢老人服务救助帮困项目，并选择了有代表性的遍布在黎城街道平安路社区、黎城村、新建村、

---

① 周晓平，江苏和成律师事务所副主任、江苏省优秀志愿者、江苏省法律援助工作先进个人，荣登"江苏好人榜"。

② 金湖县荷都法轩普法艺术队，成立于 2016 年 5 月，法定代表人周晓平。

任庄村等村（居）的 30 位困难空巢老人作为项目的服务对象。其中有患食道癌 6 年被医生多次"判死刑"的 80 岁空巢老人马奶奶；有患尿毒症 5 年，靠每周透析两次维持生命而挣扎在死亡边缘的 74 岁的空巢老人纪爷爷；有因为独生子女去世后多年打不开心结而导致心理、生理严重障碍的年过七旬的空巢老人张爷爷；有因身体残疾生活不能自理，多年未下过楼未出过家门的 84 岁空巢老人夏爷爷；等等。本项目通过对这 30 位服务对象开展心理疏导、困难帮扶和法律宣传等服务，关注困难空巢老人的日常生活、精神赡养及权益保护问题，让空巢老人过上幸福的晚年生活。

项目以"党建引领+社会工作者+心理咨询师+法律工作者+志愿者"的工作模式，通过老年人小组工作方法对服务对象开展心理咨询和疏导，进行法律宣传和法律援助，给予经济资助和举办文化娱乐等活动，协助老人缓释孤独自卑的心理情绪，帮助老人缓解经济生活的困难，促进老人掌握维权的法律知识，增强老人的生活信心和希望，真真切切为老年服务对象办实事。

二、项目目标

使服务对象因长期空巢独居而引发的自卑、孤独、寂寞等心理问题得以解决，社会融入和适应能力得到提升，缓解生活压力，增强维权意识和健康保健意识，安享晚年生活。

三、项目方案

表 1　项目方案

活动主题	活动内容形式
"守护夕阳"你我同行	1. 项目负责人向服务对象介绍项目的基本情况：名称、内容、性质、目的、实施团队；团队实施过的同类项目、相关荣誉；团队联系方式；等等 2. 项目社工介绍有关保密、自决等原则，主持破冰游戏，让小组成员相互认识 3. 组建服务对象的微信群
"守护夕阳"听你说	开展集体和个别交流活动：社会工作者以同理心广泛倾听服务对象的心声，了解他们的生活和心理困境，走进彼此的精神世界

续表

活动主题	活动内容形式
"守护夕阳" 为你做	组织社会工作者、法律工作者、志愿者开展心理咨询辅导、法律常识宣讲、家政等上门服务
"守护夕阳" 助维权	1. 专职律师"以案释法"宣讲交通和居家安全的相关法律知识 2. 倾听和收集老人们的维权需求 3. 法治文艺演出
"守护夕阳" 心亮堂	1. 心理咨询师进行专题心理疏导理论讲座 2. 带领服务对象做保健锤操，缓解心理压力 3. 向老人赠送茶杯以使服务对象感受到社会关爱
"守护夕阳" 法律讲堂	1. 专职律师"以案释法"宣讲继承、赡养、遗嘱等相关法律知识 2. 解答服务对象的法律咨询 3. 收集服务对象的法律需求 4. 志愿者法治文艺演出
"守护夕阳" 健康行	1. 国庆节赠送小红旗、齐唱红歌活动 2. 医护人员为服务对象开展老年常见病的预防保健知识讲座 3. 医护人员为服务对象测量血压，心、肺部常规体检 4. 医护人员解答服务对象的疾病与卫生等咨询
"守护夕阳" 伴你行	1. 重阳节组织服务对象游览荷花广场、绿道起点公园、大佛寺、尧帝古城、金湖县文化艺术中心等 2. 与全体服务对象共进午餐，促进相互之间的交流 3. 向服务对象发放慰问金，送上党和社会的关爱
"守护夕阳" 大家乐	1. 组织服务对象唱老歌、唱红歌，学新歌，开展互动活动 2. 志愿者文艺演出，鼓励服务对象参与
"守护夕阳" 分享快乐	1. 服务对象畅谈收获、感想、自己的变化和对未来的憧憬 2. 评估项目实施效果，对项目进行口头和书面的评价 3. 社会工作者和服务对象共同分析项目结束后的后续服务 4. 志愿者和服务对象文艺表演

四、项目方案实施过程

表 2　项目实施进度

序号	活动名称	活动时间	直接服务人数	间接服务人数
1	守护夕阳 你我同行	2021 年 1 月 30 日	30	100+
2	守护夕阳 听你说	2021 年 3 月 27 日	28	100+
3	守护夕阳 为你做	2021 年 4 月 25 日	24	100+
4	守护夕阳 助维权	2021 年 6 月 27 日	23	100+
5	守护夕阳 心亮堂	2021 年 7 月 18 日	30	100+
6	守护夕阳 法律讲堂	2021 年 9 月 18 日	30	100+
7	守护夕阳 健康行	2021 年 9 月 30 日	20	100+
8	守护夕阳 伴你行	2021 年 10 月 24 日	21	100+
9	守护夕阳 大家乐	2021 年 11 月 12 日	16	100+
10	守护夕阳 分享快乐	2021 年 11 月 19 日	28	100+

五、总结评估

项目从 2021 年 1 月至 2021 年 11 月，共开展了 10 次活动。

第一次是"守护夕阳 你我同行"活动，使 30 位服务对象对项目活动有了较为全面的了解，增加了他们对项目实施团队金湖县荷都法轩普法艺术队的了解和信任以及增强了服务对象的自信。在破冰游戏环节，服务对象分别介绍了自己，表示要积极参加项目的每一次活动，并相互邀请来自己家做客，相互留下了联系方式，建立了项目微信群，促使服务对象相互了解并初步建立关系。志愿者的文艺表演和服务对象的即兴表演使服务对象心情愉悦。本次活动为项目的实施提供了一个良好的开端。

第二次是"守护夕阳 听你说"活动，采用集体谈心、交心的方式，社会工作者运用同理心倾听服务对象的心声，了解了他们的生活困难、心理困境、法律认识不足等现实情况，进一步了解了他们的切身需求，为日后为服务对象提供精准服务做好基础准备。

第三次是"守护夕阳 为你做"活动，走进重点困境服务对象家庭为他们整理家务、进行心理疏导，送去精神慰藉，解答法律困惑，使他们感受到社会的关爱和温暖并了解所需的法律知识。

第四次是"守护夕阳 助维权"活动，由律师"以案释法"宣讲民法典的法律知识，使服务对象掌握饲养动物伤人的法律后果、住楼房高空抛物的法律风险、如何依法依规通过交通斑马线等与老人生活息息相关的法律知识。通过本场活动，使服务对象了解和掌握了相关的法律规定、享受到了法律关爱，也了解了服务对象的法律维权需求。志愿者的法治文艺演出和服务对象即兴表演愉悦了服务对象的心情。

第五次是"守护夕阳 心亮堂"活动，由心理咨询师进行心理健康知识讲座，通过意念的引导使服务对象的身心得到放松，情绪得到缓释；通过指导服务对象做保健操，增强了老人生活的信心；通过讲故事使老人学习了培养自己正向能力的方法和技巧。给服务对象赠送了日用品、茶杯以使他们感受到生活细节中的关爱。

第六次是"守护夕阳 法律讲堂"活动，由律师宣讲了民法典中的"继承""赡养""老年人维权"等法律知识，并以案释法进行了法治教育，使老人了解了继承、赡养、老人维权方面的法律知识，知道了如何依法处理自身的遗产继承、赡养和维护合法权益的问题，了解了服务对象的维权需求。正值中秋佳节，向老人送上月饼，让他们享受到传统节日的美好祝福和关爱（在此活动中，了解到一位患晚期胃癌的服务对象李爷爷被他人诱骗了 8000 元的情况，项目专职律师为其申请法律援助，帮助他打赢官司，挽回了 8000 元的损失）。

第七次是"守护夕阳 健康行"活动，时值国庆节，首先带领服务对象挥舞小红旗，高唱《歌唱祖国》的红歌激发其爱国热情。县人民医院的保健科医生开展了心血管、脑血管、糖尿病等老年人常见病的预防、治疗、康复等知识讲座，现场倾听并解答了老人的健康问题；潘明月护士逐个为老人测量血压、听诊心肺，对每位老人提示生活、饮食等方面的注意事项。服务对象了解和掌握了老年疾病的预防、保健基本常识，有利于培养自身良好的生活卫生习惯，提高生命质量和生活质量。

第八次是"守护夕阳 伴你行"活动，由社会工作者、志愿者 10 多人组织服务对象结伴参观游览本县有代表性的景点"绿道起点公园""荷花广场""大佛寺""尧帝古城""文化艺术中心"并共进午餐，向老人发送重阳节的慰问金,以使服务对象感受到社会关爱和温暖。其间,为了让下肢残疾多年未下过楼的夏爷爷能参加活动,志愿者轮换着接力将其背下了三楼。本次活动使老人了解和欣赏了发展中的金湖人文环境和生态环境,增强了克服困难享受生活的信心,在结伴中拓展了社会关系。

第九次是"守护夕阳 大家乐"活动,为满足老人的需求,专职律师再次返场解答多位服务对象的法律咨询。以"击鼓传花"的形式营造快乐氛围,鼓停时花落在谁的跟前谁就出个节目,使他们都参与快乐体验,演出团队表演了舞蹈《今天是你的生日,我的中国》、朗诵《守护夕阳》、舞蹈《共圆中国梦》、女声独唱《祖国,我永远热爱你》等精彩的文艺节目,服务对象甚是快乐。

第十次是"守护夕阳 分享快乐"活动,我们再次请心理咨询师王品婷对老人做心理辅导,以调适服务对象因项目结束产生的离别情绪,并指导他们学会情绪舒缓操;志愿者向服务对象发送了手杖板凳;服务对象畅叙感受和自己的改变,争先恐后地登台高歌;演出团队表演了精彩的节目,活动充分实现了"分享快乐"的活动目标,也使"守护夕阳——空巢老人救助帮困项目"圆满落下帷幕。

总之,项目实施通过一系列活动使服务对象的生活状态、生活信念、心理情绪都得到了一定改善,使其法律意识、健康意识得到了提升,实现了项目的既定目标。服务对象都对项目作出了较高的评价。马奶奶说:"医生六次判我死刑,'守护夕阳'项目却给了我重生的希望。我一定战胜死神好好活着。"夏爷爷说:"'守护夕阳'项目让我多年未能实现的欣赏大自然、领略家乡建设变化的夙愿终于实现了。感谢'守护夕阳',感谢'荷都法轩'。"李爷爷说:"'守护夕阳'项目不仅使我学到了法律,还援助我打赢了官司,是真正守护了夕阳。"全体服务对象向项目实施团队金湖县荷都法轩普法艺术队赠送了两面大红锦旗:"关爱空巢老人,奉献公益爱心"和"'守护夕阳'爱启航,'荷都法轩'树榜样"。

六、专业反思

服务过程中,我们了解和发现了在服务老人方面的一些问题,作专业反思如下。

（一）老年人的基本需求问题

首先，虽然大部分社区为老年人创建了健身、文娱活动的设施和场所，但对于如何利用这些现有资源，组织形式多样、持续有效的老人活动，还需要不断努力。其次，在老人服务宣传环节上，也需要不断加强，如制作尊老爱老宣传资料，编写街道、社区、小区老人服务资源手册等，让社会更多人关注老年人服务，也让老年人掌握和了解获取相关服务资源的途径、条件和程序，能便捷地得到需求的满足。

（二）社区照顾的实际操作问题

如何利用社区资源、依靠社区力量为老年人提供有效并持续的服务？可以通过整合社区资源，尝试组织社区里具有相同性质和特征的老人成立义工小组，相互提供照顾和服务；组织家庭困难者成立社区服务队，通过社区购买服务，上门为老人特别是自理能力差的老人提供服务。通过社区统一的行动，营造社区互助氛围，增强社区凝聚力。

（三）社会工作服务的持续性问题

社会工作者作为服务的提供者，除了专业的方法和技巧，还需要对资源进行整合，充当资源协调者，为老年人搭建社会服务的桥梁，保障服务的持续性。社工的持续服务需要建立在社会对这个行业的认可和支持上，因此需要社会、政府层面的大力支持和帮助，保障社工服务的持续性。

（四）老年社会服务内容的拓展问题

目前诸多社会工作服务机构为老年人提供的社会服务不外乎是经济资助、劳务帮助、心理辅导等，却忽略了与老年人生活息息相关的法律帮助。法律贯穿于社会生活的方方面面，也关联着每个自然人生活的方方面面。如住楼房的老人要避免高空坠物损害他人人身和财产安全，一旦损害发生要承担怎样的法律责任；如老人为寻找精神寄托而饲养的宠物咬伤了他人，承不承担法律责任或是承担什么样的法律责任等，这些法律内容的普及都应当体现在老人社会服务工作中。我们在实施项目中为老人开展了"守护夕阳　助维权""守护夕阳　法律讲堂"等法治宣传活动，老人一致认为活动宣传的内容是他们非常需要掌握的法律知识，对他们的衣食住行起着极为重要的引导和规范作用。这能从一个侧面帮助困境老人增强战胜困难的信心、促进老人享受生活的信念。

专家点评

案例能够运用"党建引领+社会工作者+心理咨询师+法律工作者+志愿者"的工作模式，值得肯定和推荐。通过团体活动，进而扩大服务对象的社会支持网络，帮助老年人将优势转化为促进自我转变的力量。

人口老龄化程度日益严重，社会工作助人自助的理念非常重要，社会工作要能够帮助老人解决问题，协助老人实现赋能，推动老人自组织，提高老人的社会参与，增强其社会适应性，提升老人的生活质量。

（李金晏：淮阴师范学院社会工作系讲师、博士）

邻聚里·友爱汇：社区公益服务示范项目

张 巍①

淮安市淮安区馨和社会工作服务中心②

一、背景介绍

2021年中共中央、国务院《关于加强基层治理体系和治理能力现代化建设的意见》中明确指出，完善社会力量参与基层治理激励政策，创新社区与社会组织、社会工作者、社区志愿者、社会慈善资源的联动机制，完善基层志愿服务制度，大力开展邻里互助服务和互动交流活动，更好地满足群众需求。淮安市民政部门积极响应国家政策，推进城乡社区治理，于全市范围招标开展社区公益服务示范、试点项目，淮安市淮安区恩来社区公益服务，即是其中的一例示范、试点项目。

恩来社区位于淮安古城和新城区接合处，毗邻周恩来纪念馆，占地面积1.1平方千米，常住人口2.8万人。社区位于淮安区中心地带，人口密集，是一个集住宅、商业、文化等多功能于一体的综合性社区。恩来社区是淮安区为弘扬周恩来精神、建好总理家乡而打造的社区治理试点示范社区。

近年来，随着城市快速发展和人口增长，社区面临着诸多问题，如环境卫生、公共服务、社区治理等方面。作为示范社区，各项工作要求比较高，但社区志愿者老年人居多，个体能动性不足；社区联动机制不完善，居民需求得不到及时解决，资源多但利用率低，居民生活无聊枯燥。通过社区调研，我们了解到社区一些家庭遭遇重大变故，或有重度残障，或年迈空巢，或有现实困境，他们普遍存在失落、悲观，对生活有无助感等负面情绪。

---

① 张巍，淮安市淮安区馨和社会工作服务中心法定代表人，二级心理咨询师。

② 淮安市淮安区馨和社会工作服务中心成立于2016年11月，AAAA级社会组织。

二、项目目标

（一）建立"五社联动"机制

健全社区各主体之间的协调机制，促进政府、企业、居民等各方的有效沟通与合作。完善社区组织体系，通过培育和引导各类社区组织，形成包括居民自治组织、社区服务组织、社区自组织等在内的多元化社区组织体系。明确各类社区组织的职责、权利和义务，确保社区组织的规范化、合法化发展。

（二）推进社区文化发展

推进社区文化发展是城镇社区治理工作的内在要求。我们通过加强社区文化队伍建设、开展文化活动、营造文化氛围等方式来实现这一目标。组织开展各类文化活动，满足社区居民的精神文化需求。营造文化氛围，通过倡导文明风尚，加强社区文化建设，形成具有特色的社区文化氛围，提高社区居民的文化素质和归属感。

（三）提高社区居民参与度

加强宣传教育，提高社区居民的参与意识和能力，引导居民积极参与社区治理。同时，建立居民参与的激励机制，对积极参与社区治理的居民进行表彰和奖励。我们通过建立居民参与机制、加强居民参与管理、提高居民参与意识来实现居民参与度的提高。

（四）促进增能和赋权，服务特殊困难群体

依据优势视角理论，社会工作将扮演能力建设者和具体服务提供者的角色。在尽可能全面掌握社区基本情况的基础上，运用个案和小组的方法，促进特殊困难人群的增能和赋权，针对社区困境特殊家庭，链接救助政策，发动当地社会慈善组织，为服务对象链接相关慈善资源，拓展社会支持网络。联动社区志愿者上门探访并密切关注困境家庭，开展慰问关怀。针对困境儿童及残障特殊家庭，以家庭实际需求为切入点，以社区为服务平台，以社会组织为载体，形成多元参与、协同合力、共治共享的良性循环。同时运用"心理+社工"理念，链接社区、社会资源满足该困境群体的个性化迫切需求。协助他们积极融入社会，参与社会志愿服务活动，丰富他们的精神文化需求，满足他们的个性化心理需求。

三、项目方案

（一）增能服务

建立健全以社区为平台、社会工作者为支撑、社会组织为载体、社区志愿者为辅助、社区公益慈善资源为补充的"五社联动"机制，开展工作协调会、志愿者队伍组建与管理及志愿活动，促进社区治理增能及对居民进行需求及资源评估，提高社区资源利用率。

（二）基础服务

对社区及居民进行资源评估，建立服务资源库，促进服务供需对接工作，通过专业小组及个案活动，帮助解决服务对象的实际困难。

（三）专业服务

以"我们的节日"为主题，开展社区系列活动。

四、项目方案实施过程

第一阶段：准备阶段（2023年2月）

前期调查：调查社区及社区内现有社区组织的基本情况，对其基本情况进行登记存档，筛选符合条件的志愿者参加。了解现有辖区志愿组织，同时把辖区的各志愿工作组织整合登记。

辖区困境家庭需求评估：初步与服务家庭建立信任关系，并告知服务家庭本年度心理服务工作主要内容，同时热情邀请、积极动员大家参与本年度活动。

第二阶段：实施阶段（2023年3—11月）

以"社区活动+个案"工作相结合的方式，区分不同服务群体，分别开展活动。做好活动记录及材料积累，及时宣传推广，及时进行活动小结。

第三阶段：结项阶段（2023年12月）

全面整理活动材料，开展结项座谈，总结经验，反思优点和不足，结项汇报。

目前，已实施的各项社区工作有：

一是社区调研活动。围绕恩来社区的现状及资源评估等方面，与社区相关工作人员交流本年度即将在社区开展的工作内容。

二是社区协调会。以协调会的方式,促进社区的工作协调和有效配合。

三是志愿者队伍组建。巩固培育新志愿者团队成员,建立志愿者队伍激励机制。

四是整合"五社联动"资源,结合居民生活状况调查问卷,为辖区内困境家庭建立服务档案。

五是常规工作开展。延展"五社联动"机制的建立工作,开展多种形式的服务活动:(1)社会资源对接,解决服务对象的实际困难,邀请社区有服务意向的志愿者队伍入户开展帮需服务(测量血压、理发、精神关爱等);(2)加强与社区各部门的沟通协调,开展"五社联动"、志愿者组织队伍的工作技能培训和专家督导专题讲座,有效促进项目活动的顺利进行;(3)围绕"我们的节日",持续稳定地开展特色主题活动,开展应时应景的服务内容。如"五四青年节""温馨五月情 感恩慈母爱"、"六一国潮游园会"、"粽情一家亲"、建党节,以及国庆中秋节恩来社区与香港福来社区联动等富有节日特色、民族特色的活动,唤起社区居民的家国情怀,推动社区居民积极参与。

五、总结评估

项目过程小结:在项目开展过程中,主要遭遇的问题,首先是前期与社区的磨合和协调,通过持续与多方沟通,情况得到好转,这也是目前项目服务得以顺利进行的基础。其次是服务对象的调研与筛选。在社区与社区志愿队的协助之下,最终确定有事实需求和意愿需求的服务对象,并建立档案进行管理。目前,由于恩来社区的招投标时间属于第二时间段,我们面临服务时间上的进度挑战。面对差距的一个多月时间,服务团队采取了完善策略:①时间上,适当加快项目活动的进度,前紧后松,将团体活动和个案服务重新拉回频率上的平衡。②内容上,增加上级督导或者朋辈督导,保证项目服务的有效性,改善坐班社工的精神面貌及服务内涵。

六、项目成效

（一）服务对象反馈

通过持续的团体活动与个别交流，服务对象与服务团队的关系也变得更为亲近，在行为模式、情感体验以及认知水平等方面获得改善。

（二）间接受益人反映

服务对象的家人向我们表达感谢，反映服务对象身上的转变。例如一位因伤致残的服务对象，其妻子告诉我们，定期的看望让他们感受到社会的温暖，对生活不再困惑，家庭亲密度有效提升，对社工感到信任与亲近。

（三）社区评价

通过和社区各部门的配合工作，得到他们对入驻社工工作的认可，满意度达到98%，不足的部分为我们自身的提升和反思留下了空间。

（四）团队成员观察

团队成员在项目实施过程中，也收获了体验和更多经验，认真踏实地准备和开展每一次活动，这种态度和行动既带来了内在的踏实感，也带来对项目及自身的认可和价值感。

从以上四个维度，我们深切感受到项目服务的必要性，也感受到服务对象精神成长的必要性。这份对城镇社区治理的关注与服务，彰显出国家乡村振兴战略的伟大、相关政府部门的重视，也彰显出人性的美、善，期盼有更多的爱心人士以及社会群体加入，共同关注乡村社区治理。

七、专业反思

（一）项目实施层面

在项目实施过程中，出现了与社区联合度不高及各部门消极配合的情况，反映出前期调研评估的不完善。前期的调研和评估，对社区所在辖区整体的需求分析，对于整个项目的管理、实施、成效，均有至关重要的作用。这一点提醒我们，对于项目的每一个环节都需要用专业态度认真对待。

由于对项目磋商文件具体项要求的不理解，以及服务团队缺乏社区社工工作经验，对该项目初期方案进行了调整，后在项目实际开展过程中在专家的督导下进行了二次调整，并及时向上级汇报完成实施方案的变动。这一点体现出项目团队对社区社会专业工作的认知不足。

（二）社工机构层面

根据社会系统理论，社会工作的服务重点：一是加强社会心理服务体系建设。针对城镇居委会存在的问题，通过社区宣传，推进诚信建设、思想道德建设，培育自尊自信、理性和平、积极向上的社会心态，弘扬社会主义核心价值观。二是建设社区居民公共文化生活。通过社区策划，一方面，开展移风易俗活动，发扬勤俭持家、勤劳致富的传统，弘扬良好家风；另一方面在重大传统节日时间节点上，策划红色类型文娱活动，寓教于乐，传承优秀家风传统文化。那么，如此宏大又细微，广泛又多层的社会工作服务内容，就要求社会工作机构具备更高的专业水准，将"专业化"与"本土化"紧密结合，不断完善与发展人才培养和管理两方面的体系，这也是我们努力的方向。

另外，社会工作机构外部的组织发展环境，也需要优化。否则，在宏观层面，外部组织环境，不仅影响着机构的发展，而且在微观层面影响着机构内部的正常运行。社会工作机构只有不断地优化外部的组织发展环境，才能实现机构内部的正常运行。首先，在政府购买服务前期，机构需重视协议的内容，争取将协议内容的条款具体化、可操作化、系统化，保证社会工作机构在项目运行过程中明确自己的职责和权限，减少不必要的麻烦和困难。

其次，与政府建立沟通协商制度，及时将社会工作机构的理念和服务内容向政府汇报，认真理解和接纳政府的意见和反馈，进行相应的整改和调整。

最后，需从各种渠道，加强工作人员的培训和学习，帮助其树立正确的认知和态度，这有利于推进项目工作的发展和团队关系的建设。

专 家 点 评

作为社区公益示范项目，项目从基础服务、增能服务和专业服务三个层面服务社区，其目标是实现"五社联动"，最终实现充满邻里友爱的关怀性社区目标。项目组织了一系列活动，但是活动在体现增能和专业服务方面相对缺少，特别是推动社区自组织体系建立，更多还是在调研、倡导层面。由于机构首次执行社区公益服务示范项目，在前期沟通、人员配置方面还存在一定不足，导致在项目执行初期遇到一些困难。

（赵海林：淮阴师范学院社会工作系教授，全国专业社会工作领军人才）

从"心"出发：对涉未成年人犯罪
案件相关人员提供心理服务项目

张士海[①]

淮安市淮安区未成年人司法保护中心[②]

一、背景介绍

近年来，未成年人犯罪案件、侵害未成年人犯罪案件一直处于多发态势，有些案件情节还非常恶劣，频频成为社会热点。淮安市淮安区人民检察院统计分析发现：近年来抓获的未成年犯罪嫌疑人中，有前科劣迹或多次犯罪的约占总数的76%，说明这些未成年人犯罪后，因为没有受到及时有效的帮教而走上了反复犯案的道路；对于遭受性侵害等非法侵害的未成年人，侵害行为往往会给她们带来严重的心理问题，使其出现抑郁、自闭等现象，个别被害人甚至有自杀倾向；有些家长对未成年子女教育重视不够、教育方式失当，不懂得如何与孩子进行沟通交流，最终导致孩子走上违法犯罪道路，有些家长因孩子遭受非法侵害而陷入痛苦深渊、无法自拔。

针对上述办案实际，淮安区未成年人司法保护中心（由淮安区人民检察院推动成立、具有正科职事业单位编制的专门机构，民政、团委等21个职能部门为成员单位）与淮安区民政局经协商达成一致意见，决定从辖区挑选10名具备心理咨询师与社会工作师资质的人员组成专门服务司法办案的社会工作者团队，负责对上述涉案未成年人及其家长提供专业的社会工作服务，帮助他们克服自身性格、心理、家庭教育方法等方面存在的各种问题和困难，重新走上正常、健康的人生轨道。

---

① 张士海，淮安区检察院第四监察部主任。
② 淮安市淮安区未成年人司法保护中心，是淮安区检察院推动、淮安市委编委批准成立的正科职事业单位。

二、项目目标

通过对相关未成年犯罪嫌疑人提供专业的心理辅导，帮助他们克服性格上的弱点和问题，改掉暴躁、冲动、易怒等坏脾气，学会依法冷静处理各类纠纷；通过对相关未成年被害人提供心理辅导，帮助他们走出心理阴影，树立生活信心；通过对相关涉案未成年人家长提供专业培训和心理辅导，教会他们正确把握不同年龄段孩子的心理特点，掌握科学的家庭教育方法，营造和谐温馨的家庭氛围。通过上述努力，切实解决涉未成年人犯罪案件相关人员的心理问题，帮助他们轻装上阵、重新出发，踏上正确的人生轨道，过上幸福的生活。

三、项目方案

在项目实施过程中，有计划、有步骤地做好以下工作。

一是专业资质的心理咨询师和社会工作师组建社会工作者团队。

二是社会工作者根据司法办案实际需求提供如下心理服务。

（1）对未成年犯罪嫌疑人提供心理测评、心理辅导服务；

（2）对未成年被害人提供心理辅导服务；

（3）对相关涉案未成年人家长提供家庭教育指导和心理服务。

三是通过以案释法等方式开展校园普法教育。

四、项目方案实施过程

2021 年，淮安市淮安区未成年人司法保护中心（以下简称淮安区未保中心）紧扣该区涉未成年人案件办理的实际情况，对有需求的未成年人及其家长及时提供专业化的社会工作服务。具体做好以下几项工作。

（一）组建专门的社会工作者团队

根据多年的办案实践需求，2021 年初，淮安区未保中心与淮安区民政局经协商达成一致，并获得淮安区心理咨询协会的大力支持，决定抽调 10 名实践经验丰富、责任心强的心理咨询师和社会工作师组建专门的社会工作者团队，负责对相关涉案未成年人及家长提供心理服务。这 10 名社会工作者中，有 8 人具有国家二级心理咨询师资质，2 人具有国家三级心理咨询师资质；6 名心理咨询师是专职从事心理服务的从业人员，4 名系在民政系统备案的具备心理咨询师资质的专业社会工作者。该团队的建立，为司法办案提供了重要保障。

（二）紧扣办案实际需求有针对性地提供心理服务

社会工作者团队组建后，在淮安区未保中心的牵头组织下，团队负责人及时选派相应的社会工作者，对有需求的涉案人员提供心理服务。

1. 对未成年犯罪嫌疑人提供心理服务

近年来，未成年人犯罪一直呈高发态势。我国刑事诉讼法明确规定：对犯罪的未成年人实行教育、感化、挽救的方针，坚持教育为主、惩罚为辅的原则。因此，未成年犯罪嫌疑人是社会工作者的工作重点。主要开展以下两项工作。

（1）对所有未成年犯罪嫌疑人进行心理评估。公安机关对未成年人犯罪案件经侦查取证后，一般会作出两种选择：如果认为犯罪情节较重，会提请检察机关批准逮捕未成年犯罪嫌疑人，然后继续侦查，在全部证据取证完毕后，将案件移送检察机关审查起诉；如果认为情节一般，会直接对未成年犯罪嫌疑人采取取保候审强制措施，并在全部证据取证结束后将案件移送检察机关审查起诉。对公安机关提请逮捕的案件，检察机关是否批准逮捕？对公安机关移送审查起诉的案件，检察机关是否向法院提起公诉？针对这两个问题，检察机关在严格审查在案证据的同时，还要结合未成年犯罪嫌疑人的犯罪原因、性格特征、再犯可能性等因素进行综合判断。为确保判断客观、准确，淮安区未保中心从专业公司购买了司法版未成年人心理测评软件，由社会工作者进行实际操作，专门用于对未成年犯罪嫌疑人开展心理状况测评。检察机关受理未成年人犯罪案件后，社会工作者会立即通过该专业软件，对未成年犯罪嫌疑人开展心理状态评估，内容包括心理危机筛查、心理压力测评、人格与个性测评、焦虑抑郁等不良情绪诊断、人际关系状态测评、社会适应情况测评、精神障碍评定七大方面。社会工作者做完测评后，第一时间向检察机关提供书面测评报告，为检察机关对相关未成年犯罪嫌疑人是否批准逮捕、是否提起公诉提供重要参考，并为对相关未成年犯罪嫌疑人的后续帮教奠定基础。

（2）通过心理辅导开展行为矫正防止再犯罪。对未被检察机关批准逮捕的未成年犯罪嫌疑人，以及被检察机关作出附条件不起诉（我国刑事诉讼法规定，对犯罪后有明显认罪悔罪表现、可能被判处有期徒刑一年以下的未成年犯罪嫌疑人，检察机关可以暂时不将其提起公诉，而是给予其6~12个月的考验期，在此期间内，未成年犯罪嫌疑人如果没有新的违法犯罪行为，检察机关将对其作出不起诉决定）的未成年犯罪嫌疑人，为了防止他们再次违法犯罪，社会工作者会立即与其他帮教人员一起组成帮教小组，对他们开展一对一帮扶活动。社会工作者根据之前的心理状况测评报告，针对未成年犯罪嫌疑人自身存在的诸如性格偏激、脾气暴躁、自控力差等弱点和问题，对症下药开展专业的心理辅导，帮助他们克服上述弱点和问题，培养正确的行为习惯和良好的心理素质，从而远离违法犯罪，走上正确的人生轨道。

2. 对未成年被害人提供心理辅导

近年来，性侵未成年人犯罪案件呈逐年上升趋势。根据最高人民检察院统计，2018年至2021年期间，性侵未成年人案件每年都以两位数的速度增长，形势非常严峻。这些案件的发生，给每一位遭受侵害的花季少女带来或大或小的心理问题，有些被害人出现了抑郁、自闭甚至自杀倾向，需要对她们及时采取心理干预措施。据此，社会工作者会第一时间对未成年被害人开展心理辅导，并根据被害人的实际情况，量身定做心理辅导方案，直至帮助她们彻底解决心理问题，走出心理阴影。2021年7月，淮安市淮安区人民检察院在办理未成年人张某被老师性侵案件时，家长向检察官反映，案发后张某出现厌学情绪，成绩大幅度下滑，且有抑郁、自杀倾向。得知情况后，社会工作者团队负责人立即选派1名具有丰富学生心理辅导实践经验的社会工作者与张某接触。通过初步沟通交流，社会工作者很快赢得了张某的信任，并引导张某及时发泄自己的情绪。在社会工作者的鼓励下，张某现场失声痛哭，压抑多日的不良情绪得到充分释放。社会工作者随即对张某进一步进行心理抚慰。心理辅导结束后，张某与社会工作者相拥告别，脸上露出了久违的笑容。此后，社会工作者又多次对张某开展跟踪心理辅导，最终成功帮助张某走出心理阴影，目前张某情绪稳定，学习成绩迅速回升，心理辅导取得了预期的效果。

3. 对相关涉案未成年人家长提供心理服务

未成年人走上违法犯罪道路，不良的家庭教育环境往往是重要原因。比如，有些家长自身性格暴躁，动辄以武力解决问题，给未成年子女树立了坏的榜样；有些家长不懂得青春期子女的心理需求和性格特点，家庭教育方法失当，造成孩子的逆反心理；有些家长怠于履行监护职责，对未成年子女放任自流、不闻不问。上述家长的种种行为，是导致未成年子女走上违法犯罪道路的重要因素。因此，要想彻底挽救这些未成年犯罪嫌疑人，除了要加强对其本人的帮教，还要对家长提供必要的帮助。据此，社会工作者团队负责人会根据相关涉案未成年人家长存在的实际问题，选派在家庭领域经验丰富的社会工作者，对这些家长开展家庭教育指导，帮助他们掌握正确的家庭教育方法，改善家庭氛围，融洽亲子关系，引导他们主动协助司法机关做好未成年犯罪嫌疑人的挽救、帮教工作，让他们彻底告别违法犯罪行为，重归正确的人生轨道。此外，很多子女遭受性侵害的家长，也可能存在抑郁、失眠、脾气暴躁等心理问题，社会工作者会及时向他们提供心理辅导服务，帮助他们和孩子一起克服心理问题、走出心理阴影。

（三）拓展服务对象开展校园普法教育

未成年人既是国家的未来，也是每个家庭关注的焦点。为切实从源头上预防未成年人违法犯罪案件的发生，在淮安区未保中心的牵头组织下，10 名社会工作者积极拓展工作领域，在向涉未成年人犯罪案件相关人员提供心理服务的同时，积极做好两项校园普法工作：一是结合司法机关办理的真实案例，从心理学角度深入分析未成年人违法犯罪的根源，并深入学校采取以案说法等方式，对广大学生开展普法宣传教育，提醒他们学会控制自己的情绪，不因一时冲动等走上违法犯罪道路；二是通过家长会等平台，深入分析未成年犯罪嫌疑人所在家庭在家庭教育方面存在的问题，向广大家长传授正确的家庭教育方法，帮助他们提升家庭教育效果。

五、总结评估

自 2021 年以来，在淮安区未保中心统一牵头组织下，10 名社会工作者以无私爱心倾情奉献，以满腔热情投入工作，先后为 37 名未成年犯罪嫌疑人开展心理测评，为司法机关办案提供了重要参考；为 28 名未成年犯罪嫌疑人通过心理辅导开展行为矫正，取得了较好效果，无一人重新违法犯罪；为 15 名遭受性侵害的未成年被害人提供心理辅导，帮助他们走出心理阴影，重拾阳光心态和生活信心；为 6 名涉案未成年人家长提供家庭教育指导和心理辅导，均取得了预期效果。与此同时，社会工作者先后前往淮安区 5 所学校，从心理学角度对学生及家长开展普法教育，受教育学生 3000 余人，受教育家长 200 余人。综合 2021 年度的工作实践来看，社会工作者已经成为司法机关办案过程中不可或缺的重要力量，在预防未成年人违法犯罪、降低违法犯罪行为对社会造成的不良影响等方面起到了至关重要的作用。

六、专业反思

社会工作者的工作对象是涉嫌违法犯罪及遭受侵害的未成年人及其家长。涉未成年人犯罪是全世界普遍存在的社会现象，是人类社会发展过程中需长期面对的社会治理难题。冰冻三尺，非一日之寒。涉未成年人犯罪案件各有特点，犯罪原因错综复杂，这些都为社会工作者开展心理服务工作带来巨大的困难和挑战。为取得实际效果，社会工作者团队成员应保持相对稳定，通过大量真实案例的探索实践，不断积累总结经验教训，不断强化工作的针对性，最终实现工作效果的最大化。

专 家 点 评

近年来，司法社工积极参与涉案未成年人的刑事司法程序已经常态化，尤其是协助检察机关针对附条件不起诉案例的帮教对象，司法社工运用其专业技能在帮助涉罪未成年人重新回归家庭和社会过程中发挥重要作用。社会工作者在本案例中主要体现了以下特点：一是社工服务的目标、策略以及介入过程具有较好的连续性，且能翔实记录，可见社工的逻辑思维较好，且能紧扣服务目标开展服务；二是对服务对象的个人、家庭及受害者进行心理辅导。

（李金晏：淮阴师范学院社会工作系讲师、博士）

和谐社区梦，共筑邻里情：淮阴区 双和社区"五社联动"服务项目

卢 丽①
淮安市淮阴区惠民社会工作服务中心②

一、背景介绍

2021 年中共中央、国务院出台《关于加强基层治理体系和治理能力现代化建设的意见》指出："基层治理是国家治理的基石，统筹推进乡镇（街道）和城乡社区治理，是实现国家治理体系和治理能力现代化的基础工程。"习近平总书记指出，城市治理的"最后一公里"就在社区。"和谐社区梦，共筑邻里情"淮安市淮阴区双和社区"五社联动"服务项目由淮安市民政局支持、淮安市淮阴区惠民社会工作服务中心承接开展专业社会工作服务。项目以王家营街道双和社区为平台，淮安市淮阴区惠民社会工作服务中心为载体，运用地区发展模式和社会策划模式，通过整合社区资源、挖掘社区和居民的需求，努力构建社区纠纷、邻里及家庭矛盾"过滤网"，建立社区服务主管部门、居委会、社区居民及其他社会组织多位一体的邻里互助长效机制，推动团结亲善、守望相助关系的建立，营造安定、诚信、和谐的社区环境，推进基层社区治理，实现共建共治共享。

王家营街道双和社区地处主城区东部，东至宁连一级公路东侧，西至沈阳路西侧，北至盐河，南至古黄河，社区占地 6.9 平方千米，下设居民小组 10 个，建制小区 25 个，在建小区 1 个，零散小区 3 个以及自然组，辖区常住户数 20503 户，常住人口 7 万余人，人口数量非常庞大，其中户籍人口 25859 人。社区党委下设 5 个党支部，293 名党员。社区现有两委

---

① 卢丽，淮安市淮阴区惠民社会工作服务中心社工，助理社会工作师。
② 淮安市淮阴区惠民社会工作服务中心成立于 2013 年 7 月，AAAAA 级社会组织。

成员 11 人，自用人员 15 人，工作人员较少，管辖面积过大，社区治理任务繁重。社区没有专业的社会组织驻扎服务，随着经济社会的发展，虽然社区内硬件设施资源丰富，社区为促进社区健康发展，也制定了一系列规章制度，但是由于社区居住人群结构复杂、异质性强，居民缺乏处理社区危机的知识和能力，邻里关系淡薄，社区资源分散，社区居民对社区事务参与热情不高。同时受传统观念的影响，社区对居民的约束性不足，"陌生化"和"冷漠化"的现象越加明显，导致居民缺乏社区观念，邻里之间的矛盾越发显著，引发了一系列社区治理问题。

目前社会工作作为参与社区治理的一种重要力量，能够精准识别服务需求，统筹整合多方资源、广泛动员居民参与、完善基层社区服务体系，在实践中发挥明显的作用，同时社会工作者通过扮演服务提供者、资源链接者、关系协调者等不同的角色，增强居民主体意识，帮助社区居民增强自我服务能力。因此，淮阴区惠民社会工作服务中心积极参与双和社区治理，在"五社联动"背景下，在通过实地走访和问卷调查的方法分析双和社区优势资源、社区共性问题以及居民需求的基础上，以社区问题为导向，明确社区需求，调动和整合社区内外资源，有针对性地提出解决思路与方法，发掘社区居民骨干，鼓励居民参与社区治理，培养他们的社区主人翁意识，促进邻里交流与团结，增强社区凝聚力。

二、项目目标

（一）总目标

淮阴区双和社区"五社联动"服务项目由淮安市民政局支持、淮安市淮阴区惠民社会工作服务中心承接开展专业社会工作服务。项目以王家营街道双和社区为平台，淮安市淮阴区惠民社会工作服务中心为载体，基于地区发展模式和社会策划模式，通过整合社区资源、挖掘社区和居民的需求，努力构建社区纠纷、邻里及家庭矛盾"过滤网"，建立社区服务主管部门、居委会、社区居民及其他社会组织多位一体的邻里互助长效机制，推动团结亲善、守望相助关系的建立，营造安定、诚信、和谐的社区环境，推进基层社区治理，实现共建共治共享。

（二）具体目标

一是搭建邻里相互认识的平台，构建邻里层面的互助网络，为有需要的居民提供精准化、精细化的服务。

二是通过开展社区邻里活动，树立互相关怀、互相帮助的信念，形成相识、相知、相助、团结、文明、和谐的邻里关系。

三是组织社区活动，增进邻里关系，加强居民社区黏性；开展为民志愿服务活动，提升居民的生活品质，满足居民的需求，从而增强居民对社区的情感联结，提升居民的社区归属感。

三、项目方案

（一）理论依据

1. 地区发展模式

由美国学者杰克·罗斯曼根据社区发展和社区建设的相关经验提出的地区发展模式，是一种社区工作的实务模式，其核心理念是居民的自主参与，主张社区居民通过社区内自助或互助的方式，参与社区事务，共同解决社区问题。地区发展模式的实施策略有促进居民的个人发展、团结邻里、社区教育、提供服务和发展资源、社区参与。

2. 社会策划模式

社会策划模式是在理性方法指导下，依据专家的诊断把握社会服务机构的使命和资源，确立社区工作的目标，从多个方案中选出最佳的工作方案，然后结合社区居民的需要动员并分配资源。社会策划模式注重任务目标的实现，实施策略分为：一是全面需求评估，分析环境和形势；二是明确机构发展宗旨和目标；三是确定社区需要并制订可行性方案；四是强化方案实施过程的执行效果，并持续反馈，同时注重对项目的评估。

（二）项目特色

创新性：该社区项目具有独特的创新性，通过采用新颖的方法或策略解决社区问题，引入创新技术或理念，为社区发展带来新的思路和机遇。

示范性：该社区项目的成果具有较大的社会影响力，能够为其他社区、城市乃至国家的社区建设提供借鉴和启示。该项目的经验和做法可以推广和复制，为社区发展和社会进步作出贡献。

实施效果：该社区项目在实施过程中取得了显著的成果和影响，解决了社区的实际问题，提高了社区居民的生活品质和幸福感。相关数据、反馈和证据可以证明该项目的有效性和可行性。

（三）需求分析

1. 增进邻里关系的需求

"远亲不如近邻"，和谐、美好的邻里关系不仅能够为社区居民提供社会支持，也能够满足居民的精神需求。邻居不仅是物理距离上的比邻而居，也是社区中的利益共同体，良好的邻里关系有利于社区居民矛盾纠纷的化解。城镇社区治理的要求，使双和社区居民许多原本的文化习俗被打破，居民的情感观念发生变化。根据走访调查得知双和社区居民邻里之间互动相对较少，原本居民彼此之间相互熟悉、相互了解，闲暇时一些年长者会彼此相约到社区花园或者活动中心聊天互动。但是随着外来人口的增多、人口流动性的增强以及老居民的搬迁，原本熟悉的老邻居逐渐被陌生人取代，邻里之间的互动频率逐渐降低，邻里关系逐渐冷漠。再加上不同的生活习惯和文化习俗的影响，新老居民之间的作息差异导致邻里之间逐渐产生矛盾，使居民之间疏离化程度加深。因此，社区居民邻里之间需要彼此尊重、相互帮助，建立良好的关系，有着增进邻里关系的需求。

2. 提升居民社区参与的需求

居民能够主动参与的社区事务大多数与居民自身的利益相关程度较高，对于与自身当前利益相关程度不高而对整个社区发展有益的社区事务，一些社区居民需要多次动员才会参与其中，甚至有一些社区居民在多次动员之后依然保持事不关己的态度，认为他们只要管好自己的生活即可，不愿意参与社区活动，对于社区缺乏共同的情感联结。双和社区的民主协商议事平台已经搭建完成，也借助平台开展协商议事，但是所议之事和所办之事都是居民乐于接受的"福利"之事，而非社区治理中焦点、难点和堵点问题。为更好地撬动多元主体参与社区治理，实现社区焦点问题的有效解决，双和社区需要通过以下几个方面推进社区治理工作：一是协助社区完善民主协商议事平台，根据所议之事在原基础上增加利益相关方，如社会组织、党员、爱心商户、物业、交警等多元主体；二是开展协商议事流程、引导技巧、议题选择方法等相关培训，提升社区居民的协商议事能力；三是总结提炼社区治理和社区工作的有效方法，形成相关案例以供借鉴和学习。

3. 丰富社区服务功能的需求

双和社区目前为社区居民提供的服务以自上而下的政策上的经济扶持为主，以政府采购服务为辅，无论是从服务的广度，还是从服务的深度都未能回应社区居民的多元、多层次的需求。因此需要从以下几个方面推进社区的为民服务：一是面向社区居民开展政策宣传，让居民了解救助、养老、儿童福利等政策及经办流程；二是为有需要的家庭开展需求评估，建立需求档案，形成需求清单，对接资源满足需求；三是为有需要的居民提供心理支持、能力提升、社会融入等服务；四是为有需求的人群提供个案和小组服务；五是为老人提供精神、健康、照料陪伴服务；六是引入社会慈善资金关爱困难群体；七是动员和挖掘本社区的志愿者，培养成为身边志愿者，为有需要的人群提供服务。

四、项目方案实施过程

表 1　项目方案实施过程

阶段	目标	方法
准备阶段	进入社区，与社区居民建立关系，收集社区资料	1. 通过社区座谈会、资源对接会等方式，掌握社区情况 2. 针对社区内的特殊困难群体，开展关爱服务活动
实施阶段	开展社区活动，增进邻里关系，增强社区凝聚力	1. 开展系列活动，激发居民参与热情 2. 组建邻里互助小组、组织志愿者服务活动
巩固阶段	通过社区教育，提升居民参与社区治理的意识与能力，增强社区自治	1. 组织社区参与知识的相关培训，增强居民参与社区公共事务的意识 2. 坚持党建引领，搭建社区居民议事协商平台
评估阶段	对目标达到状况进行评估，总结工作经验	1. 居民满意度调查，评估社会工作服务成效 2. 根据服务目标完成情况进行评估

（一）准备阶段

通过与社区工作人员座谈的方式掌握社区的实际情况、了解社区问题以及社区居民的需求。通过组织社区资源对接会，整合社区资源，与社区居民志愿者、居民骨干建立联系，为后续开展服务做准备。

组织社区资源对接会掌握双和社区的基本情况、社区内外已有的优势资源、居民社区认同情况以及当前社区的共性需求和社区面临的焦点问题等。

通过"齐关注，共参与——社区关爱残疾人活动"，面向辖区内的残疾人群体，组织社区残疾人朋友参与手工作品竞赛、绘图绘画比赛，并利用残疾人朋友完成的作品开展义卖活动。活动一方面提高了残疾人士的学习能力、动手能力，让他们感受到社区对他们的关心，从而更加热爱生活；另一方面推动社区居民共同关注残疾朋友，积极参与关爱残疾人事业。

"关爱伴你行——走进单亲家庭"。本活动为长期性项目，直接受益群体为社区单亲家庭。通过组织单亲家庭互动，分享教育子女心得等来探讨如何解决生活中遇到的各类问题。同时，组织社区内有条件的人士与条件艰难的单亲家庭结成一对一的帮扶关系，实现社区邻里互助的愿望。

（二）实施阶段

"新年新进步，社区饺子宴"。此次活动面向全体社区居民，组织社区居民齐来包饺子，一起煮饺子吃，并为社区孤寡老人、单亲家庭、低保家庭送饺子，最后鼓励社区书法爱好者挥毫泼墨，给居民写春联，以达到促进社区居民和谐友爱、互相关怀的目的。让居民在新年的喜庆气氛中共同进步，齐心协力构建社区和谐美好的未来。

"给父母的儿童节——社区六一亲子活动"。此次活动面向社区内拥有小朋友的家庭。通过组织小朋友和父母一起参加智力竞答、趣味游戏、家庭之间的比赛项目等，培养亲子间的默契，改善亲子间的沟通方式，增进子女与父母之间的感情。活动旨在通过小家庭的和谐推动构建双和社区这个大家庭和谐友爱。

私房菜大赛。活动面向社区内的广大女性群体。主要是给社区内的女性同胞提供一个展示自己精湛厨艺的机会。活动中，每队参赛女性将现场烹饪她们拿手的地方特色菜，把全国各地的美食汇聚到社区，在让居民大饱口福之余，增进社区居民之间的友谊，体现和而不同的大同思想。

"尊重历史，与时俱进——慰问退伍老兵"。本活动是面向社区内的退伍老兵的慰问活动。组织社区内的少先队员上门对老兵进行慰问，赠送慰问礼品，并由老兵向少先队员讲述当年的往事，用老兵的经历启发少先队员学会珍惜和感恩。活动既让革命前辈感受到了社区对他们的关怀，也让少先队员从老兵的身上学到了革命的精神。

社区象棋、书画比赛。面向社区内全体象棋、书画爱好者，鼓励居民踊跃参加，赛出水平、赛出风格。这既是一次结交朋友、锻炼才艺的机会，也能丰富居民的生活。

社区迎中秋家庭才艺大比拼。活动面向社区内的全体居民，报名参加的家庭准备一个节目，形式不限，可一人表演也可全家参与。比赛设置最佳才艺奖和最具人气奖。通过该活动展示双和社区广大家庭的多才多艺，也给社区居民提供了很好的交流平台。这对于构建和谐家庭、邻里互助的社区十分有帮助。

社区三人篮球赛。面向社区内爱好运动的人群。比赛分成年组、少年组（男女队），通过比赛提高居民的身体素质、团队合作能力。比赛提倡友谊第一、比赛第二，鼓励居民以球会友，倡导全民健身活动。

社区摄影作品展。此活动面向社区内的摄影爱好者，鼓励老年摄影爱好者和残疾人摄影爱好者参加本次活动。活动通过展示淮阴区发展历程的人文及景观摄影作品体现出摄影爱好者对生活的热爱、对摄影的热爱。居民从他们的作品中了解过去，也是一次很好的学习机会。

"忆往昔峥嵘岁月"旧事旧物展。面向全体社区居民。宣传、鼓励居民提供旧照片、旧影像、旧物件，来展示社会变迁的点点滴滴，这也是对淮阴区发展历史的一种回顾。对社区内的旧物或旧书等材料进行收集整理并举办展览，通过旧事物的展示，让社区居民特别是青少年了解历史、了解过去。给社区居民一个缅怀过去，分享往日故事的机会；年轻人则可以以史为鉴。通过此举进一步加深社区居民相互了解程度，为构建和谐社区打下坚实的基础。

（三）巩固阶段

心理健康知识趣味讲座。面向全体社区居民的一次开放性讲座。通过给社区居民讲授心理健康方面的知识，增强居民抵御心理压力、预防由于心理压力带来的各种精神危害的能力。同时，通过与社区居民趣味性的互动，使讲座形象生动，让居民在快乐活泼的气氛中获益良多。

居民参与社区治理相关知识培训。为提升居民参与社区公共事务的意识，帮助居民了解到社区参与的重要性，链接专家老师为居民提供社区参与知识的相关培训，同时邀请其他社区参与度高的社区书记为双和社区居民展示其社区参与的优秀案例，鼓励居民积极参与社区事务。

党建引领搭建社区协商议事平台。针对社区内环境脏乱问题，用好"协商民主"这把金钥匙，开展专题协商议事活动。社会工作者邀请社区居民、物业、环卫、城管、党建联盟单位等不同主体，通过协商的方式，寻找解决办法，使社区环境得到改善。

社区"时间银行"活动。本活动以居委会为联结点，建立一套居民互信互助基础上的制度作为保障，把需要服务及可以提供合格服务的居民连接起来。提供合格服务者（具体服务内容视居民合理需求而定，如接送小孩上下学、临时照看不能自理老人等）和服务需求者分别在居委会登记相关信息，居委会负责配对，并做好服务时数的记录，作为服务者日后免费接受同等价值服务的依据，接受了服务的居民同样需要在"时间银行"里存储服务时间，以后方可继续接受服务。"时间银行"作为一个让邻里建立信任的平台，能紧密联系居民，整合社区资源，发展和谐社区。当居民间建立起足够的信任后"时间银行"将自动撤销。

（四）评估阶段

运用过程评估和结果评估的方法，通过对社区居民的满意度调查，评估社会工作服务成效，同时根据服务目标完成情况进行评估。在活动过程中，通过时刻与服务对象交流反馈的方法，了解服务对象对本次社会工作服务的满意程度，针对不足之处加以改进。

五、总结评估

开展专业性的社会工作服务对构建和谐社区，促进社区发展有着重要意义。通过社区教育可以有效帮助居民认识社区、了解社区资源，增强居民社区参与意识，增强社区凝聚力。在服务过程中，社会工作者扮演着"教育者"的角色，社会工作者为双和社区居民开展了社区知识讲堂等系列社区教育活动，帮助居民了解社区资源分布，引导居民利用社区资源改善生活，强化居民身份；通过社区参与知识培训活动为社区居民提供学习和提升的机会。

通过整合社区内资源、组织多样化的社区活动，丰富了社区服务功能，有效提升居民的社区主人翁意识。在社会工作服务开展初期，社会工作者就通过实地走访调查以及与社区工作人员的沟通了解到双和社区的人力资源、物力资源、政策资源、文化资源和组织资源分布情况，并进行社区资源整合。社会工作者组织借助社区现有的平台优势，立足居民需求，开展社区活动。

促进居民交流、团结邻里关系可以增强居民情感联结，提升居民的满意度。双和社区居民的生活背景与成长环境不同，居民日常生活中容易因为误解产生矛盾与冲突，社会工作者在开展社会工作服务过程中，注重促进社区居民之间的交流，改善邻里关系。通过组织多样化的社区文化活动和志愿服务活动，在活动过程中强调互帮互助，促进居民之间的交往互动，增进邻里沟通，增强居民的情感联结，从而助力于和谐社区的发展。

六、项目成效

（一）邻里关系改善

通过"五社联动"开展社区服务活动，吸引不同主体参与社区活动，在活动过程中，邻里之间的熟悉程度得到提高，通过促进邻里互助、建立社区自组织等方式，帮助居民建立更紧密的联系和友好的关系。在项目实施后，居民之间的互动、合作和支持得到加强，社区的凝聚力和归属感得到提升。

（二）社区服务品质提升

通过开展不同类型的社区服务活动，推动社区医疗、教育、文化等服务资源的发展和完善，提高了社区居民的生活品质和获得感。社区居民多样化的需求得到满足，促进了社区的全面发展。

（三）社区居民满意度的提高

通过定期的问卷调查或居民座谈会等方式，了解社区居民对项目的评价和意见，从而及时调整和改进项目的实施。通过提高社区居民的满意度，可以更好地推动社区的和谐发展。居民的社区归属感有所提升，主人翁意识得到增强。

七、专业反思

活动设计要具有连贯性。在"和谐社区梦，共筑邻里情"淮安市淮阴区双和社区"五社联动"服务项目中，从改善邻里关系、增强居民社区参与、丰富社区服务功能等方面设计活动。因为本项目的服务对象是全体社区居民，所以需要考虑到服务对象群体之间的差异性，从双和社区居民的共同需求出发，针对不同群体需求的具体活动设计之间连贯性与衔接度不足，活动之间的关联性不足。再加上社区外部客观因素影响，活动时间间隔长短不一，导致社区居民淡忘之前的活动，影响服务成效。

　　志愿者队伍的服务能力需要增强。在开展活动的过程中，由于参与的居民较多，会存在因观察力不足、精力有限导致忽略居民的想法和情绪的现象，没有对居民的反映进行及时处理，从而影响服务效果。因此，在开展社区工作过程中需要为志愿者开展不同主题的培训。除了基础的技巧培训，也有对服务的介绍、知识培训，还要带领志愿者在实地进行模拟及实物讲解，促使其更好地理解，并将信息更好地传达给服务对象。

专 家 点 评

　　生活、工作和居住的空间氛围往往会直接影响当地社会与经济的稳定发展。而实现社区治理的目标则十分依赖当地社区自身的人文环境。社会和政府对和谐邻里关系的重视程度一向只增不减。淮阴区惠民社工对王家营街道双和社区的居民精神文化的构建反映了当今社会对重塑良好邻里关系的期盼。通过多种志愿者活动和关爱活动，项目为社区不同个体提供了了解彼此的机会。多彩的社区集会活动既大大激发了当地居民对自己社区的关心和热爱，也激活了其爱护社区大家庭的意识，同时，也为创建良好社区共治打下了信任和理解的基础。此类增强社会资本的组织活动建议推广，不同社区里的"热心人"往往是基层治理参与者的领头人和积极推崇者，创造适当的参与机制与开展活动宣传可以帮助社区创造更为团结和友善的生活空间。

（曹欣欣：淮阴师范学院社会工作系讲师、博士）

优秀社会工作案例

抓住撬动问题的杠杆

——寻解治疗模式介入社会工作个案服务的案例①

纪杰杰②

淮安市希望社工公益服务与评估中心③

一、背景介绍

(一)案例来源

本个案来自"××困境儿童关爱计划"。服务对象是困境儿童周同学的奶奶,由于周奶奶的儿子与儿媳离婚,周奶奶老两口带着孙子孙女生活。

(二)基本情况

1. 身体情况

服务对象经常出现心慌、头疼的症状,服务对象认为自己这些毛病都是因为太过忧心。

2. 情绪情况

服务对象见到社会工作者时一直哭,诉说自己日子快过不下去了。情绪低落、心情抑郁,经常哭泣。为儿子儿媳离婚一事自责、不理解,对生活没有信心。由于儿媳经常来闹,充满焦虑和担忧。对孙子孙女的生活学习充满焦虑、无力感。

3. 家庭情况

家庭经济情况较差,家里除了种地收入,没有其他经济来源。儿子儿媳离婚后,儿子在外地打工,很少回来,儿媳离婚后经常回来闹,有时候会动手打人。目前,服务对象与老伴一起照顾孙子孙女,孙子就读小学三

---

① 案例获得 2017 年度江苏省优秀社会工作案例二等奖。
② 纪杰杰,淮安市希望社工公益服务与评估中心督导,江苏省社会工作领军人才。
③ 淮安市希望社工公益服务与评估中心,成立于 2014 年 12 月,AAAA 级社会组织。

年级，孙女就读小学一年级，两个孩子较为淘气，孙子学习成绩较差，孙女较好。

（三）关于服务对象的说明

项目本身服务于困境儿童，包括残疾儿童、家庭经济困难儿童、父母离异儿童、孤儿等。社会工作者在走访过程中发现，项目90%的困境儿童都是留守儿童，由母亲、爷爷奶奶或外公外婆照顾。这部分困境儿童的需求，基本是家庭需求，具有较强的一致性。社会工作者在项目执行期间的个案主要针对困境儿童家庭成员，即最直接的照顾者。

二、分析预估

（一）服务对象需求分析

1. 转向正面情绪的需求

服务对象由于家里目前的情况，思想负担重，自责、责怪、焦虑等负面情绪表现强烈，时常哭泣。这些负面情绪已经严重影响到服务对象的身体健康，甚至影响到服务对象的正常生活。服务对象变得封闭，不愿出门，不愿与人交往。将负面情绪转向正面情绪，是服务对象重建自信，迈向正常生活的第一步。

2. 家庭成员关系改善的需求

服务对象的负面情绪来源，也是目前服务对象最为关心的问题，就是与前儿媳恶劣的婆媳关系。前儿媳时不时来闹，让服务对象没有修复心理创伤、调整情绪的时间。儿子离婚后，服务对象与儿子的关系也日益疏远，联系越来越少，儿子的支持作用不明显。改善家庭成员间的关系，是服务对象回归正常生活的第二步。

3. 经济条件改善的需求

服务对象目前需要照顾孙子孙女，家庭所有支出，全部依靠种地的收入。儿子儿媳离婚后没有在经济方面给予他们老两口支持，两人的经济压力非常大。其家庭状况又不符合最低生活保障申请条件。改善家庭经济情况，是服务对象回归正常生活的第三步。

（二）服务对象资源分析

1. 宗教资源

服务对象信仰基督教，每周都要去参加基督教聚会。服务对象表示参加基督教聚会时是自己最开心的时候。同时，基督教会众也经常会给予服务对象开导和支持，是服务对象走到现在的重要社会支持资源。

2. 孙子孙女

孙子孙女较小，需要服务对象照顾，是服务对象的责任和负担，同时，也是支撑服务对象继续生活的重要因素。另外，孩子也是改善服务对象家庭关系的重要纽带。

3. 责任田

服务对象虽然缺少其他的经济来源，但家里还有责任田。目前的生活可以通过种地来维持，是服务对象最后的生活护盾。

三、服务计划

（一）理论支撑

1. 寻解治疗模式

寻解治疗模式主要的意涵在于其正向的哲学观点，这一模式从积极面去了解服务对象的问题，重视服务对象原本具有的天分与能力，它不去寻找服务对象哪里做错了，而后去修复他。相反，这一模式的重点在于找出服务对象的资源与成功经验，协助服务对象找寻已经能做或正在做的有效事情，或换个方向做一些不同的事情，引导服务对象发挥自己的优点与能力，邀请服务对象展现其成就与自信，鼓励并塑造服务对象积极的自我应验预言，从而创造改变的可能性。

2. 介入理念

寻解治疗模式的基本精神是：强调如何解决问题，而非发现问题的原因；以正向的、朝向未来的、朝向目标的积极态度促使改变发生。具体精神可以从以下几方面得到体现。

（1）事出未必有因。"了解原因"在寻解治疗过程中是不必要的，重要的是"解决"的历程。原因和结果间的关系似乎很难认定，问题往往是互动下的产物。用探究此时此刻可以做些什么的问句，取代探讨过去原因的问句。

（2）"问题症状"有时也有其正向功能。问题的存在，不见得只呈现出病症或弱点，同时也有正向功能。在案例中不仅要看到问题的症状，更要看到其背后的正向功能，以求更好的解决方法，同时又能保有其正向的期待。

（3）服务对象是解决自身问题的专家。强调服务对象自身的资源，更强调尊重服务对象自身解决问题的能力，社会工作者只是"引发"个案运用自己的能力及应验改变，而不是"制造"改变。

（4）从正向的意义出发。强调服务对象的正向力量，而不是去看他们的缺陷；强调他们成功的经验，而不是失败；强调服务对象的可能性，而不是他们的局限性。

（5）凡事都有例外，有例外就能解决问题。

（二）服务目标

1. 总目标

服务对象情绪平稳、正向，家庭关系改善，恢复生活信心，生活回到正常轨道。

2. 分目标

（1）增强服务对象解决问题、继续生活的信心。

（2）协助服务对象发现自身资源与优势。

（3）协助服务对象学会正向看待生活困境，提升问题解决的能力。

（三）服务计划

1. 建立关系

清楚角色定位、彼此信任的专业关系建立，是社会工作者介入个案的基础。在这一阶段，社会工作者需要运用社会工作面谈基本技巧，寻找服务对象关心的话题，来增进彼此的了解，建立专业关系。

2. 问题描述

专业信任关系建立后，即开始进入寻解治疗模式的正式操作阶段。社会工作者开始与服务对象探讨其关心的问题。服务对象对问题的描述，需要社会工作者耐心地引导与倾听。这一阶段，服务对象多通过描述自己的感受来代替问题。

社会工作者尝试了解服务对象对问题的主观诠释,服务对象描述的问题对服务对象的影响,服务对象怎样处理问题,服务对象重要他人参与情况等。虽然社会工作者需要对服务对象的问题进行了解,但不需要探究问题背后的成因。因此,这一阶段,寻解治疗模式花的时间比问题导向治疗花的时间要少很多。在服务对象描述问题时,社会工作者要注意倾听,尊重服务对象使用的描述方式与语言,逐渐走进服务对象的主观世界。

3. 建构良好的目标

服务对象往往提出多个想要改变并且实现的目标,社会工作者需要协助服务对象作出选择。服务对象习惯循环往复地述说自己的困难与不好的感受,并对目标与未来视而不见。社会工作者需要逐渐将服务对象从负向的描述引向正向的问题解决,建构对于问题解决可行的、符合服务对象能力与资源的目标和方向。

4. 探索例外

针对服务对象的目标,积极探索服务对象过去的成功经验,挖掘服务对象自身的能力与资源。这些例外可能发生在以往的事件中,或者就在不久前。通过对例外的探索,促进服务对象对自身及问题的思考,使其将自身资源用于问题解决,提升服务对象信心,从而向着建构解决之道而努力。

5. 反馈

在会谈后期,社会工作者根据会谈的内容及服务对象关注的部分内容,运用总结、赞美、任务等方式给予服务对象反馈。

6. 后续会谈

后续会谈主要任务是评估服务对象有没有变得好一些。通过探讨进步与改变开始,协助服务对象探究这些改变为什么会发生,发生的细节,进一步提升服务对象对于成功经验的成就感,并明确影响改变的事件,明确服务对象可以继续努力的方向,推动服务对象的进步。由小及大,扩大小改变的成果,逐渐促进服务对象困扰的消除。

四、服务计划实施过程

(一)面谈前关系建立

周同学于8月参加社会工作者开展的留守儿童服务项目,每天都是周奶奶来回接送。在接送孩子时,社会工作者站在校门口,认识每位家长。和家长熟悉后,为家访做好准备。有时也会对参加活动的困境儿童情况进行简单交流,家长对于项目开展情况非常了解,给予了支持与感谢。在与家长接触的过程中,社会工作者已经与项目成员家长建立了信任关系。如无这一阶段的努力和铺垫,出于现代人对于诈骗等的防备心理,像大部分服务项目一样首先进行家访,"如何踏进服务对象的家门"是一个难题。

开展家访之前,社会工作者会在放学时与家长沟通家访时间并了解其家庭住址等,并将联系自己的号码留给对方,充分尊重每位家长面谈的意愿和担心孩子安全的心情,在家长同意后,社会工作者安排家访。周奶奶对社会工作者的家访非常欢迎,双方约定好见面的时间。

信任关系的建立,有一部分来自项目成员的努力。虽然留守儿童关爱项目在学校开展,但由于服务项目不关注学生成绩,形式内容丰富多彩,项目成员乐于参加。且在服务项目中,社会工作者以平等的身份对话,参与项目的成员乐于让社会工作者家访。

(二)第一次面谈

在第一次面谈时,社会工作者应通过拉家常、谈兴趣等逐渐带着服务对象进入状态,不宜刚开始就直接询问服务对象有什么需要或问题。社会工作者相信待服务对象与社会工作者之间的"心理距离"拉近后,正式会谈程序就开启了。

服务对象在描述问题时,往往飘忽不定,涉及多个方面,且描述感受多过事件本身。社会工作者需要仔细倾听,辨别服务对象的问题与感受,引导服务对象描述事件本身,逐渐踏入寻解之道。

关于面谈时间的约定,由于服务项目不在社会工作者所在机构注册实施,且需要协调妇联、学校等利益相关方,无法按照寻解治疗模式要求,根据服务对象意愿来定,多数情况需要根据社会工作者时间安排。

在本个案中,社会工作者利用寻解治疗模式谈话技巧、介入过程、内容方面的知识,总体把握会谈方向,引导服务对象澄清问题描述,建构服务对象例外情景,在服务对象主观架构下,通过奇迹问句、刻度问句,选择对于服务对象最为合适的问题解决方法,制定"按时去教会,改善自己心情"这个首要目标。

（三）第二次面谈

第二次面谈时，社会工作者首先与服务对象一起检视自身改善的部分，对于好的结果与服务对象的努力给予鼓励与强化，使服务对象感受正向体验，提升解决问题的信心。在本个案中，服务对象改善情况非常好，精神面貌、说话语调等都较第一次面谈有很大变化，更加积极、正面。另外，家里另一个变化，也让服务对象更加开心，就是前儿媳现在和服务对象和平相处了，服务对象不激化矛盾、宽容的处理方法，影响了结果的变化。

在本次面谈中，社会工作者就服务对象改善的部分进行细化，利用EARS，引导服务对象独立处理周同学做作业的问题。服务对象经常会询问社会工作者的意见，期望社会工作者能给予问题的答案，社会工作者避免掉进专家的陷阱，直接给予答案。社会工作者站在身后一步的角色定位不能变，可以与服务对象讨论办法优势的不足，引导服务对象自决，由服务对象自己选择合适的方法。

在服务对象出现新问题时，社会工作者尝试让服务对象自己寻找问题解决方法，寻找机会锻炼服务对象自己解决问题的能力。

（四）第三次面谈

第三次面谈也是寻解治疗模式运用在本个案期间最后一次面谈，服务对象情况改善非常好，不再只抱怨生活，而是开始想办法处理生活中的问题；服务对象的精神、信心都有了很大提升，生活充实；服务对象不再认为生活太艰难，而是认为生活只是一种磨难，要坚强、积极地面对。

在本个案中，服务对象逐渐发现自身的资源，并且在不断整合、转化新的资源，运用到自己解决问题的方法中。服务对象认为自己现在情况良好，社会工作者评估目标达到，可以结案。

在本个案中，社会工作者运用寻解治疗模式介入，让服务对象发觉自身能力与资源，寻找自己解决问题之道，并不断尝试，协助服务对象最终达到目标，应对生活中的问题。没有采用"寻因导向"，将服务对象问题变成一项大工程，而且服务对象所提的经济问题、关系问题等，都是在个案中较难介入的问题，只会增加服务对象与社会工作者的无能感和挫败感。

（五）跟踪服务

在个案结束三个月后，社会工作者电话回访服务对象，服务对象表示一切都好，周同学妈妈现在每个月都会带着周同学回家过几天，周同学的成绩还是时好时坏，不过周同学比以前开心了，周同学和妈妈的亲子关系得到了提升。周奶奶表示这也是自己希望看到的，孩子需要父母。

至此，我们可以很明显地看到，服务对象的情况得到了改善。服务对象能够熟练运用寻解治疗模式解决自身的其他问题。在周同学的成绩还是没有提高的情况下，周奶奶能够重新调整自己的期望，重新建构对于问题的认知，其当下关注的不再是周同学的成绩，而是周同学能够与妈妈相处，孩子情绪的变化，更加开心。服务对象也不再困扰于周同学的成绩问题。

五、总结评估

目标达到情况：

（一）结果目标达到情况

1. 情绪改善情况

通过个案服务，社会工作者发现了基督教对于服务对象生活的意义，鼓励服务对象保持这一信仰，并多与成员交流。服务对象情绪明显好转，身心变得愉悦，能够坦然接受自身面临的困境和问题，微笑面对。服务对象从哭泣转向爱笑，变得乐观、开朗。

2. 家庭关系改善情况

在服务对象情绪改善后，社会工作者引导服务对象改变与前儿媳交往的方法与态度，最终尝试成功。服务对象与前儿媳的关系缓和，前儿媳再也不来家里闹，偶尔还会买点东西上门看望。前儿媳对于孩子的责任感越来越强，关注度也越来越高，在服务对象对孙子的教育和照顾中发挥越来越多的作用。

3. 经济改善的情况

服务对象情绪改善，与前儿媳的家庭关系也越来越好，孩子也经常到前儿媳处生活，服务对象对自家的庄稼越来越投入。家里开始种植葡萄、桃子等特色农业，在一定程度上可以增加家庭的经济收入。由于孙子孙女的生活前儿媳也在照顾，服务对象的支出也在减少，家庭经济情况得到一定程度的改善。

（二）过程目标达到情况

1. 服务对象学会正向看待自身问题，并学会利用自身的资源与优势

在个案服务中，服务对象不再悲观地看待自身情况和问题，能够将自身问题正常化，并且积极应对。如对于服务对象孙子的学习问题，服务对象不再担忧、焦虑，而是积极寻找方法提升孙子的学习成绩。对于不好的结果，也能够坦然接受。

另外，服务对象也不再认为自己是"天下最惨"，而是能够看到自身具有的优势和资源。如为了改善经济状况，选择去辅导班帮忙做饭，挣点零钱，通过自己的力量，把这一资源用在提升孙子的学习成绩上。

2. 服务对象生活信心得到提升

在接案前，服务对象一直沉浸在负面情绪中，对生活失去信心。身体上表现出头疼等症状，不想做事，整日以泪洗面，生活状态非常颓废。在个案介入后，服务对象开始寻求解决问题的办法，积极参加基督教活动，主动改善与前儿媳的关系，寻找改善家庭经济情况的办法。生活积极向上，投入感得到提升。

3. 服务对象解决问题的能力得到提升

服务对象通过本次个案介入，学会正向看待问题，利用自身资源、优势解决问题的办法，提升了服务对象解决问题的能力。如服务对象家庭关系的改善、经济情况的改善等都是服务对象主动尝试的结果。在后续跟踪服务中，社会工作者发现，服务对象仍然在运用这一方法，解决生活中面临的其他问题。

六、专业反思

（一）强化专业关系

国内大众对于社会工作的认知度与接受度还很低。社会工作者想要开展个案服务，服务对象能够真正参与进来，还需要专业关系的建立。这就要求社会工作者在开始正式个案服务前，花费大量时间与服务对象接触，逐步与服务对象建立信任关系，引导服务对象表达，使服务对象愿意向社会工作者倾诉自身的问题和困扰。建立专业关系的方法多样，可以通过日常服务，增加信任感与熟悉度，也可以通过走访过程中的闲聊，增进对彼

此的了解。社会工作者适度的关心和友善是必要的。个案工作的基础，来源于服务对象对于社会工作者的信任。

（二）坚持服务对象专家定位

服务对象才是自身问题的专家，社会工作者不断在实践中锻炼自己，反思自己在个案介入中的语言表达与行动，避免将自己凌驾于服务对象之上，始终坚持服务对象是自己专家的定位。

（三）注重服务对象能力提升

我们相信服务对象自身具有解决问题的能力与资源，社会工作者介入的目标是促使服务对象知觉自身能力与资源，寻找以往生活中的例外与解决问题策略，从而构建新的问题解决办法，改善或解决面临的困境。社会工作者工作的过程就是增能的过程。服务对象目前基本为社会困境群体，社会地位低、经济能力弱，导致这部分人群具有自我认同感差、负向问题观，抱怨是常态。寻解治疗模式让服务对象看到解决问题的希望，看到自身资源的存在，服务对象的自我认同感得到提升，能够正向、积极地解决问题。案例中，周奶奶学会重新建构问题，并寻找解决问题的方法。当出现周同学成绩问题时，先后尝试了报辅导班、请周同学妈妈协助给予奖励等方法，并发现后一方法更加有效。

（四）引导服务对象发觉资源

寻解治疗模式介入个案时，服务对象资源得到发觉与发展。发觉即服务对象自我发现和察觉。在个案中，周同学妈妈就是被发展并且运用的资源。周同学妈妈的转变与加入，对于解决服务对象情绪困扰问题、周同学成绩问题以及改善家庭经济问题都有帮助。在此案例中，基督教会的资源对于服务对象的影响也非常大。服务对象面临诸多困境时，服务对象的教友给予了其莫大的精神支持，使其能够顺利度过最困难的阶段。另外，基督教聚会也让服务对象找到了安全的避难场所，成为服务对象问题解决的重要支持资源。

（五）寻解带来希望

在个案中，服务对象的问题呈现是情绪困扰。造成服务对象情绪困扰有很多方面的原因，包括带孩子的压力、对于儿子离婚的不解与自责、前儿媳闹、家庭经济困难等。如关注问题成因，势必增加服务对象的负担与无力感。从寻因入手，造成问题的每个原因都不容易解决。社会工作者接触的很多服务对象问题，都是经济原因造成的，如要从此处入手，不仅服务对象难以改变，社会工作者的资源也非常有限，个案介入很难成功。个案从寻解入手，从小处出发，引导服务对象认清自身问题，挖掘自身资源，从最简单的问题入手，反而让服务对象看到了希望，增强了服务对象解决问题的信心。

专 家 点 评

　　寻解治疗是在社会建构理论的框架下形成的一种治疗方法，通过重新定义服务对象的问题，增强服务对象的抗逆力，从而达到问题解决的目标。在整个过程中特别强调服务对象自身的重要性，将服务对象从对问题成因的关注转移到对问题解决办法的关注上，不强调过去，重视现在和将来，不只关注问题本身，更加关注问题发生变化的可能性。社会工作者将寻解治疗运用于对服务对象的干预中，从服务对象现有的支持性资源中找到情绪改善的路径，在情绪改善的基础上协助服务对象重新建构生活中的问题，并鼓励服务对象寻找并尝试多元化的问题解决办法，这一实践的过程可以重新塑造服务对象对问题和自身的理解。综合整个实践描述，社会工作者紧紧抓住服务对象的情绪干预，对服务对象的支持性资源保持开放的态度，如果能对服务对象情绪改善的过程以及后续寻解的路径进行细致的探究，案例的特色将会更加凸显。

（陈洁：淮阴师范学院社会工作系讲师、在读博士）

敞开心扉，拥抱自我

——单亲家庭未成年人个案服务①

黄孟燕②

淮安市清江浦区心苑社会工作服务社

一、背景介绍

（一）案例来源

本个案来自"涟水困难群体心理关爱服务项目"，服务对象来自一个单亲家庭，目前由爸爸独自照顾，内心敏感、脆弱。

（二）基本资料

服务对象，女，9岁，小学在读。母亲去世，现在由爸爸一人照顾，家里还有一个同父异母的姐姐。服务对象内向、敏感、自卑，不愿意出门，害怕被人议论。

（三）家庭背景

服务对象父母在服务对象7岁的时候煤气中毒，母亲抢救无效去世了，父亲经过三天时间的抢救活过来了，但是身体有后遗症，现在服务对象由爸爸独自抚养。可能是突然间失去了母亲的原因，服务对象变得敏感、没有安全感。生活中每当服务对象看到别人有母亲陪伴，自己却没有时总会默默流泪，因此服务对象不喜欢出门。服务对象非常害怕学校里的同学知道自己是单亲、害怕因此受到排挤。久而久之，服务对象变得内向、孤僻。

---

① 案例获得2018年度江苏省优秀社会工作案例三等奖。
② 黄孟燕，淮安市清江浦区心苑社会工作服务社项目部副主任，社会工作师。

（四）家庭结构及社会生态系统图

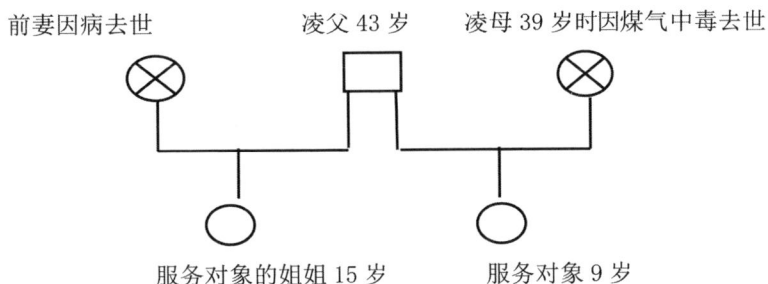

图1 服务对象的家庭结构图

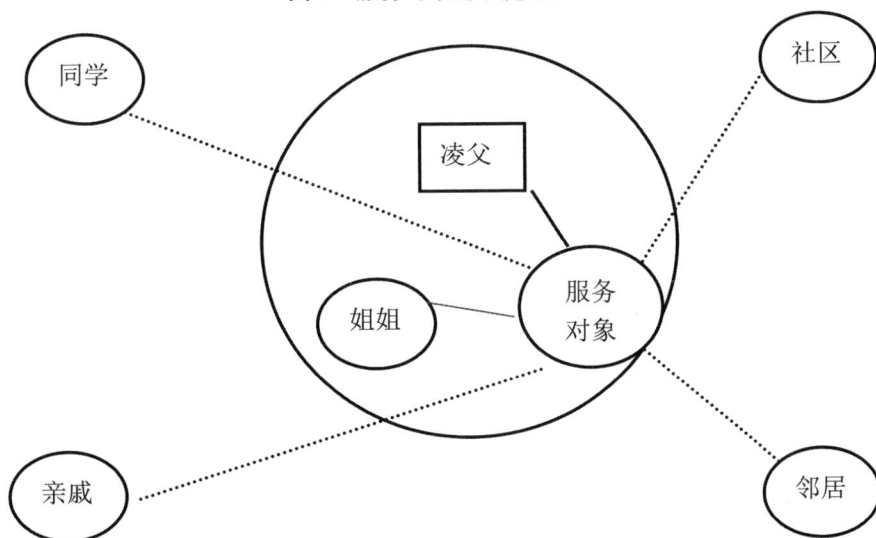

图2 服务对象的社会生态系统图

二、分析评估

通过服务对象的家庭结构图和社会生态系统图可以看出，服务对象内心比较孤僻，不愿意与人交流，和父亲、姐姐比外人亲近一些，但是不能达到亲密的程度。

服务对象的特征

1. 性格内向

由于母亲去世，单亲家庭造成的自卑感使她不愿意与家人和朋友交流，在家与爸爸和同父异母的姐姐几乎不主动讲话，在学校与同伴也玩不到一起，面对陌生人更是话少。唯一的爱好就是看电视，据服务对象爸爸介绍，服务对象一回家就闷在房里，不是看电视，就是看手机，说她也没用。

2. 学业问题

由于服务对象的爸爸没什么文化，而老师要求家长必须检查家庭作业，可是爸爸没有这样的能力。对服务对象的作业爸爸无法辅导。

3. 内心渴望被关注

服务对象虽然性格内向不善与人交流，但是她内心善良，只要耐心、友好地跟她交流，她是会回应的，而且在与其相处的过程中能感受到她内心是渴望被关注与被爱的。

三、服务计划

（一）理论支撑

针对服务对象的问题和需求，我们从生态系统理论出发，采用认知行为治疗法进行个案干预。

1. 生态系统理论

生态系统理论认为，个体嵌套于相互影响的一系列环境系统之中，在这些系统中，系统与个体相互作用并影响着个体的发展。人的社会生态系统包括微观系统、中观系统和宏观系统。其中，微观系统是指处在社会生态环境中的看似单个的个人。个人既是一种生物的社会系统类型，更是一种社会和心理的社会系统类型。中观系统是指小规模的群体，包括家庭、朋友、亲属、邻里等诸多子系统。宏观系统则是指比小规模群体更大一些的社会系统，包括学校、社区、组织等。三个系统的相互作用对人类行为产生重要影响，即"人在情境中"。

2. 认知行为治疗法

认知行为治疗法是根据人的认知过程，确定影响其情绪和行为的理论假设，通过认知和行为技术来改变患者的不良认知，从而矫正不良行为的心理治疗方法。认知行为治疗法的着眼点是服务对象非功能性的认知问题，意图通过改变服务对象的看法与态度来改变或改善服务对象呈现出的心理问题。

（二）服务目标

结合个案的实际情况和目前掌握的资料内容，社会工作者和服务对象的父亲一起商讨，确定了服务目标。

1. 总体目标

通过综合介入服务，帮助服务对象改善自我，打开心扉，建立乐观向上的心态，拥抱自我。

2. 具体目标

一是提高社会交往能力。通过个案会谈中的倾听、同理心等技巧理解服务对象内心感受，通过认知行为治疗法，改善服务对象自卑、内向、敏感的心理，让她的心境更加开阔，愿意主动与人交流，增进亲人感情。

二是提升学习成绩。服务对象的学习成绩不太好，面临较大的自身学习和成长问题，可以为服务对象寻找并建立固定的志愿者"一帮一"服务，为其提供学业辅导。

三是强化服务对象的自我认知，发掘自身优势，肯定自我价值。

（三）服务计划

1. 建立初步的专业关系

社会工作者与服务对象接触，通过会谈，了解服务对象的求助信息，以及对服务对象的问题和需要进行初步评估。其次通过专注的技巧，关注服务对象的表达，运用倾听、同理心、鼓励等支持性的技巧，理解服务对象的内心感受，与服务对象及其所涉及的相关系统建立专业关系。最后激励服务对象改变的决心，协助其进入角色，实现改变的目标。此外还要进行资料收集。

2. 协助服务对象认识自我

定期对服务对象进行家访，关注服务对象内心感受，经常与其进行聊天疏导，帮助服务对象认识自我。协助服务对象发展人格，发挥潜能、成长优点。

3. 加强服务对象与父亲、姐姐的沟通

与服务对象的父亲、姐姐进行会谈，了解服务对象情况，引导服务对象与父亲、姐姐进行正确沟通。

4. 提升服务对象学习成绩

为服务对象寻找学业辅导志愿者，为其提供一对一学业辅导。让服务对象了解正确的学习方法，提高学习成绩，增强自信。

四、服务计划实施过程

（一）第一阶段

1. 目标

了解服务对象的问题与需求，与其建立专业关系。

2. 主要内容

社会工作者事先联系了服务对象的爸爸。由于服务对象家人对社会工作不了解，因此社会工作者在简单的寒暄之后，向服务对象的家人介绍了社会工作服务的性质和功能。因为服务对象始终将自己关在房间内，不愿与人沟通，所以社会工作者向服务对象的爸爸了解了一些基本情况。通过面谈了解到服务对象父母在服务对象 7 岁的时候煤气中毒，母亲抢救无效去世，父亲经过三天时间的抢救活过来了，但是身体有后遗症，现在服务对象由爸爸独自抚养。可能是突然间失去了母亲的原因，服务对象变得敏感、没有安全感。生活中每当服务对象看到别人有母亲陪伴，自己却没有时总会默默流泪，因此服务对象不喜欢出门。服务对象非常害怕学校里的同学知道自己是单亲、害怕因此受到排挤。久而久之，服务对象变得内向、孤僻。由于服务对象不愿交谈，社会工作者只能在房门外对服务对象简单地介绍自己，表示过来是和她做朋友的，并表示下次再来的时候会给服务对象准备小礼物，希望服务对象在第二次见面的时候能够开门和社会工作者聊聊天。

（二）第二阶段

1. 目标

帮助解决实际困难。

2. 服务内容

该阶段主要通过个案会谈，运用倾听、同理心、鼓励等支持性技巧帮助服务对象打开心扉，同时，通过招募志愿者开展家教活动帮助其解决学习困难。情况如下：

（1）敞开心扉。社会工作者在第一次家访结束后，一直和服务对象的爸爸通过微信交流，了解服务对象的近况。在和服务对象的爸爸约好时间后，社会工作者进行了第二次家访。从服务对象的爸爸那里了解到服务对象特别喜欢吃橘子，因此此次上门，社会工作者特意给服务对象带来了一些故事书和水果（积极主动）。服务对象在她爸爸那儿知道社会工作者每天都在关心她的情况，再加上收到了社会工作者带来的礼物，了解到社会工作者真诚的心意，同时在爸爸的不断鼓励下，服务对象最终愿意开门与社会工作者进行交谈，但是要求爸爸不许在场。社会工作者给服务对象带来了橘子和故事书。服务对象看到社会工作者的用心，对社会工作者表示感谢。紧接着社会工作者从服务对象喜欢吃什么入手，和服务对象交谈喜欢的食物（制造氛围），渐渐地，服务对象能够对社会工作者敞开心扉。

（2）招募家教志愿者。社会工作者在与服务对象爸爸的交流、沟通中了解到服务对象通过上次的鼓励和开导，与家人的关系有所缓和，现在会主动和他们说自己的需求了，虽然话并不多，但是不会一回家就把门关起来；在与服务对象的爸爸进一步交谈中了解到服务对象目前课业繁重、学习的科目较难，家里没有人可以辅导服务对象做作业，同时家里没有经济条件让服务对象上辅导班。了解到服务对象在学习上有些吃力，社会工作者在本地的高校中为其招募志愿者做入户家教。志愿者每周末下午入户辅导其功课，为服务对象解答课业上的难题，并针对服务对象语文作文上的难题，表示会给服务对象购买一些有针对性的作文书，帮助服务对象解决不会写作文的难题。

（三）第三阶段

1. 目标

运用认知行为治疗法，调整认知，巩固服务成效。

2. 服务内容

本阶段服务主要通过认知行为治疗法中的识别情绪、驳斥非理性信念、改变认知偏差、改变个体的内在语言、羞愧攻击练习等方式帮助服务对象调整自己对家人和外在的情感认知偏差，肯定自我，拥抱他人。情况如下：

（1）识别情绪

社会工作者定期与课业辅导志愿者进行沟通，了解服务对象的学习情况，并通过微信，不断鼓励服务对象，表示服务对象很聪明，只要认真学，一定可以学好的（鼓励）。通过多次的走访与微信沟通，服务对象对于社会工作者的信任不断增强，并真诚讲述自己不愿和别人交流的原因。服务对象害怕别人知道自己没有妈妈，害怕别人嘲笑她，或者可怜她。而且爸爸只会赚钱，不会像妈妈一样温柔地哄她、拥抱她。服务对象表示，姐姐正在上初三，平时都是住校的，周末回家也学习得很认真，几乎没有时间玩，感觉姐姐和自己越来越疏远了。

社会工作者能感受到服务对象内心焦虑、矛盾的情绪，为了帮助服务对象调整她对身边人的认知偏差，社会工作者询问了服务对象一些问题。

（2）驳斥非理性信念，改变认知偏差，羞愧攻击练习

社会工作者问：你为什么会觉得身边的人都在嘲笑你呢？

服务对象答：因为隔壁班的几个男生总是在背后说我没有妈妈，其他人都跟着笑，他们就是嘲笑我。

社会工作者问：你和那些男生认识吗？

服务对象答：认识，我们以前是一个小区的，他们小时候就喜欢欺负我。

社会工作者问：是因为你没有妈妈吗？

服务对象答：不是，那个时候我妈妈还在。

社会工作者问：那就是因为你也调皮，不是个好小孩，所以他们才会欺负你，不欺负别人？

服务对象（着急）答：不是，我妈妈说我一直都很乖，而且他们不仅欺负我，还欺负其他年龄小的孩子。

社会工作者问：所以你看，并不是因为你没有妈妈他们才嘲笑、欺负你的，而是因为他们本身就是爱欺负人的小孩。除了你，其他小孩也被欺负过，别人也不喜欢他们。那些欺负、嘲笑别人的人，本质上都是一群幼稚鬼，他们的心智都没有成熟，我们不应该用别人的错误来惩罚自己。再说你家人，你觉得爸爸和姐姐，一个只会赚钱，另一个只关心学习，两个人都不够关心你，你真的仔细观察过他们吗？每天的饭是谁做的，你的衣服是谁洗的，家里你爱吃的零食是谁买的，他们真的不关心你吗？

服务对象（愧疚）答：饭是爸爸做的，他每天早早就起床做好饭然后出去工作，衣服也是爸爸回来洗。姐姐每周回来都会用她的零花钱给我买

零食。

社会工作者问：对啊，你看，你的家人都在用自己的方式爱着你，只是表达的方式不一样。爸爸是男性，他可能没有女性那么细致，那么面面俱到地关心你的情绪，可是他在用自己的方式为这个家付出，还有你姐姐，她现在上初三，学业压力很大，可就算是这样，每周回来还不忘给你带吃的，你现在还觉得他们不够爱你吗？

服务对象答：不是，他们都是爱我的，是我没有认真去感受。

经过一系列的认知行为治疗，社会工作者很欣慰，服务对象能改变自己的认知，服务对象表示自己会努力接纳身边的人，调整、改变自己的认知。

（3）建立社会支持系统

在了解到服务对象害怕与同学交流时，社会工作者与服务对象的老师进行了及时的沟通，希望老师能够在学校帮助服务对象建立社会支持系统。社会工作者与服务对象的班主任进行了深入沟通，了解到经过一段时间的学习，服务对象语、数、外三门科目的成绩进步了很多，尤其是语文的作文，前段时间还作为模板被粘贴在信息栏了。在班主任老师的帮助下，服务对象在班会课上与同学们分享学好语文的经验，老师在全班同学面前大大赞扬了服务对象的努力，在同学们的掌声中，服务对象也慢慢愿意接纳别人了。

（四）第四阶段

1. 目标

做好结案准备，合理处理离别情绪。

2. 主要内容

为了让服务对象感受到家人和社会的温暖，适逢服务对象的生日，社会工作者买了大蛋糕在服务对象不知情的情况下给了她一个大惊喜。社会工作者还给服务对象准备了娃娃作为生日礼物，表示以后如果有些秘密不想和别人说，可以向这个娃娃诉说。服务对象非常开心，最后服务对象一家和社会工作者一起拍了合照。

服务对象的学习能力得到了提升，学习成绩的提高给服务对象带来了自信，并且服务对象和老师、同学都能正常相处，性格也开朗了很多。服务对象现在和家人的关系也越来越好了，对于学校里发生的事情也会在饭桌上和家人说。社会工作者觉得基本目标已经实现，决定结案。经与服务对象和她的爸爸沟通，表示同意结案。

五、总结评估

（一）目标评估

社会工作者通过入户走访，了解服务对象的问题，并根据实际情况制订计划，帮助服务对象调整认知行为，改善自卑、内向、敏感的心理，让她的心境更加开阔，愿意主动与人交流，增进亲人感情。通过学习帮扶，提高服务对象的学习成绩，使服务对象认识自我，发掘自身优势，肯定自我价值。最终帮助服务对象改善自我，打开心扉，建立乐观向上的心态，拥抱自我。

（二）过程评估

在每次走访前，社会工作者都会针对已收集到的信息制定相应的访谈提纲。通过和服务对象多次有针对性的沟通，服务对象对于社会工作者有所信任，心态也发生了变化，能够接纳自己，坦然面对自己。在走访结束之后，社会工作者能够对于走访资料进行及时整理与反思，从而能够准确把握服务对象情况，采用适当的技巧和方法，最终帮助服务对象打开心扉，改善亲人关系，增强社会支持系统。

六、专业反思

在此次个案服务中，社会工作者通过认知行为治疗法，借助社会支持理论、生态系统理论，结合服务对象具体情况，制订了专业合理的服务计划，并且给予服务对象一系列专业服务，通过此次服务，服务对象愿意打开心扉，调整自己的行为认知，和亲人的关系升温，对学习也充满了动力，能够与他人沟通，个案服务取得了相应的成效。

通过此次个案，社会工作者发现建立良好的专业关系，取得服务对象及其家人的信任，是顺利开展个案的基础。此外，针对服务对象的个人特点，找到谈话的切入点非常重要，切入点通常是服务对象感兴趣的事物，比如食物、爱好等。

生态系统中每个子系统都会对服务对象产生不同的影响，因此社会工作者需要对各个子系统给予密切关注。而对于青少年来讲，家庭始终是其核心子系统，家庭的影响对于青少年也是最大的。社会工作者从家庭层面开展社会工作服务，通过密切家庭亲子关系，修复家庭功能，成为个案顺利开展的重要保障，也是影响服务对象转变的关键所在。

专家点评

不管是因为疾病原因离世，还是婚姻破裂，单亲家庭的比例都在不断增长。案例中，社工能够从服务对象的爱好入手，与其家属建立良好的信任关系，也能用生态系统理论来为服务对象建立社会支持网络，对服务对象的改变起到了积极的作用。但从生态系统理论角度，社工给予的社会支持过于单一，需要拓展更多社会支持力量。

在服务方法上，可以运用一些心理评估道具，对服务对象进行无意识的测试，这能够进一步明确服务对象与家庭成员间、服务对象在学校以及社区角色方面我们看不见，但存在的问题，单纯的话术性认知治疗会略显不足。且后续需要对服务对象持续跟进，避免青春期再出现同类现象，也要为单亲家庭做类似的家庭辅导，起到预防作用。

（李金晏：淮阴师范学院社会工作系讲师、博士）

向阳花开：任务中心模式下的
低智儿童发展①

纪杰杰　赵海林
淮安市清江浦区心苑社会工作服务社

一、基本情况

（一）个案背景

服务对象宋某，女，12 岁，低智儿童，性格活泼、热情，爱说话。未上学，曾尝试将其送到学校，但由于不能自理，被学校劝退。低保户家庭，家庭经济情况较差。母亲视力不好，胆小，很少出门，父亲一人照顾家里，未工作，父母均十分疼爱服务对象。服务对象有一个妹妹，5 岁，两人目前仍然和父母一起睡觉，缺乏自理能力，独立性差。生活方面，父母将其照顾得较好。服务对象一家社会支持系统较弱，与外祖父母一家接触较多，关系较好。服务对象个人由于低智，玩伴较少，只和妹妹及一个邻居小朋友一起玩。

父母对服务对象的情况已经较能接受，但因为缺乏信息和资源，未能安排服务对象上学。同时，父母对于服务对象的照顾局限于生活照顾，对于服务对象的发展和未来没有规划，服务对象社交、生活技能落后。

（二）服务对象问题分析

1. 生理方面

低智，12 岁相当于 5 岁左右小朋友，有时大小便不能控制，其他方面较好。

2. 心理方面

心智不成熟，性格活泼、热情，易于亲近陌生人。

---

① 案例获得江苏省"聚焦困境，童行未来"未成年人关爱保护优秀案例二等奖。

3．经济方面

低保家庭，家庭经济情况较差，服务对象未接受过专业评估和治疗。

4．家庭关系方面

服务对象父母关系很好，非常恩爱，非常疼爱两个女儿，生活方面照顾较好。

5．社会交往方面

人际关系单一，服务对象由于低智，没有上学，只有妹妹和邻居小朋友两个玩伴。父母社会交往较少，和外祖父母一家往来较多。

6．个人发展方面

服务对象缺乏社交、生活技能，自理能力很弱，独立性差。家庭对于服务对象未来的发展没有规划、没有方向。未能将特殊教育学校资源利用起来。

（三）服务对象需求分析

一是锻炼生活技能，提升社交、自理能力，为就读特殊教育学校做准备。

二是就读特殊教育学校，提升知识文化水平及社交能力，为未来发展做准备。

三是发挥家庭主体责任，提升父母教育意识与能力。

二、干预过程

（一）理论基础

任务中心模式理论。任务中心模式理论认为，服务介入须符合五个方面的基本要求：介入时间有限、介入目标清晰、介入服务简要、服务效果明显、介入过程精密。在任务中心模式看来，任务就是服务对象为解决自己的问题而需要做的工作。

任务中心模式强调：只有把以下三个因素融合到任务中，这样的任务才是最好的。这三个因素是：服务对象的问题、服务对象解决这个问题的能力、服务对象的意愿。在此个案中，服务对象家庭对其没有开展生活技能训练，没有培养服务对象将来生活必备的自理能力和独立能力，发展成为最迫切的需求。服务对象及其家庭存在解决其问题的能力且服务对象一家较为主动，但仍需要社会工作者的支持以及协助。

任务中心模式在运用任务实现目标过程中非常关注服务对象的自主性。任务中心模式认为，服务对象的自主性包括两个方面的主要内容：（1）服务对象具有处理自己问题的权利和义务，即由服务对象自己决定是否需要处理问题、处理什么问题以及怎样处理问题等，提高服务对象的参与程度；（2）服务对象具有解决自己问题的潜在能力，即社会工作者在服务介入过程中应尽可能发挥服务对象自身拥有的潜在能力，提高服务对象解决问题的能力。

（二）服务目标及计划

社会工作者与服务对象及其家庭商讨后制订了四个阶段的服务计划。

一是确定个案服务中家庭主体责任，提升父母对于服务对象发展和教育的意识、认知，共同为服务对象发展努力。

二是锻炼生活技能，提升服务对象的社交、自理能力，为就读特殊教育学校做准备。

三是提升家庭解决问题能力，由父母安排服务对象就读特殊教育学校事宜，提升服务对象的知识文化水平及社交能力，为未来发展做准备。

四是强化并拓展服务对象及其家庭支持系统，提升家庭抗风险能力。

（三）服务实施过程

第一阶段：提升发展意识，达成责任共识

社会工作者通过两次入户，与服务对象一家建立了专业关系。在两次入户面谈中，社会工作者运用同理、澄清、支持、信息提供等专业技术，收集服务对象信息。服务对象是低智儿童，父母对于服务对象的照顾主要是在生活上，对于服务对象未来的发展没有计划，没有对服务对象开展未来生活必备的自理、独立、社交等能力的锻炼培养。服务对象刚到入学年龄的时候曾进入幼儿园学习，但因缺乏自理能力，被劝退，父母未再尝试。在社会工作者提供特殊教育学校相关就学信息后，服务对象及其家人都希望能够将服务对象送往特殊教育学校接受教育。

基于此，社会工作者与服务对象及其家人共同商讨服务对象未来的发展规划。根据相关入学政策及服务对象发展的必要性，达成先由服务对象家庭和社会工作者一起锻炼服务对象独立自理能力，再由家庭独立完成帮助服务对象入学的策略。在此过程中，服务对象及其家庭支持系统的强化和拓展也是必要的。

第二阶段：提升自理能力，奠定入学基础

在此阶段，社会工作者与服务对象及其家庭商定从三个方面提升服务对象自理能力，为服务对象就读特殊教育学校及未来发展做好准备。

一是服务对象独立能力提升。社会工作者协助服务对象父母为服务对象购置床具，打扫家里空置的房间，逐步锻炼服务对象与父母分开睡。目前，服务对象已经能够独立睡觉，对父母的依赖度降低。在此过程中，父母承担起每晚定时定点叫服务对象上厕所的责任，养成服务对象控制大小便的能力，使其不再尿床。

二是服务对象自理能力提升。社会工作者对服务对象父母开展教育指导，指导服务对象父母如何锻炼服务对象自理能力。从自己穿衣、梳头到洗碗择菜，由服务对象父母每天通过微信拍摄小视频发给社会工作者，记录服务对象的点滴成长，也是对父母及服务对象的督促。服务对象已经掌握基本生活技能。在此，社会工作者特别注意对父母及家庭主体责任的发展。

三是服务对象学习能力提升。服务对象妹妹目前就读幼儿园，学习内容和进度正好可以让服务对象跟上。社会工作者鼓励服务对象父母带着服务对象和妹妹一起学习，学习简单的数字和拼音、汉字。社会工作者不定时为服务对象带去本子、彩笔等学习用品，鼓励强化服务对象学习积极性。服务对象已经认识一些基本的数字和汉字，听读写能力得到提升，学习积极性很高。

第三阶段：提升家庭能力，就读特殊学校

在任务中心模式的指导下，社会工作者注重提升服务对象及其家庭潜能，提升家庭解决问题的能力及自信，发挥家庭自主性。社会工作者提供信息支持，鼓励服务对象父母带着服务对象完成评残、服务对象就读特殊教育学校相关事宜。服务对象父母从一开始的害怕、焦虑到充满自信，带着服务对象完成了到脑科医院评估、与镇民政助理对接评残等事宜。待评残结果出来，就可与特殊教育学校对接办理服务对象入学事宜。

第四阶段：拓展支持系统，提升抗风险能力

从长效提升家庭解决问题能力及抗风险能力出发，社会工作者通过巩固服务对象家庭已有支持系统（外祖父母等亲戚），拓展新的支持系统

（邻里、村委等），带着服务对象一家积极参与村民集体活动，增加邻里互动，建立邻里互助结对，拓展社会支持系统。服务对象与家人走出家门次数增加，社会范围拓宽，邻里互动增加，生活自信和获得感也得到增强。服务对象一家也成为村邻里互助团成员，为村里发展助力。

三、干预成效

（一）服务对象自理能力得到提升，未来发展可期

社会工作者介入服务后，服务对象降低了对父母的依赖，可以独立睡觉。在父母的训练下，大小便不能控制问题得到解决。服务对象穿衣、梳头、洗脸、洗碗、择菜等生活必备技能逐步掌握，生活自理能力得到提升。在妹妹和父母的帮助下，服务对象的学习能力得到提升，听读写水平提高。服务对象的进步和提升，为就读特殊教育学校打下了基础，未来可期。

（二）家庭解决问题能力得到提升，家庭发展可期

社会工作者介入服务后，通过鼓励支持、信息提供、教育方法教授等途径，锻炼家庭规划服务对象未来发展的能力。同时，在这一过程中，不断提升家庭自信，提升家庭发展动力，鼓励家庭尝试，训练家庭自主性和独立解决问题的能力。服务对象父母对家庭琐事、家庭发展都开始有了新的规划。如开始规划服务对象就读特殊教育学校以后，服务对象母亲逐步承担照顾家庭的责任，父亲尝试工作等。服务对象家庭发展可期。

（三）家庭社会支持网络拓展，从受助者发展为助人者

社会工作者介入服务后，鼓励服务对象一家积极参与村集体活动，如端午节党群活动、中秋节活动等，培养服务对象一家社交自信，拓展社会支持网络，提升了家庭的抗风险能力。与此同时，在邻里互助团的影响下，服务对象父母也参加了村邻里互助团，积极发挥自身能力，参与五保结对帮扶等邻里互助服务，从受助者成长为助人者，社会地位得到提升。

四、思考启示

（一）儿童保护与发展事业中，注重发挥家庭主体责任

家庭是儿童成长和社会化的第一场所，发挥家庭的主体责任，对于儿童成长保护网的组织及长效机制的建立有着不可替代的作用。

（二）任务中心模式下，注重家庭解决问题能力的提升

家庭是一个生命体，在不同的阶段、不同的结构中，都有问题发生的可能性。家庭解决问题能力的提升，是协助家庭提升抗风险能力的有效途径。

（三）社会工作者服务中，同行者与资源链接者角色同样重要

在个案服务中，服务对象及其家庭从无到有，从不能到能是一个艰难的过程，过程中不断出现退缩、畏难、不自信等情况，社会工作者的适时鼓励支持帮助服务对象强化进度，增加自信，同行者角色非常重要。同时，社会工作者在一线服务中发现，很多服务对象问题的出现和发展的阻滞是因为其对政策不了解，缺乏资源。将政策宣导到位，链接简单的资源就可以助力服务对象解决问题，促进其发展。在此基础上，社会工作者任重道远，可以做的事情还有很多。

专 家 点 评

在本案例中，社会工作者采用任务中心模式介入低智儿童发展，取得了不错的服务效果。任务中心模式以服务目标为导向，要求在有限的时间内达到服务目标。社会工作者首先确立介入的四大目标：确定家庭责任、锻炼服务对象生活技能、提升家庭解决问题能力和提升家庭抗风险能力。之后社会工作者根据确定的目标采取合适的策略逐一将其实现，很好地体现了任务中心模式的介入特点。在具体介入过程中，社会工作者注重发挥家庭的主体责任，让父母成为锻炼服务对象自理能力的主要执行者，这一做法值得肯定。社会工作者并不能时时陪伴在服务对象身边，完全依靠社会工作者锻炼服务对象自理能力是不现实的，而父母在服务对象的身边是最多的，因此服务对象的改变一定要让家庭参与进来，充分发挥家庭的主体责任。此外，社会工作者还注重提升家庭的能力，如抗风险能力等，这些都很好地体现了社会工作"助人自助"的理念，有利于家庭以后独立面对生活中的问题。

（唐立：淮阴师范学院社会工作系主任、副教授、博士，高级社会工作师）

用一颗宁静的心面对死亡^①

顾　荀^②

淮安市淮阴区惠民社会工作服务中心

一、基本资料

服务对象：林老伯

性别：男

年龄：69 岁

二、背景资料

1. 个案来源

社区居委会工作人员打电话给社会工作者，告知林老伯自杀未遂，现在医院就医，由于林老伯家庭经济条件较差，无力支付巨额的医疗费用，希望社会工作者能够为其提供帮助。

2. 重要事件

林老伯患有高血压，2017 年 4 月因中风瘫痪在床，被评定为肢体一级残疾。林老伯因此情绪变得暴躁，整天大吵大闹，甚至出现拆床板、乱扔床上物品的极端行为。这次他纵火自杀未遂，导致身体大面积三级重度烧伤，危及生命安全，急需巨额的资金进行植皮手术。

3. 家庭状况

林老伯有兄弟 4 人，他排第三。大哥未婚，是五保对象；二哥已经去世；弟弟与他的关系一直不融洽。林老伯有 2 个儿子，大儿子是自由职业者，已婚，生有一子；小儿子未婚，是普通工人。林老伯瘫痪之前与小儿

---

① 案例获得 2018 年度江苏省优秀社会工作案例二等奖。

② 顾荀，淮安市淮阴区惠民社会工作服务中心项目部副主任，二级心理咨询师。

子一起生活，妻子与大儿子一起生活；瘫痪后，妻子搬过去与他一起住，照顾他的生活起居。

4. 经济状况

由于林老伯沉迷于赌博，积蓄早已被其花光，只靠村中分红及老年人津贴维持生活；大儿子是自由职业者，没有固定的收入；小儿子是普通工人，工资水平较低，没有什么积蓄，因此无力为其支付巨额的医疗费用。

5. 心理状况

林老伯入院后情绪一直不稳定，总是大吵大闹。家人也因无法承担巨额的医疗费用而陷入沉重的心理负担及情绪困扰之中，迫切希望尽最大努力减轻林老伯的病痛。

6. 人际关系

林老伯性格比较自我、固执，在与别人相处时只会考虑自己的利益及感受，不会顾及他人的感受，亦不喜欢听取别人的意见及建议，因此他几乎没有什么朋友，人际关系网络比较薄弱。

三、预估

（一）服务对象面临生命的安危

林老伯纵火自杀未遂，导致身体大面积重度烧伤，急需进行植皮手术，但是由于他年事已高，加之身患多种疾病，因此医生对手术成功没有把握。

（二）服务对象的情绪极不稳定

服务对象的自尊心很强，一直不能接受自己瘫痪的事实，自瘫痪以来，他的情绪一直不稳定，自杀入院后情绪仍然很暴躁，经常大吵大闹，因此服务对象面临情绪疏导的需要。

（三）家庭难以承受巨额医疗费用

服务对象自己没有积蓄，两个儿子由于收入水平较低也无力支付巨额的医疗费用；而服务对象的社会支持网络也比较薄弱，无法为其提供经济上的援助，因此，巨额的医疗费用给服务对象一家带来了巨大压力。

（四）家庭面临强烈无助感

林老伯家人虽然很希望能够进行植皮手术，但由于他们的经济能力不足，社会支持网络又很薄弱，因此他们常常产生强烈的无助与无奈感，面临着是否放弃治疗的两难抉择。

四、服务计划

（一）服务目标

一是增强服务对象的社会支持系统，缓解服务对象家庭的经济压力，使服务对象能够顺利进行手术，脱离生命危险；

二是澄清服务对象的非理性信念，促使其建立理性信念，从负面的情绪中走出来，树立生活下去的信心；

三是缓解服务对象家人的负面情绪及压力，为服务对象家人提供情感上的支持。

（二）服务的策略

一是通过向服务对象提供有用的信息、整合社区资源，增强服务对象的社会支持系统，缓解服务对象在经济上的压力，使服务对象能够顺利进行手术，脱离生命危险；

二是采用理性情绪治疗法以及认知疗法对服务对象进行情绪与认知辅导，促使其建立理性的信念，逐渐接受自己瘫痪的事实，树立生活下去的信心；

三是通过对服务对象家人进行情绪疏导、表达支持、同理等，缓解服务对象家人的负面情绪，向其提供情感上的支持。

五、实施过程

（一）第一阶段

1. 目标

收集服务对象的详细资料，对服务对象的需求进行初步的评估，与服务对象家人建立良好的专业关系，为其提供情感上的支持。

2. 内容

社会工作者通过直接收集资料以及间接收集资料的方法，一方面通过与林老伯家人进行面谈，了解林老伯的有关情况；另一方面通过向社区居委会及社区居民了解林老伯的有关情况，收集林老伯的有关资料，对林老伯的问题进行初步的评估。在此过程中，社会工作者运用倾听、接纳、关怀、同理等技巧取得服务对象家人的信任，并向服务对象家人提供情感上的支持。

（二）第二阶段

1. 目标

增强服务对象的社会支持系统，缓解服务对象家人的经济压力，使服务对象能够顺利进行手术，脱离生命危险。

2. 内容

社会工作者与林老伯家人一起对面临问题轻重及辅导的目标进行协商，最后一致认为目前最为紧迫的问题是巨额的医疗费用问题。于是，社会工作者与林老伯家人一起讨论解决经济问题的方法，引导林老伯家人发现自身已经拥有的资源以及可以动用的其他社会资源。发现可以获得如下资源：

（1）服务对象属于肢体残疾，可以享受每个月 200 元的残疾补贴。

（2）困难重度残疾人士可以申请特殊困难人员基本医疗救补助。

（3）社区有医疗救济基金，无支付能力的市民因患危、重病可以申请，救济金额为 5000 元到 5 万元，每人每年可以申请 2 次，但是总金额不能超过 5 万元。

（4）居民缴纳医疗保险，入院治疗可以享受一定的报销比例。

（5）可以申请慈善捐助，社会工作者也可以为服务对象开展募捐活动或者向红十字会、慈善总会申请救助。究竟采取何种方法就要看服务对象及其家人的决定了，社会工作者会尊重服务对象及其家人的意见。

（6）由于林老伯住院的医院属于私立医院，医疗报销的比例相对于公立医院较低，因此可以考虑转入公立医院治疗，以减少林老伯的医疗费用。

通过提供信息，林老伯家人对于残疾人社会政策、医保政策、社会救助政策、慈善捐赠政策有了一定的认识。社会工作者与林老伯家人一起分析获取哪些资源，社会工作者与林老伯家人一致认为上述（1）（3）（4）较为可行，于是社会工作者进一步为林老伯家人联系相应资源，鼓励林老伯家人积极向医院及社区居委会争取资源。服务对象主动向医院了解医疗费用报销的情况并向社区居委会了解社区医疗救济基金的有关情况，从中掌握到所在医院的报销比例是70%，服务对象的情况符合申请社区医疗救济基金的条件，服务对象在出院后可以拿着自费医疗费用的凭证到社区居委会进行申请。

（三）第三阶段

1. 目标

促使林老伯家人对是否放弃治疗作出理性选择。

2. 内容

虽然医疗保险和社区医疗救济基金可以缓解林老伯的经济压力，但是林老伯出院后才可进行报销及申请，目前无法拿出巨额的资金进行手术，况且由于林老伯年事已高加之身患多种疾病，即使林老伯进行手术，医生对手术成功的把握也不大，因此，林老伯家人陷入是否放弃治疗的痛苦抉择之中。于是，社会工作者引导林老伯家人思考放弃治疗与继续治疗各将面临怎样的结果，他们又是否能够承担他们的选择所导致的后果，并通过家庭面谈促使林老伯家人在是否放弃治疗服务对象一事上达成一致的意见。社会工作者与林老伯家人就该问题进行反复的讨论、分析，最后林老伯家人一致作出放弃治疗的抉择，社会工作者尊重其选择。

（四）第四阶段

1. 目标

对林老伯进行临终关怀，向林老伯及其家人提供情感上的支持。

2. 内容

把林老伯接回家之后，社会工作者协助林老伯家人申请社区医疗救济基金，并与林老伯家人一起对经济上的困难进行评估发现，把林老伯接回家之后的费用支出已经很少，已不再是他们的负担了。社会工作者将辅导的重点转移到对林老伯进行临终关怀，即通过消除或减轻临终者的病痛与其他生理症状、排解心理问题和精神反恐，使林老伯能够宁静地面对死亡、提高生命的质量，以及缓解林老伯家人照护压力，促使林老伯家人对即将面临死亡的结果做好充分的心理准备上面。具体而言，社会工作者首先引导林老伯家人对其死亡前的生活进行计划安排，以使他们对林老伯将面临死亡的结果做好充分的心理准备。林老伯被接回家之后，烧伤不断恶化，伤口的发炎引起高烧不退，林老伯痛苦不已。家人每天守在他身边，寻找民间偏方，用大黄、茶油为其敷伤口，买退烧药给他吃，用冰块为其敷额头，甚至购买各种补品给他吃，以减轻他的痛苦。社会工作者引导林老伯家人思考这一行为的结果以及是否有其他的方法缓解林老伯的痛苦。林老伯家人意识到他们这一行为可能使林老伯的痛苦减轻，但是却延长了他痛苦的时间，但是他们仍然想在他生命的最后阶段给予他最好的照顾，以减轻他的痛苦。于是社会工作者积极联系社区卫生站的医生对林老伯进行爱心义诊，并向林老伯提供所需的药物等资源，减轻林老伯的病痛与其生理症状；为林老伯家人联络服务对象所需的护工资源、提供照顾技巧以及注意事项的建议，减轻家人的照顾压力。

林老伯被接回家之后，由于全身无法动弹，只是口中经常会胡言乱语不清楚地表达一些东西，社会工作者无法与他进行语言上的沟通，于是社会工作者每次家访都会通过积极的倾听关注及回应姿势、眼神的鼓励，向其表达关怀，提供心理及情感上的支持，直至林老伯去世。

（五）第五阶段

1. 目标

缓解林老伯家人的悲伤情绪，促使家人建立新的生活。

2. 内容

林老伯去世后，家人的情绪比较平静，由于之前一段时间的生活重心都是放在服务对象的身上，林老伯去世之后，需要一个过渡的时期。社会工作者运用人本治疗模式陪伴他们，为他们提供情感上的支持，并引导其逐渐建立新的生活方式。

六、评估

（一）目标达到情况

社会工作者通过向服务对象家人提供有用的信息，整合社会政策、社区居委会以及社区卫生站的资源，增强了服务对象的社会支持系统，促使服务对象家人主动向社区居委会争取到 1 万元的社区医疗救济基金，缓解了他们经济上的困难。

社会工作者通过家庭面谈反复引导服务对象家人思考放弃治疗服务对象一事的后果，促使服务对象家人一致作出理性的选择。在此过程中，促使服务对象家人对于服务对象将面临死亡的结果有充分的心理准备并促进了家庭成员之间的互相支持与鼓励。

社会工作者通过多次的家访，耐心倾听服务对象及其家人心声、向服务对象及其家人表达关怀、同理，积极为服务对象家人联系他们所需的资源，与服务对象家人一起陪伴服务对象，缓解了服务对象的病痛，为服务对象及其家人提供了巨大情感支持，促使服务对象能够宁静地面对死亡。服务对象家人能够由刚开始的挣扎犹豫到后来平静地接受服务对象死亡的事实，并平稳地从服务对象的离世中走出来，开始新的生活。

（二）服务对象的评估

个案服务过程中，每当社会工作者因无法向服务对象提供更多其所需的资源而表达自己的歉意时，林老伯家人总会向社会工作者表达他们的谢意，表示社会工作者以及社区的医生都帮了他们很多的忙，表示很多的事情，别人提点一下，就截然不同了。个案结束时，社会工作者与林老伯家人对整个辅导过程进行回顾、总结时，服务对象家人表示社会工作者向他们提供了有用的信息及资源、情感上的支持以及经济上的援助；他们能够更加积极地面对困难，并在此过程中积极争取资源。

（三）社会工作者自评

虽然该个案中林老伯最后去世了，但是总体来说服务达到了增强林老伯的社会支持系统；缓解了经济压力；给予林老伯及其家人情感支持的目标。辅导过程中，社会工作者在督导的指导下能够善用社区资源，为林老伯缓解经济上的困难，并且根据林老伯情况的变化及时地调整服务目标及服务策略，减轻林老伯的病痛，减轻其家人的照顾压力，促使他们都能宁静地面对死亡。这一过程也是社会工作者自身不断成长的过程。社会工作者能够不断地去克服自己的内心障碍，并且从林老伯及其家人的经历中感悟到生命的轻与重，这对于社会工作者而言无疑是一次宝贵的人生阅历。

七、专业反思

（一）社会工作者如何调整好自己的情绪

该个案是社会工作者接触的第一个个案，社会工作者在处理该个案时承受着巨大的情绪压力。接案时，当社会工作者了解到服务对象是重度烧伤时，内心充满了恐惧，脑海中浮现出服务对象可能的情景，服务对象趴在床上，烧伤的皮肤因为得不到治疗而发炎生虫，散发出肌肉腐烂的味道。这一刻，社会工作者想到了逃避，迟迟不敢到医院探望服务对象，只是一味为服务对象家人提供帮助；服务对象被接回家后，当社会工作者目睹服务对象那已经出脓的伤口，闻到那肌肉腐烂的味道，听到服务对象痛苦的呻吟时，社会工作者内心久久不能平静，社会工作者也因此陷入了强烈的无助与挫败之中；当听到服务对象死亡的消息时，社会工作者不知所措，挣扎了很久。一次次的情绪困扰，减缓了社会工作者前进的步伐，但是很庆幸在督导的支持下，社会工作者一次次不断地克服自己的心理障碍，勇敢踏出自己的每一步。当社会工作者走完这一段看似艰难的过程时，发现所有的畏惧原来都源于自己内心的想象，现实中的情况其实未必如想象中的那样糟糕。在此过程中，社会工作者也深深地感到，只有自己变得坚强、变得强大，才会给服务对象以力量，也才能够坚持不懈地陪伴服务对象及其家人一起勇敢地走下去。

（二）社会工作者如何保持"价值中立"

在开展服务的过程中，服务对象家人面临着诸多的两难选择，有是否向社会曝光服务对象的情况，以争取社会的救助；是否放弃治疗服务对象；将服务对象接回家之后，是通过对服务对象进行悉心的照料以减轻他的痛苦，还是什么也不做，让他早日摆脱痛苦。对于这些两难的问题社会工作者有着自己的价值判断，在介入的过程中，社会工作者始终提醒自己要保持价值中立的原则，避免影响服务对象家人的价值判断。因此，在辅导过程中社会工作者注重以一个引导者的身份，与服务对象家人一起分析不同的选择会导致何种结果，从而促使服务对象家人作出更为理性的选择，并且能够积极地对自己的选择承担应有的责任。

（三）社会工作者如何控制情感的投入

服务对象被接回家后，虽然社会工作者无法与服务对象进行语言上的沟通，但是每次家访，社会工作者总会到服务对象的房间去探望服务对象，陪伴服务对象。在社会工作者接受督导的过程中，督导常常提醒社会工作者，一个生命将会在社会工作者的手中消失。督导表示人是有感情的，社会工作者与服务对象接触得越多，社会工作者与他们的感情就会越深，提醒社会工作者要避免在不知不觉中陷入对服务对象的反移情之中。但社会工作者依然是每一次家访都有去探望服务对象，哪怕只是短短的十几分钟的时间。在社会工作者看来，即使社会工作者什么也没有做，只是陪伴服务对象，但是这却给服务对象及其家人以极大的心理支持，他们会深深地感受到社会工作者是和他们在一起的。当然，在辅导的过程中，每当看到服务对象那瘦小的身体，听到服务对象那痛苦的呻吟，看到服务对象家人因为服务对象而担忧、憔悴的神色，社会工作者的内心总会涌起强烈的无助感以及挫败感，但是在一路引导服务对象及其家人宁静面对死亡的过程中，社会工作者也深深地体会到，死亡是每一个生命必经的历程，服务对象的离世无论是对服务对象自己还是服务对象的家人都是一种解脱，因此社会工作者自己也能够从服务对象死亡的负面情绪中迅速走出来，陪伴服务对象家人，促使其建立新的生活。

（四）社会工作者如何充分调动社区资源

服务对象的自杀，使一个家庭陷入了困境之中，社会工作者的介入除了要扮演好支持者、引导者的角色，给予服务对象及其家人以情感的支持，引导服务对象家人对两难问题作出理性的选择，更为重要的是要扮演好资源联络者的角色。因为社会工作者个人的力量毕竟是有限的，社会工作者也无法一直陪伴服务对象及其家人。因此只有帮助服务对象提高自己寻找资源、解决问题的能力，增强服务对象所处的社会支持系统，服务对象的问题才能得到最大限度的解决，服务对象失调的社会功能才会得到恢复增强。在该个案中，社会工作者通过充分调动社区居委会以及社区卫生站的资源，缓解了服务对象家人经济上的困难，减轻了服务对象的痛苦，缓解了服务对象家人的照顾压力，但是社会工作者还可以充分调动传统社区邻里互相关怀的资源，给予服务对象及其家人更大的支持，使服务对象的支持系统更加庞大，从而加速服务对象问题的解决。

专家点评

这是一段非常艰难的历程。对服务对象而言，这是生命历程的结束与自我意志的实现；对服务对象的家庭而言，这是亲人生命与现实困难之间的取舍；对初入职场的社会工作者而言，这一段历程尤为艰难。这是专业价值与个人情感的对抗，是现实困境与理想方法的磨合。社会工作者最可取的一点即在于他守住了自己陪伴者的位置和角色，在自己的能力范围内给予及时的工具性援助和持续的情感性支持：社会工作者在家属为筹措资金而一筹莫展的时刻提供资源分析，收集并罗列了若干可供使用的经济及医疗资源；在家属两难的时刻，提供不同选择下的结果分析以澄清家属的需要和关注；在家属作出选择之后，提供及时的介入并转变自己的工作重点，安抚服务对象、链接有效专业力量提升服务对象生命结束阶段的生活质量。将服务对象及其家庭的需要放在关注的核心，是专业社会工作服务的首要衡量标准。在这一案例中，社会工作者的表现很好地诠释了这一点。

（陈洁：淮阴师范学院社会工作系讲师、在读博士）

雏燕展翅：增能视角下的个案服务①

朱善争

淮安市清江浦区心苑社会工作服务社

一、背景介绍

（一）隔代监护

服务对象小天（化名），上初中一年级，男生，母亲在其3岁时离家出走，父亲精神受到刺激，后又得了脑膜炎，当前智力低下，在农村老家种地。小天由爷爷奶奶抚养长大，后来爷爷生病去世，现和80多岁的奶奶一起住在姑姑的房子里。家中没有什么生活来源，虽然有一个二叔，但二叔做了上门女婿，也有自己的家庭，无法援助他们太多。小天基本上没有什么新衣服，玩具都是邻居孩子给的。

（二）经济困难

小天的户口跟着母亲，因为他母亲有工作，所以无法给小天申请低保。虽然法院判其母亲每月给抚养费，但她从没给过。父亲的户口在乡镇，如果小天户口转跟父亲，也无法在城市申请低保，更无法在城里上中学。奶奶户口在他姑姑的房子所在地，也是他们现在住的地方。因为小天父母都在世，所以户口无法随他奶奶。基于以上情况，小天无法申请低保，也无法享受与低保相关的学校费用减免。

（三）健康不佳

小天对当前生活困顿感到压抑，常常自艾自怜，自身免疫力差。小天的身体状况不佳，反反复复得严重的口腔溃疡、肾炎等疾病。口腔溃疡大多数人偶尔得，且一般溃疡面积较小，但是小天口腔溃疡面积大，

---

①　案例获得2016年度江苏省优秀社会工作案例三等奖。

持续时间长，因为伤口面积大，所以只能喝粥。小天还患有肾炎，肾炎严重时，会高烧不退，需要住院治疗，非常严重的时候还需要去南京治疗。奶奶因为照顾他，也经常生病。小天很懂事，经常帮助奶奶做些力所能及的事。

（四）学业较差

小天高度近视，达 1200 度，因而不能长时间看书。小天经常生病住院，导致他无法进行正常的课程学习，成绩较差。因为经济困难，加上经常生病，小天无法去辅导班补课。奶奶不识字，也无法为其辅导功课。因为身体不好，所以小天不能上体育课，不能参加班级卫生打扫等活动。小天的情况没有得到班主任的理解，班主任认为小天是在搞特殊，常打电话要求奶奶去学校交流。但是奶奶腿脚不好，不能爬楼，只能在电话里和班主任沟通。小天觉得班主任总是当众批评他，是故意针对他，常回家向奶奶哭。

二、分析预估

（一）服务对象主要问题

1. 学习无人辅导

由于经常生病住院，小天无法在学校进行正常的课程学习，成绩很差。小天非常羡慕邻居、同学可以参加课外辅导班及兴趣班的学习。

2. 缺乏学习工具

小天高度近视，家里却没有台灯，吸顶灯也比较暗淡，长期看书，只会让小天的视力越来越差，家里也缺少辅助学习用的电子设备，如复读机或电脑等。

3. 班主任不够包容

班主任觉得奶奶宠爱小天，对小天有一定偏见。奶奶因为身体原因无法去学校与班主任沟通，小天的学习成绩差，拖累了班级，让班主任对小天很有意见。

4. 自我认知偏差

小天经常向奶奶抱怨其他同学都有爸爸妈妈，而自己没有。觉得自己成绩不好是因为没上补习班，从未检讨过自己的学习方法是否有问题。自身十分自卑而且胆小，对任何事都不敢说出自己的想法。

（二）服务目标

一是提升学习能力，提高学习成绩；

二是链接社会资源，增添学习工具；

三是纠正认知偏差，提升认知能力；

四是加强学校沟通，适应学校生活。

三、服务计划

（一）鼓励服务对象参加机构的晚辅导，开展一对一学业辅导；

（二）链接社会资源，添置辅助学习工具；

（三）改善自我认知，发掘自身优势；

（四）积极沟通，改善服务对象与班主任的关系。

四、服务计划实施过程

（一）提升学习能力，提高学习成绩

社会工作者从提升小天的学习能力入手，鼓励小天参加心苑社会工作服务社的晚辅导公益课堂。晚辅导是心苑社会工作服务社针对困难家庭的青少年开设的免费学业辅导小课堂，每周一到周五晚5—7点，招募大学生志愿者担任晚辅导老师，主要帮助这些青少年答疑解惑。经过和小天奶奶沟通，解决小天参加晚辅导的接送问题。晚辅导地点在社区居委会，离小天家很近，小天也很开心地参加了。随着晚辅导的开展，"小老师"向社会工作者反映，小天不会的作业太多，"小老师"要负责所有来参加晚辅导的学生的作业问题，无法只帮助他一个人。

社会工作者就小天的学习问题进行了家访，与小天和奶奶一起商议后，决定帮助小天招募一名志愿者在周末开展入户家教。社会工作者与淮阴师范学院爱心教育协会联系，请协会帮助招募大学生志愿者开展入户家教。社会工作者为小天招募到一名比较有耐心的大学生志愿者，每周六上午到小天家帮助辅导功课。入户家教后不久，志愿者向社会工作者反映小天的学习问题，小天对"小老师"讲的内容听不懂，同时小天对"小老师"讲解的内容没有什么反应，应该是听不懂，让志愿者不知所措，社会工作者先后为其招募了 3 名志愿者。固定入户家教由 1 名增加到 2 名。

（二）链接资源，添置学习工具

社会工作者在家访中得知小天近视 1200 度，但是家里只有屋顶的吸顶灯，光线比较暗，容易伤眼。正好社区面向困难儿童组织一个"微心愿"活动，社会工作者帮助小天报了名，并成功获得一盏护眼台灯。社会工作者在征得小天及奶奶的同意后，联系《淮海晚报》记者，对其情况进行报道，号召社会人士资助。报道发布后，陆续有好心人士为小天捐助了现金、学习和生活物资。

（三）增加交往，帮助其适应初中生活

为了丰富小天的课余生活，社会工作者安排志愿者周六带他参加机构组织的周末儿童活动，跟同龄小朋友一起做手工、玩游戏，小天对每次开展的活动都比较积极。小天刚开始参加活动时十分乖巧，不太爱说话，参与主动性不高。随着与组员的熟悉，小天变得主动起来，每次参加游戏都跃跃欲试。

为了提高小天的社会适应能力，让他参与更多的社会交往，社会工作者联系了淮阴师范学院爱心教育协会的志愿者，为小天过生日；在节假日去小天家，陪他一起过；志愿者还会带小天到户外活动。小天非常喜欢这些哥哥姐姐。

（四）进校沟通，帮助其适应初中生活

在一次家访中，小天奶奶对社会工作者说，小天上初中后，新班主任总是针对他，小天觉得班主任总是当众批评他，这让他在班级里抬不起头，对此小天感觉非常难受，常常回家哭，十分想念小学时的班主任。

社会工作者拜访了小天在小学时候的班主任。班主任讲了自己对小天的看法，小天是个让老师十分头疼的孩子，家境困难、学习成绩差是其次的，最主要的是奶奶宠爱过度，又没有人管教，让老师觉得很难教育。老师还分享了他教育小天的心得：一是不要设立太高的学习目标；二是不能当众批评他；三是有一点进步就要多鼓励他。

在征得小天奶奶同意后，社会工作者拜访了小天的新班主任胡老师，胡老师反映小天性格很活泼，偶尔会犯犟顶撞老师，成绩在班级是垫底的，在年级排 168 名（年级 200 多人）。社会工作者在胡老师那里也了解到一些与奶奶反馈的不一样的信息：一是胡老师认为小天不懂事，不知道体谅家里的困难，会买饮料到学校喝。学校是不允许带饮料的，只允许带白开水。而奶奶告诉社会工作者的是孩子非常懂事，在家做什么都吃。二是小天曾染过黄头发，胡老师花了 3 个月才逼他把头发剪掉，为此小天还出手打了老师，这让老师很生气。奶奶告诉社会工作者的是，小天和邻居家孩子一起剪头发，邻居孩子顽皮，把染发剂挤到小天的头上，小天当时把头发剪成板寸型发型。社会工作者向老师解释了小天染发的原因，请老师谅解，谈及带饮料的事，社会工作者表示不知情，回去询问奶奶后回复他。

胡老师对小天现在的状态很无奈，他认为小天不太配合老师，因此无法给予帮助。社会工作者向老师讲述小天的家庭情况，并解释小天奶奶因为腿脚不好，无法来学校与老师沟通，请老师多关注一下小天，并把社会工作者的电话留给老师，表示如果有特殊情况可以告知社会工作者。

社会工作者后来了解到饮料是小天叔叔给的，因为其他同学总是请小天吃东西，小天不好意思，所以带了饮料给同学。社会工作者一方面向小天奶奶讲解学校不让学生带饮料的规定，希望奶奶能监督小天遵守学校规定；另一方面和班主任胡老师联系，解释小天当天带饮料去学校的原因，请他谅解，表示就带饮料这事已经与小天沟通了，并明确告诉小天不能带饮料进学校是学校的规定，学生应该遵守学校的规定。小天表示以后不会再带饮料去学校了。

在社会工作者介入后，胡老师慢慢转变了对小天的看法，对小天不再有偏见，小天也慢慢适应了中学生活。

（五）结案

现在小天学习能力有所提升，学习成绩也有所提高；在复读机和入户家教的帮助下，可以顺利学习英语；与班主任的关系有所改善，逐渐适应中学生活；积极参加机构组织的活动，结交了很多新朋友。社会工作者觉得基本目标已经实现，决定结案。经与小天和他的奶奶沟通，表示同意结案。

五、评估

（一）目标达到评估

一是成功建立了专业关系；

二是正确评估了服务对象的需求；

三是帮助小天提升学习能力，提高其学习成绩；

四是链接资源，帮助小天增添学习工具；

五是帮助小天适应中学生活；

六是纠正小天的自我认知偏差。

（二）服务对象满意度评估

小天自小缺乏父母关爱，家庭贫困，心里郁结导致经常生病住院。上学后，由于经常生病住院，因此学习较差。奶奶腿脚不便，不能及时与老师沟通，让老师对其产生偏见。这让本来对生活不满的他更加抑郁。

社会工作者首先推荐其参加机构免费晚辅导，安排志愿者入户家教，链接资源，为其增添学习工具，提高其学习能力。其次是鼓励其参加机构集体活动，在活动中社会工作者通过人本治疗模式，使服务对象重新认识自我，提升其对外部世界的认知。通过增能理论，让其重视自己的能力，而非缺点。通过行为治疗模式，肯定并强化其正确的行为和认知，让其增强自信，促进潜能发展，加强与朋辈群体的交流，最终达到自我实现。最后社会工作者一方面与其班主任积极沟通，改变了班主任对他的看法；另一方面让奶奶协助小天遵守学校规定，最终帮助其慢慢适应初中生活。

六、专业反思

这是一个比较复杂的个案，社会工作者刚接触这个个案时，对小天的意志消沉感到震惊。之后社会工作者积极链接多方资源，帮助小天渡过难关。随着个案的深入，不断有新的问题出现，社会工作者始终以积极的、平等的态度对待服务对象。合理运用个案工作技巧，引导服务对象用优势视角认识自身。与服务对象同喜同悲，感受到服务对象内心的渴望。个案结案后，社工自身的应变能力和沟通能力也得到了有效的提升。

（一）及时总结经验，适时调整服务方案

社会工作者开始觉得入户家教志愿者只需要教小天一个人，因此招募

志愿者时只招募 1 名即可。一段时间后，志愿者不愿再做入户家教。在沟通中，社会工作者发现，小天不敢表达自己的意思，志愿者总是得不到回应。长此以往，志愿者难以坚持。对此，社会工作者调整招募方案，安排 2 名熟悉的志愿者一起入户家教，这样他们之间可以互相支持。另外，社会工作者增加对志愿者督导次数，及时查看志愿者服务记录，针对他们提出的问题及时回应。由于志愿者寒暑假回家，又为其招募了寒暑假入户家教的志愿者。

（二）遵循自决原则，也存在隐忧

小天奶奶反映，小天有在床上捶胸、大声喘气、用头撞墙等异常行为。加上小天常常把小病生成大病，社会工作者将服务对象的异常行为反馈给机构督导寻求帮助，督导认为这些异常行为类似于自残行为，应该为其找心理咨询师做治疗。本着服务对象自决的原则，社会工作者与小天奶奶商议，想得到她的同意，但是奶奶严厉地拒绝了社会工作者。因此，小天没有得到心理咨询师的治疗。不知道是不是因为怕社会工作者让小天做心理咨询，之后奶奶再也没反映过类似异常行为情况。

专 家 点 评

社会工作者遵循个案工作流程，秉持社会工作专业价值伦理，运用倾听、同理等面谈技巧与案主自决、多元对质等服务技巧协助服务对象有效解决个人心理健康、生活适应、学习提升、人际发展问题。在此个案中资源链接、发挥沟通桥梁作用是问题解决的核心方法，贯穿个案全过程，是社工服务的重点与亮点，体现了社工专业服务能力。在此个案中，社工对服务对象问题评估部分应更为全面，个案服务可以根据个案实际情况选择切入点，但个案多元需求也应被重视，否则极容易引起服务偏差。如对"专业反思"部分案主"自残"行为问题，社工需做更全面的分析与探究。

（纪杰杰：淮阴师范学院社会工作系助教，高级社会工作师，江苏省社会工作领军人才）

拥抱自我，从"心"开始：
人本治疗模式介入社会工作个案服务①

吴凯越②

淮安市清江浦区心苑社会工作服务社

一、背景介绍

（一）案例来源

本个案来自"某困境儿童成长援助项目"，服务对象是孤儿，目前由爷爷奶奶照顾，在生活上非常依赖奶奶，内心敏感、脆弱。

（二）基本资料

服务对象，女，14岁，初三在读。父母都已去世，从小一直由爷爷奶奶照顾。服务对象内向、敏感、自卑，长年不出门，害怕别人知道自己是孤儿。

（三）家庭背景

服务对象是个孤儿，父母在服务对象3个月大的时候出车祸去世，由爷爷奶奶抚养长大。爷爷奶奶在服务对象上小学之前，一直对服务对象隐瞒父母已经不在的事实。直到有一次服务对象去姥姥家玩，姥姥拿出服务对象父母的遗照，服务对象才知道自己的父母已经不在了。对此，服务对象深受打击，也变得越来越敏感、没有安全感。每当服务对象看到别人有父母陪伴，自己却没有时总会默默流泪。服务对象非常害怕学校里的同学知道自己是孤儿、害怕因此受到排挤。久而久之，服务对象变得内向、孤僻。

---

① 案例获得2018年度江苏省优秀社会工作案例三等奖。

② 吴凯越，淮安市清江浦区心苑社会工作服务社项目部社工，助理社会工作师。

（四）关于服务对象的说明

项目主要服务于困境儿童，包括孤儿、监护人监护缺失儿童、监护人无力抚养儿童等。社会工作者在走访过程中了解到服务对象相较于其他困境儿童而言，表现出很多问题。例如长期不出门、喜欢将自己关在房间里、不愿与人交流、内心敏感、不能提及有关父母的话题等。因此将其列为重点服务对象，同时对于服务对象的爷爷奶奶也开展有关隔代教育的指导。

二、分析评估

（一）存在问题

1. 生理层面

由于服务对象长期陷入悲伤的情绪当中，目前身体上也出现了一些不适的状况。服务对象有时候会觉得自己胸闷，心口堵得慌。在饮食上一直食欲不振，体重也在下降。

2. 心理层面

服务对象平时很少出门，除上学期间会和别人接触，其他时间只愿意待在家中。生活中总会胡思乱想，不时会陷入悲伤的情绪当中，使自己的注意力越来越难以集中。

3. 家庭层面

服务对象的父亲是独生子，服务对象父母的离开对于爷爷奶奶来说也是一个沉重的打击。每当提起服务对象父母，服务对象的爷爷奶奶都会默默流泪。因此家庭总是笼罩在悲伤的情绪当中。服务对象正值青春期，外加课业繁重，与爷爷奶奶的沟通、交流变得越来越少。服务对象内心的想法、情绪难以向家人表达。

4. 学校层面

服务对象大多数时间待在学校里，每天除繁重的课业，服务对象还需要面对人际交往的困难。由于服务对象内心比较敏感，害怕别人知道自己是孤儿，因此在学校里与同学交往时，往往十分小心、谨慎，使服务对象的心理负担比较重。在学习上，服务对象有较强的自尊心和上进心，服务对象不甘落后于别人、想获得好成绩的信念使其自己的学习压力也在无形中增加。

5. 社会层面

在服务对象上初一的时候，有社区中的爱心人士以宣传为由擅自将服务对象的照片、个人情况公布于众，这使服务对象的自尊心严重受挫。从那之后，服务对象非常排斥有人到家中了解情况、进行探访。这也让服务对象变得越来越不愿意出门。

（二）对服务对象自身系统的评估

1. 服务对象自身存在的优势

服务对象在学习上十分刻苦努力、有上进心，想考上好大学，找好工作，赚钱报答爷爷奶奶。从服务对象在学习上的动力，能够看出服务对象对未来生活是充满期望的。

2. 服务对象自身思想性格可能导致的问题

服务对象有较强的自尊心，不愿意接受免费的帮助，不想被特殊对待。在对服务对象给予帮助的过程中会遇到服务对象的排斥。服务对象迫切想要在学习上取得优异的成绩，一方面会使自己学习压力变大，另一方面当学习成绩没有提高时，其自信心容易受挫。

针对服务对象的自身特点，社会工作者要制订特定的方案，联合服务对象家人，在不伤害服务对象自尊心的前提下给予服务对象有效的帮助。

（三）对服务对象所在家庭系统的评估

1. 家庭系统中的优势

服务对象的爷爷奶奶身体都比较健康，对于服务对象能够给予关心和照顾。

2. 家庭系统中的问题

服务对象爷爷奶奶年事已高、精力有限，在生活上能够给予服务对象照顾，但对于服务对象心理上可能缺少关注。爷爷奶奶对于服务对象无微不至的照顾，使服务对象的自理能力比较弱，服务对象对于爷爷奶奶有很强的依赖性。

针对服务对象家庭具体情况，帮助服务对象和爷爷奶奶进行沟通，让爷爷奶奶强化服务对象日常生活能力。

（四）对服务对象亲友、社区和其他社会系统的评估

1. 系统中的优势

在亲友系统、社区支持系统以及社会资源方面，都有一些人在关注服务对象及其家庭。比如说服务对象的一些亲戚、社区工作人员、社会工作者等。

2. 系统中可能存在的劣势

在上述资源中，每个群体出于不同的目的关注服务对象及其家庭。亲友可能是出于好奇心，社区居委会可能是出于社区居民的管理，而社会工作者则是基于自身的价值观和服务特征，将服务对象及其家庭作为需要更多社会支持的困境群体加以扶持。因此，如果没有人专门从事协调和整合的工作，对于服务对象及其家庭来说，来自社区和社会各层面的关切可能并不是对他们的支持，而是一种更大的压力。

三、服务计划

（一）理论支撑

1. 理论介绍

人本治疗模式以人本主义心理学为基础，其理论假设涉及对人性的基本看法以及自我概念、心理适应不良和心理适应失调等重要的基本概念。

对人性的基本看法。人本治疗模式吸收了人本主义心理学的思想，认为人的本质是好的，具有发挥自身内在各种潜在能力、追求不断发展的基本趋向。在生理方面表现为一切生物所共有的发展动力，在心理方面则表现为人所特有的充分发挥自身各种能力的自我实现倾向。

自我概念。罗杰斯把自我概念界定为服务对象对自己的看法，包括服务对象对自己的知觉和评价、对自己与他人关系的知觉和评价以及对环境的知觉和评价三个部分。罗杰斯认为，人的自我概念是在与周围他人的交往过程中通过他人的态度和反应方式的影响形成的，而周围他人在给予服务对象关心和爱护时，总是附加一些条件要求服务对象迎合他们的标准。这样，服务对象的自我概念的形成就会受到周围他人价值标准的影响。如果服务对象的自我概念依赖周围他人的价值标准，并以此确定自己的行动方式，就会与自己的真实需要发生冲突。

心理适应不良和心理适应失调。当他人的价值标准转化为服务对象的内心要求时，就会使服务对象的自我概念与真实的经验和感受相冲突。为了维护自我形象，服务对象通常借助曲解或者否定等方式保持自我概念与经验的表面一致，这时的内部心理状态被称为心理适应不良。如果服务对象的自我概念与真实经验之间的冲突进一步加剧，无法维持表面上的一致，这个时候服务对象就会面临极大的困扰和不安，严重时还会导致心理适应失调。

2. 介入理念

人本治疗模式认为，如果集中注重分析和治疗服务对象的问题，可能会把社会工作者自己的价值标准强加给服务对象，反而妨碍服务对象的自我成长。因此，有效的辅导方式不是运用具体的辅导技巧消除服务对象的困扰，而是创造一种有利的辅导环境让服务对象接近自己的真实需要，变成一个能够充分发挥自己潜在能力的人。

（二）服务目标

1. 总目标

在深入了解服务对象的具体情况后，结合专业方法，协助服务对象学会接纳自己、敢于做自己，帮助服务对象提高学习成绩、增强自信，协助服务对象建立社会支持系统。

2. 分目标

（1）协助服务对象发现自身资源与优势。

（2）帮助服务对象认识自我、建立正确认知、树立自信。

（3）提升服务对象的学习成绩。

（4）增强服务对象的个人支持系统。

（三）服务计划

1. 建立初步的工作关系

社会工作者与服务对象接触，在了解服务对象求助过程的基础上，要对服务对象的问题和需要进行初步评估。开始与服务对象及其所涉及的相关系统建立专业关系，同时激励服务对象改变的决心，协助其进入角色，实现改变的目标。此外，还要进行资料收集。

2. 协助服务对象认识自我

定期对服务对象进行家访，从人本主义出发，关注服务对象内心感受，经常与其进行聊天疏导，帮助服务对象认识自我。协助服务对象发展人格、发挥潜能、成长优点。

3. 加强服务对象与爷爷奶奶的沟通

与服务对象的爷爷奶奶进行沟通，协助他们缓解悲伤情绪，注重同理心、倾听、鼓励支持等技巧的运用。引导服务对象与爷爷奶奶进行正确沟通。

4. 提升服务对象学习成绩

为服务对象寻找学业辅导志愿者，为其提供一对一学业辅导。让服务对象了解正确的学习方法，提高学习成绩，增强自信。

5. 完善服务对象个人支持系统

与服务对象的老师进行沟通，让老师协助服务对象建立自信心。鼓励服务对象参与项目组织的小组活动、义工活动等，帮助服务对象走出家门、建立个人支持系统。

6. 评估服务对象的改变，跟进后续事宜

系统地评估社会工作的介入结果，总结整个介入过程。帮助服务对象巩固已有的改变和取得的成就，增强独立自主的能力和解决自己问题的信心。

四、服务计划实施过程

（一）第一次面谈

此次面谈社会工作者事先联系了服务对象的爷爷。由于服务对象家人对社会工作不了解，因此社会工作者在简单的寒暄之后，向服务对象的家人介绍了社会工作的性质及相关职能。因为服务对象始终将自己关在房门内，不愿与人沟通，所以社会工作者向服务对象的爷爷奶奶了解一些基本情况。通过面谈了解到，服务对象的父母在服务对象3个月大的时候出车祸去世。服务对象从小就由爷爷奶奶抚养长大。爷爷奶奶在服务对象上小学之前，一直对服务对象隐瞒父母已经不在的事实。直到有一次服务对象去姥姥家玩，姥姥拿出服务对象父母的遗照，服务对象才知道自己的父母已经不在了。对此,服务对象深受打击,也变得越来越敏感、没有安全感。每当服务对象看到别人有父母陪伴,自己却没有时总会默默流泪。服务对象非常害怕学校里的同学知道自己是孤儿、害怕因此受到排挤。久而久之,服务对象变得内向、孤僻。由于服务对象不愿交谈,社会工作者决定尝试与服务对象进行书信交谈,在贺卡上写一些鼓励、温暖的话语,让服务对象爷爷奶奶在此之后转交给服务对象。在面谈最后,社会工作者收集了服务对象的一些兴趣爱好,为与服务对象接触做准备。社会工作者在与服务对象爷爷奶奶交谈中了解到服务对象平时比较喜欢画画,也学过一段时间舞蹈,因为家境的问题,这些兴趣爱好就很少再学了。

（二）第二次面谈

服务对象在收到来自社会工作者的贺卡后,了解到社会工作者真诚的心意,同时在爷爷奶奶的不断鼓励下,最终愿意与社会工作者进行交谈。社会工作者给服务对象带来了一些绘画用的彩笔和纸。服务对象看到社会工作者的用心,对社会工作者表示感谢。紧接着社会工作者从服务对象感兴趣的话题入手,询问其平时喜欢画什么,让服务对象展示平时的画作等。渐渐地,服务对象能够对社会工作者敞开心扉。社会工作者询问服务对象为什么最近不怎么画画了,服务对象表示觉得画画材料比较贵,不想给爷爷奶奶添加负担,同时因为班上有同学说她画得不好,之后服务对象就不太愿意画画了。对此,社会工作者运用人本主义模式,鼓励服务对象忠于和尊重自己内心的声音,按照自己的真实意愿选择生活方式和解决问题的办法。

（三）第三次面谈

社会工作者在与服务对象爷爷奶奶的交流、沟通中了解到服务对象通过上次的鼓励和开导,对画画的兴趣变得更浓了,同时社会工作者还给服务对象带来画画用的材料。在与爷爷奶奶进一步交谈中了解到服务对象处于初三阶段,课业繁重、学习的科目较难,家里没有人可以辅导服务对象作业,同时家里没有经济条件让服务对象上辅导班。了解到服务对象在学习上有些吃力,社会工作者与合作的高校社团联系,为其招募志愿者做入户家教。志愿者每周日上午入户辅导其功课,为服务对象解答课业上的难题。

（四）第四次面谈

社会工作者与课业辅导志愿者进行家访，一方面了解服务对象的学习情况，另一方面与服务对象进行不断的接触，给予服务对象关心和支持，逐渐消除服务对象的抵触情绪。通过多次的走访，服务对象对于社会工作者的信任不断增强，并真诚讲述自己不愿走出家门的原因。服务对象害怕别人知道自己的情况，担心别人会因此排挤她、欺负她。这种担心使服务对象每天与人交往时会十分留意，生怕自己不小心说错什么，时间长了自己也感到了心累。社会工作者对于服务对象的感受表示理解，也向服务对象传达了在与人交流中保护个人隐私是自己的权利，但不能为保护隐私而拒绝与人交流的看法。同时还教了服务对象一些沟通技巧，以及如何适当地转移话题从而保护自己的隐私。

（五）第五次面谈

在了解服务对象缺乏一定自信心时，社会工作者与服务对象的老师进行了及时的沟通，希望老师能够在学校帮助服务对象建立自信心。社会工作者与服务对象的班主任进行深入沟通，了解到服务对象语、数、外三门科目的成绩都比较棒，尤其是语文成绩，在班级里一直名列前茅。在班主任老师的帮助下，服务对象担任了班级里的语文课代表，今后将每天带领大家进行早读、古诗词的默写，帮助老师收取同学作业，向同学们分享学好语文的经验。希望服务对象通过担任语文课代表职位，能够不断提升自信心。

（六）第六次面谈

为了让服务对象接触更多的朋辈群体乃至其他群体，让她有机会交更多的好朋友，社会工作者与其商议后，带她参加了机构的小组活动，在活动中，服务对象虽然没有主动与其他组员沟通，但在游戏的过程中具有团队意识，能为自己所在的队伍获得胜利而努力。此外，在动物园秋游的过程中，服务对象主动照顾比自己小的伙伴，得到了小伙伴的认可。

（七）结案与跟进

服务对象的学习能力得到了提升，物理、化学等副科在入户家教的帮助下，已经能够掌握较难的知识点；通过学习成绩的提高以及获得老师和同学们的肯定，服务对象的自信心有所提高。服务对象在积极参加机构活动过程中结交了新的朋友。社会工作者觉得基本目标已经实现，决定结案。经与服务对象和她的爷爷奶奶沟通，表示同意结案。

五、总结评估

（一）目标评估

社会工作者通过入户走访，了解服务对象的问题，并根据实际情况制订计划，帮助服务对象重新认识自我。通过提高学习成绩、担任课代表从而增强了服务对象的自信。在鼓励服务对象参与小组活动过程中使得服务对象的个人支持系统有所增强。

（二）过程评估

在每次走访前，社会工作者会针对已收集到的信息制定相应的访谈提纲。通过和服务对象多次有针对性的沟通，服务对象对于社会工作者有所信任，心态也发生了变化，能够接纳自己，坦然面对自己。在走访结束之后，社会工作者能够对走访资料进行及时整理与反思，从而能够准确把握服务对象情况，采用适当的技巧和方法，最终帮助服务对象树立自信心、增强社会支持系统。

六、专业反思

在此次个案服务中，社会工作者通过心理社会治疗模式、人本治疗模式等具体的专业方法，借助社会支持理论、优势视角理论，结合服务对象具体情况，制订了专业合理的服务计划，并且给予服务对象一系列专业服务。通过此次服务，服务对象重获信心，对学习也充满了动力，能够愿意与他人沟通，个案服务取得了相应的成效。

通过此次个案，社会工作者发现建立良好的专业关系，取得服务对象及其家人的信任，是顺利开展个案的基础。此外针对服务对象的个人特点，找到谈话的切入点非常重要，切入点通常是服务对象感兴趣的事物，如兴趣爱好。

人本治疗模式在本着接纳、真诚的良好专业关系建立的基础上，认为只有求助者自己才能改变自己的行为，在非指导性咨询中当事人能够"说出自己的问题"。在社会工作者运用包括倾听、释放、自我揭示、澄清等技巧影响下，服务对象能够向社会工作者敞开心扉，愿意说出自己的问题，并能够通过自身的努力去解决问题。

专 家 点 评

　　困境儿童是一个特殊的群体，在其成长的过程中容易出现一些心理问题。案例中服务对象由于自己是困境儿童的身份（孤儿），内心敏感、自卑，影响了服务对象的人际交往和其他社会功能的发挥，社会工作者对此进行介入。在预估过程中，社会工作者能够从生理层面、心理层面、家庭层面、学校层面和社会层面评估服务对象存在的问题，很好地体现了"人在情境中"的评估理念，而且除了看到服务对象的问题，社会工作者还能够从服务对象自身以及家庭、社区、社会层面看到优势或资源，这对后续的服务实施具有重要意义。在具体介入过程中，首先需要肯定的是社会工作者能够在初次接触服务对象的过程中充分尊重服务对象的内心需要，采取书信交流的方式，并在之后的接触中从服务对象的兴趣着手，体现了人本主义的服务理念。其次，社会工作者能够充分利用预估中发现的资源，动员爷爷奶奶、老师，链接志愿者一起来帮助服务对象，也很好地体现了社会工作者具有不错的整合资源、联动协调的能力。

（唐立：淮阴师范学院社会工作系主任、副教授、博士，高级社会工作师）

迷途知返

——生态系统理论视角下离家出走少年的个案服务①

沈悦如　李　然　唐　立

淮安市清江浦区心苑社会工作服务社

一、背景介绍

（一）基本资料

服务对象姓名：阿恒（化名）；性别：男；年龄：12 岁；年级：小学六年级。

（二）个案背景

1. 引发事件

阴云密布的一天，中午放学时，奶奶去接阿恒，见到阿恒与同学慢吞吞地边走边聊天，便喊他快点走，阿恒不仅没加快速度反而更慢了。于是，奶奶大声训斥，顺手捡起路边的小棍要打他，阿恒见此负气，拔腿就跑。之后，阿恒自己来到了学校隔壁的市救助管理站求助，经救助护返后转介给社会工作者。

2. 个人情况

阿恒性格比较内向，平时沉默寡言，但擅长画画。平时与家人沟通较少，经常会把自己锁在房间，不让家人进入；学习基础薄弱，学习成绩比较差，做作业容易拖拉，而且偏科严重，数学从未及格；喜欢玩手机，经常玩至半夜，影响休息，为此，经常遭到奶奶打骂。阿恒在老师眼里是个差生，同学也因为其学习成绩差，对其多有排斥，只有一个与他成绩相当的朋友。阿恒认为自己不是一个好孩子。

---

① 案例获得 2020—2021 年度第二批次江苏省优秀社会工作案例三等奖。

3. 家庭情况

阿恒是独生子，自幼父母离异，与爷爷奶奶一起生活。父亲外出务工多年，杳无音信。爷爷退休后在一家公司做保安，挣钱维持家庭日常开销，奶奶负责照料家庭，对阿恒管教严格，对阿恒实行的是打骂式教育，孩子对此比较反感，产生了严重的逆反心理。奶奶留意到阿恒的变化与问题，但是不知道如何教育阿恒。

二、分析预估

案例采用生态系统理论对服务对象存在的问题进行分析。生态系统理论重点研究的是人类行为与社会环境之间的互动关系，强调每个人的生存环境应该是一个完整的功能性整体，将服务对象放在一个大的系统中。服务对象的问题是微观、中观和宏观系统共同作用的结果。生态系统分为三种基本类型：微观系统、中观系统和宏观系统。其中，微观系统是个人系统，中观系统是对个人有影响的小群体，包括家庭和朋辈群体等；宏观系统是比家庭等小群体更大的一些社会系统，包括组织、社区和社会文化等。根据生态系统理论，在分析问题和选择介入策略的时候，应该从多个层面来分析问题，对问题背后的多个系统进行介入。

根据生态系统理论，阿恒的离家出走是其与环境互动的结果，社会工作者在关注服务对象的同时还要重视服务对象生活的环境，比如离家出走少年的家庭关系、人际关系、学校环境等。具体来说，服务对象的微观、中观和宏观层面存在的问题和需求主要有：

（一）微观层面

1. 心理疏导的需求

服务对象本身性格内向，沉默寡言，再加上学习成绩差，使他更加自卑、缺乏自信心，其很少主动与同学交流，在和奶奶的互动中有情绪问题，需要进行心理疏导。

2. 学业辅导的需求

服务对象存在偏低的自我认知，缺乏对自己正面的了解和认同。缺乏学习动力，导致成绩很差，因此，需要进行学业辅导，以此来帮助他跟进学习进度。

3. 习惯养成的需求

服务对象缺乏自我约束力和时间观念，做作业拖拉不能完成。平时喜欢将自己锁在房间，经常玩手机至半夜，影响休息，为此还经常与奶奶发生争吵。因此，需要对服务对象开展行为训练，帮助其提高自控能力，增强时间观念，养成良好的作息习惯。

（二）中观层面

1. 改善家庭关系

服务对象奶奶年纪较大，文化程度低，不了解青春期孩子的身心特点，一味实行打骂式教育，甚至会过低评价孩子。虽然奶奶是爱孩子的，但是教育方法并不合适，因此，需要为奶奶传授正面管教方法，改变奶奶的教育方式，让服务对象感受到归属感和爱，促进良好关系的建立。

2. 减轻家庭经济压力

由于阿恒的父亲无法给家庭提供任何经济支持，家庭经济负担落在爷爷一个人身上，且爷爷收入微薄。家庭的经济问题势必影响爷爷奶奶情绪，进而可能影响家庭关系。因此，有必要了解当地的救助政策，尝试为该家庭申请低保等社会救助资源，以缓解家庭的经济问题。

3. 建立朋辈群体

由于长期缺乏与人的沟通交流，加上自己学习成绩差，使得服务对象恐惧与人交往，与同龄人关系疏远。同时，服务对象的父母离异，父母角色的缺失，奶奶对他管教严格，使其感受不到浓厚的亲情，变得自卑、孤僻。因此，需要对其进行人际交往训练，使其与朋友建立良好的朋辈关系。

（三）宏观层面

学校是服务对象平时主要的成长载体，需要营造良好的学校环境。需要与学校建立联系，让老师了解服务对象的家庭情况，让老师给予他及时的关心、鼓励，同学们给予他支持。同时，在社区层面，可以召集社区的志愿者对服务对象进行支持和帮助。

三、服务计划

（一）介入目标

1. 总目标

协助服务对象走出困境，回归家庭，营造良好人际关系，促进其发展。

2. 具体目标

（1）微观层面

一是疏导服务对象的不良情绪，改变其错误认知，使其学会感恩；

二是挖掘潜能，帮助服务对象养成良好的学习习惯，提高学习成绩；

三是帮助服务对象掌握时间管理方法，提高自控能力。

（2）中观层面

一是改善家庭关系，加强正面管教，促进家庭良性互动；

二是帮助家庭申请政策资源，缓解家庭经济压力；

三是帮助服务对象建立朋辈关系，促进人际交流。

（3）宏观层面

一是倡导学校风气的改善，减少班级歧视和标签；

二是链接社区资源，为服务对象及其家庭提供支持。

（二）介入策略

本案例以生态系统理论为指导，对服务对象的微观、中观和宏观系统分别介入，以解决服务对象的问题。

1. 微观系统介入以服务对象为工作重心

社会工作者通过面谈与服务对象建立彼此信任合作的和谐关系，充分了解其需求。帮助其调整心理情绪状态，让服务对象正确认识自己的行为，挖掘自身潜能，养成良好习惯，提高学习成绩，学会时间管理，融入同辈群体。

2. 中观系统介入以家庭和朋辈群体为工作重心

社会工作者通过重构其家庭的社会支持网络来给予服务对象关怀、鼓励和支持，改善亲属抚养方式，优化家庭成员的互动方式，构建良好的家庭互动氛围。此外，帮助服务对象建立朋辈关系，促进交友，与同龄人互动。

3. 宏观系统介入以学校和社区为工作重心

发挥学校系统的支持功能，社会工作者与老师保持沟通联络，让老师更多地了解服务对象，营造良好的学校舆论氛围，鼓励同学之间相互帮助。同时，挖掘社区资源、志愿资源对阿恒家庭提供支持。

四、服务计划实施过程

（一）微观层面介入过程

首先，社会工作者与服务对象建立良好的专业关系。社会工作者与服务对象谈论其感兴趣的话题，引导服务对象逐步开始愿意与社会工作者交谈，社会工作者充分运用倾听与会谈技巧，引导服务对象抒发自身情绪，进行情绪宣泄。过程中，社会工作者运用自我披露技巧，先向服务对象讲述自己上学时的烦恼，服务对象在社会工作者的话题影响下，慢慢开始向社会工作者倾诉，社会工作者全程运用同理心，接纳共情，尝试安抚服务对象情绪。同时，帮助服务对象挖掘潜能，以画画为兴趣点，来提高其对自己的认同感和成就感。

其次，协助服务对象梳理现状，学会感恩，学习掌握时间管理方法，提高自控能力。社会工作者通过使用"正强化"手段，运用奖励等方式让服务对象有效地执行任务，鼓励服务对象积极的行为。社会工作者与服务对象会谈中发现，服务对象有时吃过饭会把自己的碗洗了，说明服务对象其实具备简单的日常生活技能。社会工作者通过微笑、口头赞扬等方式肯定其积极表现，对其进行感恩教育，让其帮助奶奶分担力所能及的家务，让奶奶也得到"喘息"，减轻抚养孩子的压力。同时，社会工作者还与服务对象共同约定周一至周五每天使用手机时间不超过 1 小时，周末每天使用手机时间不超过 2 小时，服务对象及奶奶都欣然接受。两个星期后，社会工作者通过电话访谈的形式，一方面对服务对象表示关心，另一方面了解服务对象任务执行情况。服务对象奶奶表示，这段时间服务对象基本按照约定执行，明显减少了玩手机的时间，自律意识和时间观念越来越好，社会工作者鼓励服务对象的改变，趁着周末带他实现吃一顿肯德基的愿望，以此表扬、激励服务对象的自律，鼓励其保持现在的状态并坚持下去。

（二）中观层面介入过程

首先，疏导奶奶情绪，帮助其申请政策资源。社会工作者与服务对象奶奶面谈，一起探讨服务对象目前存在的问题。社会工作者通过点头、共情、赞扬等方式肯定其辛苦付出，缓解服务对象奶奶的照顾压力。了解到阿恒奶奶家庭存在的经济问题，提出可以向政府申请低保。社会工作者了解低保政策，与社区居委会、街道层面多方沟通之后，为阿恒一家申请到了低保，为此，阿恒奶奶非常感激社会工作者，与社会工作者关系又近了一步。

其次，社会工作者向服务对象奶奶传授正面管教方法，改善亲子关系，协助其营造良好的家庭互动氛围。社会工作者运用倾听、同理心、自我剖析等技巧，理解奶奶对阿恒的爱与艰辛付出，向奶奶讲解青春期孩子的身心发展特点。平时奶奶对阿恒教训最多的话就是："你一定要好好学习，要争气，不成才要成人，不然长大了大牢有你坐的。"虽然奶奶十分担心服务对象的未来，但是一味嫌弃和抱怨，并没有关注过阿恒的心理健康，让其本就渴望被鼓励的需求得不到满足，得不到家人的安慰。社会工作者建议奶奶多使用一些鼓励的话语，例如："你很棒！""你非常有进步！""你做得很好！"等等。不要吝啬赞美，不用担心孩子听多了会骄傲，就目前孩子所处的外部环境和遭受的压力来讲，是非常有益的。通过传授正面管教方法，改变奶奶的抚养方式，这样阿恒会感受到被爱与尊重，也有利于促进家庭良性互动。经过社会工作者一段时间的辅导，奶奶十分感谢社会工作者对其家庭的付出与指导："这确实缓解了我们之间的关系，经常鼓励，孩子反而变得听话了。真的太感谢了。"

最后，帮助服务对象建立朋辈关系。朋辈关系对于服务对象的成长发展具有重要的作用。同学关系是服务对象重要的朋辈关系，社会工作者尝试与阿恒的班主任联系，向班主任说明阿恒家庭情况及其对学习成绩的关注度。经过社会工作者的沟通，班主任对阿恒给予了更多关心，同时也将阿恒的座位进行了调整，将他安排与学习优秀的同学做同桌，让同桌带动其学习，主要辅导数学。这样，也让阿恒感受到来自老师和同学的重视和关注，使其变得开朗，学习动力也比之前有了明显增强。两个月后，阿恒说：觉得数学终于有点开窍了，期末考试，数学成绩从十几分提高到了60多分。服务对象非常开心，社会工作者的心里也感到无比骄傲。此外，社会工作者还会举办一些小组活动和社区活动，邀请阿恒参加，让他在参与活动的过程中，可以多结交一些朋友，建立朋辈关系。经过几次活动之后，阿恒认识了好几个"聊得来"的朋友，并在活动结束后主动相约一起玩。

（三）宏观层面介入过程

本案例中宏观层面的介入主要是学校环境和社区环境。

首先，倡导学校风气的改善，减少班级歧视和标签。为了更好地帮助服务对象，社会工作者和服务对象的班主任联系，在他的班级开展几次班会活动，主题是"成长中的人际关系"，分成三次班会课进行：第一次班会活动是"亲切友善"，主要介绍友善的力量，如何做到亲切的人际互动；第二次班会活动是"尊重接纳"，主要让同学们学会欣赏、接纳、宽容待人，认识到赞美的力量；第三次班会活动是"关爱互助"，引领同学们互帮互爱，营造良好的班级氛围。经过这几次班会活动，服务对象班级的氛围明显改善了很多，对服务对象的排斥也逐渐消失。而且社会工作者和班主任沟通，让班主任在日常生活中，要经常鼓励同学间相互帮助。经过大家共同努力，服务对象逐渐融入了班级。

其次，构建社区支持体系，为服务对象及家庭提供支持。阿恒奶奶由于没有什么文化，对于阿恒学业上遇到的问题很难给予帮助。另外，奶奶年事已高，还要照顾阿恒，存在一定的照顾压力。为此，社会工作者和社区中的志愿组织联系，帮助阿恒找到一位上过大学的社区居民作为志愿者，为阿恒的学业问题提供帮助。该志愿者经常去阿恒家，了解阿恒的情况，提供学业支持。志愿组织也会经常到奶奶家中，看望奶奶和阿恒，帮助他们打扫家庭卫生。此外，社会工作者还倡导邻居、社区居委会经常到奶奶家看看，提供及时的帮助。

（四）结案

社会工作者与服务对象回顾服务过程，目前，服务对象一切都向着积极的方向发展，能够自主控制玩手机时间，学习成绩有了明显提升。同时，服务对象的奶奶教育方式也发生了变化，学会了鼓励式教育方法，与服务对象之间的关系明显改善了。社会工作者与服务对象一起巩固了这段时间的努力成果，服务对象及家人对社会工作者提供的帮助表示非常感谢,感谢社会工作者的耐心引导,对社会工作者即将离开表现出不舍,约定的服务目标基本达到,同意结案。

五、总结评估

(一)服务对象评估

服务对象在结案后告诉社会工作者,他很开心这段日子有社会工作者的陪伴,感谢社会工作者在他小升初阶段及时将他"拉回来",现在他的状态越来越好了,学会了时间管理及情绪管控,不论是与家人还是与同学之间的交流都变多了,虽然成绩还是不太理想,但是他会按照学习计划坚持学习,大大缩减了玩手机的时间,对手机的依赖性减弱,表达了对当前生活的满足及对未来学习生活的信心。

(二)目标达到情况

本次个案工作服务目标已达到。服务对象一切都在向积极的方向发展。与爷爷奶奶的关系有所改善,对待玩手机控制能力有所提高,学习动力增强。同时,服务对象家人已认识到之前教育方式的不当之处,打骂孩子的次数明显减少,开始注重鼓励式教育,并且初显成效,对孩子的学习也起到了正向引导作用。社会工作者帮助服务对象顺利回归了家庭,并与家人建立了良性互动。

六、专业反思

(一)理论运用

生态系统理论将个人问题置于其生活的环境中审视,认为其表现的问题是与环境互动的结果,主张多层次的介入策略。本案例从生态系统理论视角对离家出走少年的案例进行分析,从服务对象的微观、中观和宏观层面(社区和学校)进行了介入,取得了不错的效果,再一次证明了生态系统理论对服务对象问题介入的有效性。需要指出的是,虽然服务对象的问题是三个层面交互作用的结果,需要从三个层面进行介入,但在实际的介入过程中,需要有侧重点。在本案例中微观层面和中观层面中的家庭系统是本次介入的重点,原因在于,社会工作者对案例进行分析后,认为服务对象个人的微观层面和中观层面存在的问题比较多,应该成为介入的重点。另外，虽然本次对服务对象的介入采用了个案工作方法，但在实际介入过程中也涉及了小组和社区互动作为辅助。

（二）专业技巧运用

服务过程中，社会工作者注意运用倾听、同理、尊重、接纳等技巧与服务对象建立良好的专业关系。辅导过程中注意运用鼓励与关注、尊重、同感、支持、积极回应、自我剖析等技巧，同时运用面谈、亲职教育技巧，对服务对象的改变及时给予肯定。结案时，注意服务对象及家人离别情绪的处理，给出建议意见，并制订跟进计划。

专家点评

本案中，少年阿恒正处于青少年前期阶段，情绪和行为都不太稳定，家境贫寒，缺乏应有的父爱和母爱，虽有祖父母的照顾，但祖父母忙于生计而对其教育失当，使其许多其他需求得不到满足。本阶段的阿恒还没有完全了解自己的长处及不足，要求独立但本身能力尚不足以达到，从而导致内心矛盾、出现问题。生态系统理论认为人生来就有与环境和他人互动的能力，个人问题必须放在其生存的环境中加以认知和解决，并要求社会工作者对服务对象所有有关系统予以关注。该案例应用生态系统理论，微观上帮助服务对象调整情绪、规范行为、挖掘潜能；中观上帮助其改善亲子关系，营造良好氛围；宏观上倡导良好的学校风气，构建社区支持网络，推动可变的个人因素和环境因素朝积极方面变化，很好地解决了服务对象阿恒的现阶段问题，不仅帮助阿恒奶奶转变态度、改变教育方式，融洽了家庭关系，也帮助阿恒顺利回归家庭、学校，融入朋辈群体，健康发展。

（张莉莉：淮安市民政局慈善事业促进和社会工作处主任科员，社会工作师）

血友病患儿的心理社会治疗案例^①

曹　阳^②　葛倩倩　韩　雷　王　静
淮安市希望社工公益服务与评估中心

一、案例背景

（一）服务对象基本背景

余同学，男，8岁，小学在读，家住于江苏省淮安市淮安区某小区，患有母带性重型血友病，原本身体状况很好，还能跟伙伴一起玩耍，性格开朗活泼，但是到6岁时病情突然加重，无法正常活动，经常疼到无法行走，渐渐不愿意出门，性格也变得孤僻、自卑。家庭长期承担高额医药费，经济条件差，父母也因余同学病情于2019年协商离婚。

（二）个案背景

1. 个案来源

社区居委会工作人员致电社会工作者办公室，表示服务对象在家中和爷爷奶奶发生矛盾，将自己锁在房间里不出来，不配合就医，希望社会工作者能够为其提供帮助。

2. 健康状况

服务对象患有母带性重型血友病，长期服用人凝血子Ⅷ，还需要忍受出血带来的疼痛。由于凝血功能差，经常一点小出血就止不住，很多小朋友都不愿意与其玩耍。

3. 经济状况

余同学需要长期服用人凝血子Ⅷ，每年需支付大额医药费，家中收入

---

①　案例获得2019年度江苏省优秀社会工作案例三等奖。
②　曹阳，淮安市希望社工公益服务与评估中心法定代表人，社会工作师，淮阴师范学院校外实习督导。

仅靠父亲一个人打工赚来 1000 多元钱。爷爷奶奶年纪大且身体也不好，无法外出打工，家中因看病负债累累。

4. 心理状况

服务对象因病情加重及父母离异，变得内向、自卑、孤僻，脾气暴躁；其家人也因无法承担医疗费用及父母离异而陷入沉重的心理负担及情绪困扰之中。

5. 人际关系

服务对象原本性格开朗活泼，在社区内有很多好朋友，病情加重后，几乎不愿意出门，奶奶邀请同龄伙伴来家中玩耍，余同学也很抗拒，不愿意与人沟通。

二、分析预估

(一) 需求评估

1. 心理层面

服务对象自小血友病病情并不严重，本来能跑能跳能玩耍的服务对象在 6 岁时病情突然加重，无法正常行走，导致服务对象产生极大的心理落差。服务对象小时候血友病的医治非常困难，即使有钱也没有药可以治疗。而且，服务对象的父母在服务对象小时候为了打工，对服务对象的关注程度也不高，当服务对象病情严重时也只是让其在家休养，并没有陪伴在服务对象身边。服务对象的病也要花费大量的治疗费，服务对象父母曾经也经常因此吵架，在 2019 年因为服务对象生病，决定协议离婚，对服务对象造成非常大的影响。这导致服务对象心理产生缺失，从原来的开朗自信变得沉默自卑。通过与服务对象的交流，我们发现：服务对象内心其实渴望被关心和照顾，渴望家人的关怀与温暖，希望与人分享自己的情绪，与人沟通交流，希望社会其他群体特别是同龄小伙伴对自己不要带有不良情绪，希望营造一个良好的家庭氛围。

2. 人际交往

在还能自由行走的时候，服务对象有很多的同龄小伙伴一起玩耍，有一定的社交活动，可以在朋辈群体中获得社会交往的满足感，从朋友身上获得安全感。但是在病情严重之后，很多小伙伴都不敢与其玩耍，逐渐地交往变少。服务对象也很少在社区活动，放假的时候就一直待在家里，不愿意出门，这导致服务对象越来越孤僻，不轻易与人交流沟通。但是，其内心深处还是渴望与朋友进行互动，渴望结识新朋友，这反映了服务对象对于人际交往的需求。

（二）存在的问题

1. 社会心理存在问题

长时间的疾病折磨以及沟通的缺乏，使服务对象害怕单独与人相处，出现自卑、孤僻等心理问题。而且，由于服务对象心理上的缺失，导致服务对象对社会存在偏见，与新朋友沟通时有抵触情绪。

2. 人际关系存在问题

服务对象由于自身原因长时间不出门，在家中多是通过看电视、看书等方式消磨时间；长时间不出门使服务对象很少参加社会活动，即使是服务对象所在的学校、社区举办的活动服务对象也几乎不参加。缺少与朋友的沟通交流；不愿出门，不愿结交新朋友，人际关系匮乏，社会交往能力低。

三、服务计划

（一）确定目标

1. 总目标

帮助服务对象在家庭、社会中获得温暖，获得正常社会交往的能力，改变其自卑、孤僻的心态，让服务对象像其他人一样积极、快乐地生活。

2. 具体目标

（1）促进服务对象与家人、朋友的沟通交流，发挥家庭和朋辈群体的作用，调整服务对象情绪，增强服务对象社会交往的自信心。

（2）依靠社区，帮助服务对象结交新朋友，参与社区活动，使服务对象感受到社区的关怀，逐渐愿意融入社区、融入社会。

（3）服务对象因为身体原因不愿出门的心理要在这个环节进行调整，让服务对象感受到社会并没有因为他的病而对他有不好的看法，逐渐改变其自卑的心态和对社会的看法。

（二）服务模式——心理社会治疗模式

心理社会治疗模式是指立足于生理、心理和社会三重因素的综合分析与协调，充分协调个人与社会环境的关系，推动个人内在自我需求的真正实现。该模式始终围绕一个核心：心理因素和社会因素之间的关联，包括内部的心理、外部的环境以及两者之间的相互影响三个方面。心理社会治疗模式将个人与环境之间的这种关系概括为"人在情境中"，要求社会工作者既要深入个人的内心，了解服务对象的感受、想法和需求，还要仔细观察周围环境对服务对象施加的影响，分享个人适应环境的具体过程。心理社会治疗模式的治疗技巧包括直接治疗技巧和间接治疗技巧两大类。直接治疗技巧是指直接对服务对象进行辅导、治疗的具体方法，间接治疗技巧是指通过辅导第三者或者改善环境间接影响服务对象的具体技巧。

（三）服务过程

表 1　服务阶段的目标和任务

阶段	工作目标	工作内容	参与人员
第一阶段（第 1~2 次服务）	收集、整理服务对象的基本资料；对服务对象的问题及需求进行评估；制订工作目标和工作计划	了解服务对象基本情况；与服务对象建立专业关系；制订工作目标和计划	社会工作者；服务对象
第二阶段（第 3~6 次服务）	帮助服务对象与家人、朋友进行沟通，增加其交流时间，改变其孤单情绪，帮助服务对象获得更多的积极情绪	与服务对象、服务对象家人和服务对象朋友分别进行实地访谈，了解其各自的情况，帮助服务对象与他们进行有效沟通	社会工作者；服务对象；服务对象父亲；服务对象爷爷奶奶；服务对象朋友
第三阶段（第 7~8 次服务）	依靠社区，帮助服务对象进行社区内的活动，使其逐渐融入社区	在社区工作人员和服务对象家属的陪伴下，让服务对象参与社区活动，结交新朋友	社会工作者；服务对象；社区工作人员；服务对象爷爷奶奶

阶段	工作目标	工作内容	参与人员
第四阶段 （第9~10次 服务）	增强服务对象的幸福感，改善其不良情绪，改变服务对象自己的心态	帮助服务对象通过结交新朋友获得满足感和安全感，提高服务对象的社交能力，让服务对象更好地融入社区、融入社会	社会工作者；服务对象
第五阶段 （第11~12次 服务）	回顾评估个案工作情况；组织结案	巩固已经取得的工作成果，并进行反思、总结	社会工作者；服务对象；服务对象爷爷奶奶

四、服务实施过程

根据所制订的目标和计划，接下来对服务对象进行介入。在本案例中，社会工作者采用的是个案工作的工作方法，社会工作者在社区工作人员的协助下通过对服务对象、服务对象家庭成员、服务对象在社区内的部分朋友进行的访谈以及服务对象社区活动的参与，帮助服务对象融入社会，提高社会交往能力。社会工作者在沟通理论和社会支持理论的指导下，运用心理社会治疗模式帮助服务对象解决自身的问题，获得有效帮助。本次个案工作的服务过程主要分为5个阶段，共进行12次服务，为期1个月左右。

第一阶段：收集服务对象资料、建立专业关系

通过社区工作人员的简单介绍和与服务对象初步的交流，社会工作者对服务对象有了简单的了解，并与服务对象建立了专业关系。为了能更好地收集服务对象资料，了解服务对象的需求，针对服务对象的问题提供有效帮助。社会工作者对服务对象进行了第二次访谈，仔细了解了服务对象的情况，制订了工作计划和工作目标，进一步了解了服务对象的相关资料，包括血友病的情况、小时候的情况以及其与父母及爷爷奶奶的关系等，感受到了服务对象想与人交流的意愿，与服务对象建立了信任关系，为下一步工作奠定了基础。

第二阶段：增加服务对象的社会交往，缓解服务对象孤独情绪

通过社会工作者之前进行的资料收集与服务对象问题分析，社会工作

者在此阶段的主要目标是帮助服务对象与家人、朋友进行更多的交流，增加服务对象与人交流的时间，让服务对象得到家人和朋友的关怀与爱护，减轻服务对象的孤独感。

在这一阶段的服务过程中，社会工作者调动服务对象身边的各种资源，通过心理社会治疗模式间接治疗技巧改善服务对象的生活环境，社会工作者对服务对象父母、服务对象爷爷奶奶和服务对象在社区里的同学、朋友等重要他人进行走访和访问，让他们更了解服务对象的情况，在与他们交流后，他们都表示愿意配合社会工作者的工作，一同帮助服务对象走出当前面临的困境。在各方的配合下，服务对象发生了一定的改变，由于家人和朋友的陪伴，服务对象的孤独感减轻，也逐渐愿意跟家人表达自己的情感，愿意与人交流，人也变得开朗起来，服务对象对于进行社会交往的态度发生了转变。

第三阶段：帮助服务对象参与社区活动，扩大社交圈

在经过前两个阶段的服务之后，服务对象与社会工作者逐渐熟悉，服务对象对社会工作者也逐渐信任，服务对象在亲友的帮助下逐渐开朗，情绪问题有所好转，服务对象也逐渐愿意与人交流沟通。因此，社会工作者在这一阶段主要是在社区工作人员的帮助下，协助服务对象参与社区活动，结交新朋友，帮助服务对象逐步融入社区，逐渐融入社会。

通过此阶段的服务，社会工作者发现服务对象主动与同龄孩子有了一定的沟通，对爷爷奶奶的态度也有了很大的改善。服务对象对于社区活动的兴趣明显提高，虽然只参加了一次，但是服务对象愿意结交新朋友，对日后参加社区活动有了期望。

第四阶段：帮助服务对象逐渐融入社区，改变服务对象心态

服务对象在经过社会工作者多次服务以后，在家人朋友的配合下，孤独感明显减轻，因父母离异导致的心灵缺失也得到了一定程度的弥补，服务对象也变得愿意与人交流沟通。而且，在社区工作人员与社会工作者的帮助下，服务对象参与社区活动的次数逐渐增加，社会交往圈也逐渐扩大。

第五阶段：结案评估

由于服务对象的问题基本得到解决，结案的过程也相对轻松，服务对象在此次服务中收获了很多朋友，对于社会工作者的依赖性也比较小，因

此结案相对顺利。

服务对象现在比较坚强，能够坦然接受家里的情况，很懂事。在学校认真学习，最大的愿望就是以后当医生，研究治疗血友病的方法，能够帮助更多的人摆脱疾病的痛苦，很有爱心和责任感。

五、总结评估

建立专业关系至关重要。第一阶段，社会工作者主要是收集资料，根据服务对象的需求和问题制订工作计划，并与服务对象建立专业关系。在刚开始接触服务对象的过程中，服务对象对社会工作者比较陌生，不愿意与其沟通，但是对社会工作者没有明显的排斥。社会工作者也运用社会工作方法与服务对象建立了专业关系。总体来说，第一阶段的工作过程较为顺利。

从服务对象的社会关系介入。第二阶段，社会工作者从服务对象、服务对象父母、服务对象爷爷奶奶以及服务对象在社区里的朋友几个方面着手，调节服务对象的家庭关系，培养服务对象的积极情绪，使服务对象学会表达自己的情感，逐渐愿意与人交流。在这一阶段的工作中服务对象的爷爷奶奶对社会工作者相当配合，对于服务对象产生了一定的积极影响，在家人的关怀与陪伴之下，服务对象的情况有所改善。

社会参与是融入的重要手段。第三阶段，社会工作者对于服务对象的工作主要是说服服务对象进行社区活动的参与。经过前两个阶段的工作，服务对象对于社会工作者的信任程度增加，对社会工作者的态度也有所改变。因此，社会工作者在提出让服务对象参加社区活动时，服务对象虽然有点害怕，但是也没有很抵触，表现出很大的兴趣。在知道是由家人和社会工作者陪同参加时，服务对象便接受了建议。在这个阶段，社会工作者得到了社区工作人员的极大帮助，社区工作人员虽然一开始由于服务对象的身体情况有些担心，但是在后续工作中，社区工作人员给予社会工作者很大的配合，与社会工作者一同去服务对象家接其参与活动，活动过程中全程陪同服务对象，让服务对象感受到了社区的温暖。由此，社会工作者这一阶段的工作效果较为明显。

六、专业反思

（一）经验

1. 个案工作在帮助血友病患者重获社会交往能力的方面有明显效果

在本次个案工作的过程中，由于服务对象是一名血友病患者，自身具有一定的特殊性，依据个案工作个别化的原则，要依据服务对象自身的实际情况制订工作计划。在了解过服务对象基本情况后决定用个案工作介入服务对象，经过一系列的服务之后，服务对象与家人沟通次数增加，对于结交新朋友不再抗拒，人际关系好转，而且，服务对象愿意参加社区活动，愿意逐渐融入社会，对社会的看法也逐渐转变，这说明个案工作的介入取得了明显效果。

2. 家庭的作用在个案工作的过程中较为重要

本次个案服务的过程中，社会工作者意识到服务对象家人对于服务对象的作用。社会工作者了解到服务对象自小缺少父母陪伴，父母还因为服务对象生病离了婚。社会工作者决定通过服务对象父母和爷爷奶奶的力量，动员服务对象父母及爷爷奶奶给予服务对象更多的陪伴，让服务对象可以切实地体会到家人对他的关心。服务对象在这一阶段就已经有所改变，逐渐变得开朗。

3. 社区在血友病患者进行社会交往时也可发挥作用

血友病患者情况较为特殊，不能经常单独一个人进行社会参与活动。社区作为血友病患者生活居住的场所，应发挥它的积极作用。在本案中，在社区工作人员及社会工作者的帮助下，服务对象参加了几次社区活动，逐渐适应了社区环境，为服务对象进行简单社会交往创造了机会，家人及社会工作者的陪伴增加了服务对象参与社会活动的安全性和服务对象自身进行社交的安全感，使服务对象逐渐愿意进行社会交往。同时，在社区活动中，服务对象也认识了更多的朋友，扩大了社交圈。

（二）反思

1. 在社区安排专业的社会工作者，开展个案服务

我国社会工作近年来发展迅速，越来越多的人知道社会工作这一专业的存在，但是大多数的居民对于社会工作者的工作并不了解。在社区中即

使有社会工作者，社区居民对他们的了解和信任也不够，应该扩大社会工作者的队伍，吸纳更多专业人才，让社会工作者利用专业知识和技能帮助更多人解决问题，发挥其真正作用，让社区居民体会社会工作者在社区中的作用，让人们理解社会工作者的工作。

2. 加强对罕见病群体的关注，发挥其社会关系的作用

对于绝大多数与血友病患者类似的罕见病患者，他们没有办法完全治愈，大多数人长时间经历疾病的折磨，心理或多或少会存在问题。因此他们几乎在家中养病治病，不与外人交流，很少被人关注。除了家人和病友，普通人根本不会去关注他们，长时间的疾病折磨会影响他们的心理，使其产生自卑、孤僻等一系列不良情绪。在这种情况下，家人的关心陪伴是十分重要的，家人朋友的沟通、交流可以改善他们长时间一个人在家的孤独感，让他们的心理得到安慰。同时，如果社会其他群体对他们给予关注，主动与他们交流，他们的不良情绪会得到很大程度的缓解，避免产生更大的心理问题。

3. 发挥血友病患者所在社区的力量，协助其融入社区

血友病患者的身体情况不允许他们经常单独出门，而其家人也因工作不能长期在家照顾陪伴血友病患者，血友病患者经常是长时间一个人在家，因此社区可以发挥自己的力量，增加对血友病患者的关注，帮助血友病患者家属照看、陪伴患者，增加患者与人沟通的机会。社区中心医院可以定期派专业人才到血友病患者家中查看患者的身体状况，查看患者是否需要补充身体所需药物；社区工作人员可以经常到血友病患者家中访谈，多与患者沟通交流，在患者身体允许时可以陪伴患者参加社区活动，丰富患者生活，提高患者生活质量。

4. 提高社会工作者的专业技能，更好地为服务对象服务

社会工作者在进行服务的过程中，会遇到各种不同的情况，这就要求社会工作者自身具有良好的专业素养，熟练掌握个案、小组等专业方法和倾听、同理心等专业技巧来应对服务对象的不同情况和反应，为服务对象提供有效帮助。因此，社会工作者要加强理论学习，丰富的理论知识让社会工作者在实践中可以更得心应手。而且，社会工作者要将理论与实践相结合，将所学知识运用到实践中，这样才能更好地发挥社会工作的作用。同时，在工作过程中也要不断进行评估、反思，以期能为服务对象提供更

好、更优质的服务。

专家点评

　　血友病患者不仅会遭受疾病的折磨，还会遭受疾病带来的心理影响。案例中服务对象因自身患血友病的原因，不愿意与他人接触，变得内向、自卑，需要加强对该群体的关注。在该案例中，社会工作者主要采用心理社会治疗模式，关注服务对象的心理因素和社会因素。社会工作者通过动员亲友加强与服务对象的交流，表达关怀和支持，让服务对象走出当前困境。虽然心理方面的改善，并不是社会工作者直接提供的服务，而是通过动员亲友来实现的，但这也不失为一个重要的策略。此外，社会工作者通过鼓励服务对象参与社区活动，提高社交能力，使其能够结交新朋友，扩大交友圈。这让服务对象的改变进一步得到巩固。总之，理论运用比较合适，且对心理社会治疗模式中的"社会"因素关注很多。此外，需要注意的是，在个案背景中提到服务对象的家庭经济状况比较差，服务对象父亲收入比较低，而且家庭因看病负债累累，但是在后面的介入过程中，社会工作者并未对服务对象家庭的经济层面进行介入或者有所交代。

（唐立：淮阴师范学院社会工作系主任、副教授、博士，高级社会工作师）

以爱筑"家"

——多方联动下的儿童保护服务①

卢 凡② 朱善争 王梦洁

淮安市清江浦区民政局 淮安市清江浦区心苑社会工作服务社

一、背景介绍

服务对象小慧（化名），女，11 岁，小学四年级在读，独立性差，缺乏自理能力。母亲离家下落不明。父亲平日有盗窃的不良习惯，曾多次被人举报偷拿别人物品，于 2020 年 5 月 28 日因单次盗窃金额超过 2000 元被法院逮捕，判入狱 6 个月。服务对象暂时住在 87 岁高龄的奶奶家，但奶奶年事渐高，行动不便，精力不济，并且与服务对象关系较为疏远，只愿意让服务对象暂住一个晚上，拒绝抚养她，希望我们能为服务对象找一个"新家"。

清江浦区 BLH 派出所将小慧的情况反映到了区民政局，区民政局负责人立马着手了解情况，立足未成年救助保护需求，同时将服务对象转介至淮安市清江浦区心苑社会工作服务社（以下简称"心苑社工服务社"）。心苑社工服务社随即收集信息开展服务，与区民政局积极联系服务对象的亲戚，希望为其找到临时监护人。服务对象的母亲本是外地的，如今离家已久下落不明，并且母亲方的亲戚也都在外地，无法照顾服务对象。服务对象有个同父异母的哥哥，今年 21 岁，无业，长期不住在一起，平时没有来往。服务对象的两个姑姑，因之前奶奶的房子拆迁，服务对象父亲执意拿钱不要房子，得到的 70 万元被服务对象父亲私下全部用完，因此两个姑姑不再与之来往。综上，没有亲戚愿意抚养照顾服务对象。

---

① 案例获得 2020 年度江苏省优秀社会工作案例三等奖。
② 卢凡，清江浦区民政局儿童福利科科长。

目前小慧因父亲盗窃被逮捕，成为事实无人抚养的困境儿童。目前小慧生存都已成为问题，她现在最害怕的就是放学后无家可归。

二、分析预估

（一）支持系统分析

1. 正式支持系统

（1）区民政局；

（2）区教体局；

（3）区红十字会；

（4）BLH 派出所；

（5）某社区居委会；

（6）区某学校；

（7）心苑社工服务社。

2. 非正式支持系统

（1）奶奶、姑姑等亲属：

（2）养老机构；

（3）志愿者。

（二）理论支撑

1. 马斯洛需求层次理论

马斯洛需求层次理论，亦称"基本需求层次理论"，是行为科学的理论之一，由美国心理学家亚伯拉罕·马斯洛于 1943 年在《人类激励理论》论文中提出。该理论将需求分为五种，像阶梯一样从低到高，按层次逐级递升，分别为：生理的需求、安全的需求、情感和归属的需求、尊重的需求、自我实现的需求。马斯洛认为，人必须至少先部分满足低一层次的需求，才能满足高一层次的需求。

在此个案中，服务对象因父亲被逮捕，成为事实无人抚养的困境儿童，面临着最基本的生存问题，因此急需满足生理的需求；另外，由于服务对象尚无负责的监护人以及稳定住所，其安全的需求未能得到满足；最后因社会支持网络问题以及服务对象因父亲不光彩行为产生自卑问题，服务对象情感和归属的需求以及尊重的需求未得到满足。通过马斯洛需求层次理论，应优先解决的是服务对象生理的需求，接着解决安全的需求，最后解决服务对象情感和归属的需求以及尊重的需求。

2. 社会支持网络

所谓社会支持网络，是一定的社会网络系统，运用一定的物质和精神手段，对社会弱者进行无偿帮助的一种选择性社会机制。通过社会系统资源，解决社会弱者日常生活中的困难并帮助其度过危机，维持日常生活正常运行。社会支持网络可以分为正式社会支持网络和非正式社会支持网络。

正式社会支持网络：通过次级关系——由国家的政府机关、工作单位、群团组织（如妇联、工会、青联等）、地域性组织（如社区居委会）及其他性质的专业组织（如非营利组织、职业联合组织等）等为社会困境群体建构的支持网络。

非正式社会支持网络：通过初级关系——血缘、地缘等所建立起来的支持网络，是以行为主体之间的强关系为主，即通过家庭、亲友、同乡、职业场所中的血缘、地缘关系，以及同学、同事及战友等扩展型关系等，解决生存、安全和发展问题。

服务对象社会支持网络较为健全，但对社会支持网络的利用能力不足，需要社会工作者给她以必要的帮助，为其扩大社会支持网络资源，提高服务对象利用社会支持网络的能力。

在正式社会支持网络方面，通过次级关系，由区民政局牵头，区教体局、区红十字会、BLH派出所、服务对象所在社区居委会、就读学校、心苑社工服务社等专业组织响应，共同为事实无人抚养的服务对象建构支持网络，多方联动筑"暖家"；在非正式社会支持网络方面，通过初级关系，在区民政局与心苑社工服务社等多方力量的帮助下，服务对象获得奶奶暂时的照顾支持。并且依靠志愿者与爱心养老机构为其建立扩大的支持网络，解决其生存、住房安全、不良心理情绪疏导等问题。

（三）需求分析

1. 生理需求

服务对象因父亲入狱，目前生存都成了问题。维持她自身生存的最基本要求，包括衣、食、住、行方面的要求亟须得到满足。

2. 安全需求

服务对象的奶奶，87 岁高龄，与其关系较为疏远，身体较弱，并拒绝抚养服务对象，只允许她暂住一个晚上。服务对象现在最害怕的就是放学后无家可归。在服务对象父亲出狱之前，需要一个值得信赖的"家长"和安全的临时的"家"。

3. 情感和归属需求

在本突发事件中，服务对象的不良心理情绪需得到关爱与疏导，情感和归属的需求需得到满足。

4. 尊重需求

服务对象父亲有盗窃的不良习惯，这使服务对象十分自卑。需要社会工作者为其建立正向积极的价值观念，满足她尊重自己的需求。

三、服务计划

（一）政府统筹安置

区民政局统筹心苑社工服务社、社区居委会、派出所等多方力量，召开会议共同商讨迅速安置服务对象的方法。计划招募志愿者接送服务对象上下学，照顾她的日常饮食，确保找到新"家"前服务对象的衣食住行问题能够得到妥善解决。

（二）社会力量多方联动

学校、社会力量多方联动，寻找最合适的安全住所，作为服务对象居住的新"家"。

（三）多方协调社会资源

提供社会资源，多方协调，对服务对象进行关爱慰问，定期开展心理关爱辅导。

（四）社会工作者积极介入

心苑社工服务社邀请服务对象一起参加困境儿童关爱活动，成为一名小小志愿者，帮助服务对象身份从受助者转变为助人者。

四、服务计划实施过程

（一）政府牵头保生活

2020 年 5 月 28 日星期五下午，区民政局负责人接到 BLH 派出所的电话，在得知服务对象的现实困境情况后，立即联合心苑社工服务社、服务对象居住的社区居委会、就读的小学、BLH 派出所等多方力量，来到服务对象所在的社区。将服务对象暂时送到奶奶家，保障孩子生命安全后，就紧急支援、解决孩子基础生存问题一事召开了会议。会议最终决定并招募了志愿者接送服务对象上下学，帮她解决三餐问题，保障服务对象找到新"家"前的衣食住行，满足其生理需求。

（二）多方联动筑"暖家"

5 月 29 日下午 2 点，区民政局联合心苑社工服务社、服务对象就读学校、服务对象奶奶所在社区居委会等多方力量，就小慧无人抚养一事进行讨论研究，并去服务对象两个姑姑家询问是否愿意照顾孩子。但两个姑姑都态度坚决地拒绝了抚养孩子的请求，除了之前家里房子拆迁款被服务对象父亲挥霍，两个姑姑家庭也十分困难，不仅没有空余的房间可供服务对象居住，而且二姑身患癌症，更没有精力去照顾服务对象。

5 月 31 日上午，区民政局与居民代表去区法院为服务对象父亲求情，将目前孩子无人照顾的情况反映给法院，同时去看守所探视服务对象父亲，询问他对服务对象如何安置的意愿。服务对象父亲后悔万分的同时，委托找个寄养家庭来照顾他的女儿。

5 月 31 日下午 4 点，在区民政局的召集下，区教育局、服务对象就读小学、服务对象所在社区居委会、心苑社工服务社再次到区民政局参加会议，并纷纷建言献策。最终结合服务对象本人意愿和其父亲的委托，并考虑到安全、环境等各种因素，参会人员一致同意将服务对象寄养在 QP 民政老年公寓。不仅距离服务对象就读学校比较近，而且 QP 民政老年公寓黄光院长，是个有爱心、责任心的人，在照顾困境孩子方面有一定经验。老年公寓曾接收过三四个类似情况的孩子，并顺利将孩子们抚养成人，使其走入社会。黄院长表示一定会把孩子照顾好，并且负责服务对象的上学、放学接送事宜以及吃饭住宿问题。服务对象的生活费用由区民政局承担，孩子的午饭与午休由就读学校负责，服务对象的衣物由区红十字会提供。学校、社会力量多方联动，满足服务对象安全需求。

（三）整合社会资源促成长

区民政局联合心苑社工服务社利用现有的社会活动资源，推动多方力量协调参与关爱服务对象的队伍。服务对象所在学校为其提供免费午餐与午休的地方；区红十字会给服务对象买了新衣服、新鞋子还有学习用品；心苑社工服务社给服务对象送来文具大礼包，安排社工周末到老年公寓，为服务对象开展心理辅导和学业辅导。社会工作者第一次与服务对象见面时，她表现出紧张、不安、迷茫、无助的情绪，社工通过浅显易懂的语言、专心倾听、情感支持等方法，开展心理疏导，稳定服务对象情绪。

2021 年 8 月 24 日是服务对象生日，区民政局联合心苑社工服务社、区慈善总会专程来到老年公寓为服务对象过生日，送去生日蛋糕、书籍、衣物、玩具等礼物，让服务对象感受到"心有人爱，身有人护"，体会到社会大家庭的温暖，度过一个安心幸福的生日。通过多方资源协调，关爱服务对象身心成长，满足其情感和归属需求。

（四）志愿服务促发展

社会工作者邀请服务对象周末参加社区儿童关爱之家的志愿活动，鼓励服务对象在参加活动的同时，加入小小志愿者行列。增强服务对象与社区朋辈之间的正面联结，搭建服务对象的社会支持网络，提升服务对象适应新环境的能力。小小志愿者的身份潜移默化地影响服务对象建立正向积极的价值观念，学会理解包容身边人、感恩社会、做一个对社会有用的人。帮助服务对象从受助者转变为助人者，将爱心暖流传递回社会，使其心态由自卑转变为自尊，满足服务对象尊重需求。

五、总结评估

（一）目标的评估

社会工作者通过了解、接纳、积极倾听、同理、鼓励和积极帮助等支持性技巧的运用，逐步建立起与服务对象相互信任的关系，帮助服务对象缓解不良情绪。在政府统筹、社会工作者介入、多方力量汇集下，找到服务对象可以安心居住的新家，目标顺利完成。通过服务对象接受服务前后的变化情况来看，服务对象生理的需求、安全的需求以及服务对象情感和归属的需求、尊重的需求都得到满足，达到了预期效果。

（二）过程评估

在该个案服务过程中，心苑社工服务社配合区民政局及时号召多方力量，积极链接社会各界资源，构建社会支持网络。政府、社会、学校三方联动，精准评估困境儿童服务对象的需要。通过政府发现统筹、社会工作者介入、社会资源提供，为未成年人搭建避风港，构建全方位的支持系统，并始终以社会工作的价值观为指导，遵守社会工作的职业道德，持续、长时间给予服务对象关爱和保护，避免服务中断。多方力量共同保护未成年人，用爱为服务对象筑造温暖的新家。

（三）结果评估

在社会工作者、学校、社会、政府多方力量的共同努力下，不仅让服务对象衣食住行的问题得到解决，而且为其寻找到合适的安全住所，服务对象日常生活支持、学习支持、情感支持等都获得充分的保障。这些爱心力量不仅持续为服务对象这棵"幼苗"的成长"保驾护航"，而且帮助其茁壮成长，"抽枝展叶"为更多需要的人"散落阴凉"，在从受助者转变为志愿助人者的同时，促使服务对象实现个人自身价值，帮助更多困境儿童，获得良好的社会反响。

六、专业反思

（一）儿童保护的及时性

服务对象父亲 5 月 28 日入狱，而我们 5 月 31 日便及时为服务对象找到安全长期居住处，保障了孩子生命安全。今后儿童保护需要完善快速应急响应机制、提高快速发现能力，倡导启动全国统一的儿童救助保护热线试点工作，并加强应急处置过程中部门的协调联动和数据共享，切实保障困境儿童等特殊群体的合法权益。

（二）儿童保护的长效性

儿童保护，重在长效。解决了燃眉之急后，我们要思考长效协助服务对象解决问题的方法。为确保社会力量与志愿者给服务对象提供持续性和长效性的服务，可建立志愿者激励机制，让其付出有收获，服务有肯定。

同时不断提升志愿队伍的专业服务水平，确保服务质量。

（三）儿童保护模式的推广性

服务对象父亲入狱为突发事件，我们应将这次事件造成监护缺失儿童救助保护范围扩大到因其他突发事件造成监护缺失的儿童群体，为其建立一套相对长效化的工作措施。

（四）专业社会工作者介入重要性

由于困境儿童自身相对孤独与敏感，必须由秉承以人为本、回应需要的专业价值观的社会工作者，根据不同服务对象的特殊性，进行有针对性的、充分的服务准备，为困境儿童的健康成长提供更全面的服务。同时要善于整合社会资源来解决问题，利用社区、社会等志愿者资源，发动社会成员力量，共同帮助困境儿童解决问题。

专家点评

此个案一定程度上反映了社会工作发展现状，社会工作者的专业性和必要性逐渐被重视、被认可，社会工作者的角色和服务方法也在不断变化。此个案服务遭遇突发危机的儿童，具体呈现了未成年人"家、校、社、政"多元保护体系参与未成人保护的过程和作用，尤其是多元主体的联动过程与社会工作者服务参与过程。社会工作者参加联席会议，并提出专业意见，并在服务对象的家庭情况评估、需求评估、心理危机度过、现状适应、资源引入、长远规划等方面发挥专业价值。案例是未成年人危机介入情境下，社会工作者在多元联动方面的实务探索，具有一定的时代性和推广价值。社会工作者的发展蕴藏在每一次的社会工作服务中，心向朝阳，不必焦急，我们的价值终会被看见。

（纪杰杰：淮阴师范学院社会工作系助教，高级社会工作师，江苏省社会工作领军人才）

星火燎原计划：培育社会组织助力社区治理[①]

孙　璇[②]

淮安市清江浦区心苑社会工作服务社

一、机构介绍

淮安市清江浦区心苑社会工作服务社（以下简称"心苑社工服务社"）是全国社会工作服务示范单位，全国百强社工机构，淮安市首批 AAAAA 级社工机构。自 2013 年以来，心苑社工服务社运营淮安市、盐城市社会组织培育中心，以及清江浦区、盱眙县社会组织培育中心项目，有丰富的社会组织培育经验。培育中心内设孵化区、展示体验区、党建区等一系列功能设施，建立了一套社会组织的孵化、培育、引导机制，采取"政府资金支持、专业团队管理、社会民众受益"的运营模式，秉承"助力社会创新，培育公益组织"的宗旨，为社会组织提供孵化培育、能力建设、信息交流、成果展示、政策咨询、项目督导评估等一站式、便捷化服务，着力培育和扶持社会急需、有发展潜力和行业影响力的社会组织，并重点定位于孕育型、初创型、成熟型三类公益性社会组织，发挥其在社会治理和创新服务方面的重要作用。

二、项目概述

社区社会组织是社区建设的重要力量，培育和发展社区社会组织将有利于基层民主自治的发展和创新社区管理体制。本项目旨在通过社会工作专业理念与方法的培训、督导和支持，培育有潜质的社区社会组织，提升社区社会组织成员的服务能力，促进社区社会组织的制度建设和内部结构

[①]　案例获评 2021 年度江苏省社区社会组织高质量发展案例。

[②]　孙璇，培育中心副主任，助理社会工作师，负责富强社区社会组织公益坊工作。

的完善，提升社区社会组织的专业化程度。

三、项目目标

（一）总目标

将有潜质的社区社会组织培育成社区的助手，成为社区治理重要参与力量。

（二）具体目标

1. 培养社区社会组织骨干

提升其在组织管理、服务实施等方面的能力。

2. 促进社区社会组织规范化运营

提升社区社会组织的专业化程度，促进社区社会组织的制度建设和内部治理结构的完善。

3. 助力社区社会组织参与社区治理

依托项目大赛，提升社区社会组织进行项目申报、项目实施和服务开展等方面的能力。

4. 增进社区社会组织的社会认同

通过社会组织展示会，展示社区社会组织风采，扩大社区社会组织影响力。

5. 确保社区社会组织发展方向

通过成立社区区域党建联盟，努力打造资源共享、优势互补、条块结合、共驻共建的区域化大党建格局。

四、项目实施过程

（一）激发社区社会组织活力

1. 组织培育

针对一些尚未登记成立的社会组织，引导其登记注册，为其提供办公场所和活动空间，链接各方资源，协助其填写项目申报书、开展活动。针对已经能够申报项目，达到出壳标准的社区社会组织，针对性、规范性开展培训和督导。邀请督导人才进行社会组织运营规范化培训，并不定期召开相关的沙龙交流会，及时解答社会组织在项目实施过程中的疑问。对社会组织承接的项目进行实地督导，一对一督导社会组织，指出社会组织在项目执行过程中的不足，并敦促其整改。在社区内发掘一批作用发挥明显、服务健全、社会影响力大的社区社会组织，为其链接资源，加强宣传，做到"好的更好、精品更精"。同时引导这些成熟型社会组织帮扶成长型社会组织，做到协助互赢，共同发展。

2. 能力提升

为了提升社会组织整体质量，中心积极链接专家资源，根据社会组织的需求开展培训，邀请专家为社区社会组织工作者讲授社会工作专业知识和理念，以及社会工作方法与技巧，提高社会组织项目运作能力。社区公益坊开展了能力建设培训，如志愿者管理、项目书撰写、项目的开展与管理、社区活动策划与开展等。邀请淮阴师范学院社会工作系主任、全国专业社会工作领军人才赵海林教授开展提升参与质量，服务社区建设培训；邀请南京师范大学社会发展学院社会工作系教授、南京市建邺区现代社区研究院院长白友涛教授开展社会组织社会工作方法与技巧培训。

3. 外出参访

为了更好地提高富强社会组织学习交流的积极性，更好地学习先进地区的社会组织运营理念，拓宽服务思路，中心还组织社会组织外出学习，有针对性地提高社会组织项目运营、党建等方面的能力，学习优秀社会组织的先进经验，增强社会组织之间的交流与学习。带领社会组织参观南京大屠杀遇难同胞纪念馆、雨花台区众创空间、如愿社工村等地，不仅让社会组织坚定理想信念，学习苏南先进地区社会组织发展模式，还为社会组织长远管理提供启示。

4. 规范管理

在社区需求的基础上，指导社区社会组织积极参与公益创投等项目。对获得项目的社区社会组织提供规范化指导，通过现场活动、材料制作等方式，给社区社会组织提供督导。组织开展财务台账、档案台账等规范管理培训，促进社区社会组织健康有序发展，同时结合社区公益项目探索建立社区社会组织评估机制。

（二）搭建公益资源库，项目大赛促成长

1. 资源链接

为了满足社会组织的需求，不断扩大专家智库人数，建立专家档案，并每月组织一次专家座谈，为社会组织解答疑问，发掘优秀社会工作人才，以备社会组织不时之需。利用现有资源，为社区社会组织提供交流互动平台，对活跃组织开展需求调查评估，搭建区域组织通讯录，让区域内活跃组织带头，筛选相同组织或有类似业务往来的组织，分类管理，并在业务上匹配，整合资源，互帮互助，形成公益联盟，同时拉近社会组织之间的距离，增强社会组织凝聚力。梳理现有的高校志愿资源以及民间志愿资源，并登记成册，创立志愿者需求群，社会组织可根据自身需求在群内招募志愿者。

2. "以赛促练 助力成长"——社区社会组织项目培育孵化

心苑社工服务社联合淮安市清江浦区民政局、淮安市清江浦区柳树湾街道富强社区，在"党建引领，三社联动"推动社区治理的理念指导下，举办第一届社区公益项目大赛。以深化社区治理为目标，需求为导向，公益大赛服务项目为依托，鼓励社区居民积极参与，进行项目化运作，发挥社会服务机构的枢纽作用，促进社区社会组织民主管理、规范运作、能力提升等方面的发展，发挥社区党员引领作用，助力社区社会组织进行社区治理。社工指导居民在线上开展书画、手工、美食、太极、养生等活动；指导社会组织开展社区便民服务、文艺演出、书画教学、竹笛教学、太极拳教学、手工美食制作等多元化为民服务，丰富社区居民文化娱乐生活。

（三）打造红色堡垒，助力社区治理

1. 丰富联盟内容，破解"壁垒"强"堡垒"

搭建互动交流平台，通过定期商谈，共同破解难题，开展红色联动党性实践活动，采取共温入党誓词、共听优秀党课、共谈入党感悟、共受警示教育的方式，强化联盟内党员共管，增强爱党为党意识。开展"同上一堂党史课，社会组织公益行"党史教育系列课堂，将学党史和志愿服务融合起来，将党史课上对革命历史的学习感悟，落实到社会组织日常服务中，组织社会组织走进红霞老年公寓，为老人开展特色志愿服务。

2. 聚焦服务发展，内驱"自转"带"公转"

盘活联盟成员党组织党建资源，让每个党组织强起来，每名党员动起来，形成"齿轮活动"效应，注入促进发展"磅礴动力"，通过"双向"或"多向"互动，促进不同社会组织党组织党建特色融合互通，优势互补，推动社会组织党建工作由"一片红"到"全面红"。为给庆祝建党100周年的热烈氛围再添一把火，开展"百年荣光 益心向党"富强社区社会组织党建成果展，通过社会组织党建成果展位、红色歌舞等多种方式进行宣传，形成争创优秀社会组织党建品牌的浓厚氛围。

3. 构建多元联动，稳固社建强党建

以党建引领社建、固社建强党建理念，构建"多元联动"服务格局，重点聚焦，问题共治，实现共享。实行联盟区域内阵地场所共建共享，实现党建与社建共频共振，互融共促。富强社区社会组织公益坊积极发挥社区平台带动效应，做好资源链接、信息收集与发布、社会组织联络等工作，积极组织社工、志愿者深入富强社区各个街巷、居民小区开展志愿服务，包括协助社区公共信息的张贴、志愿者联络等。富强书画院、太极拳协会、爱美丽手工公益社等多家社会组织积极开展线上线下服务，发挥各自的优势，推动社区社会组织深层次、全方位参与社区工作。

五、总结分析

公益坊扎实推进日常运行管理、组织培育、资源链接、能力建设、规范指导、社会治理、培育孵化等各项工作。

（一）搭建公共平台，满足了社区居民多种需求

通过基层党组织的核心引领，多元治理主体的主动参与，社区公共服务水平得到了极大的提升。通过社区社会组织党组织的有效覆盖，党员同志能够在参与社区治理与广大群众互动的过程中充分发挥其模范带头作用，密切联系群众、服务群众，极大地密切了党群和干群关系。如今，社区居民欣喜地发现，社区里书画、手工、太极拳等多种多样的活动，几乎覆盖了各个年龄阶段，自己完全可以按照自己的爱好和时间选择性参与。

（二）党员参与，增强社会组织发展活力

采用"112"工作模式，即1名共产党员+1名专业社工+2名爱心志愿者共同服务的形式，通过丰富的党务工作者、专业的社工服务团队和具有奉献精神的爱心志愿者，在社区组建党员志愿服务队，积极参与社区文明城市创建工作，突破了社区人数有限、力量不足的局限，充分整合社会资源，为社区成员提供更符合真实需求的服务，还可以更好地促进党员联系

人民群众、服务人民群众。

（三）以赛促练，提升专业化服务水平

公益资金助力社会组织服务专业化，以社区公益大赛的形式，引导社会组织为社区居民提供个性化服务，参与社区治理。多元的服务类别满足居民不同的精神娱乐需求，多重的服务时间满足居民不同的时间需求。社区公益坊为社区社会组织提供专业、精准的服务，构建居民有组织地参与社区建设的良好格局。

专家点评

基层治理的发展关键点在于治理主体，而社区治理主体的建设应该侧重于对社区社会组织的建设和培育，通过社区服务供给侧结构性改革推动基层治理的质量。而对有潜力的社区社会组织的长期训练和服务是保障社区社会组织建立与发展的关键机制。推动基层社会力量应该首先了解社区的需求，且组织要有能力和资源服务于当地社区。培育新生社会组织，挖掘社会工作成员，并助力其发展，需要专业、具有多功能性和高公信力的社会机构提供帮助。心苑社工服务社开展的一系列培育服务充分展现了专业社会工作机构对推动当地社区福利服务事业的价值，更为当地社会组织的兴盛起到了助力的作用。通过提供专业技术、资源、知识和方法，专业社会工作机构帮助当地社区社会组织焕发新生。

（曹欣欣：淮阴师范学院社会工作系讲师、博士）

与爱同行 温暖童心

——未成年人个案服务①

夏 凡② 赵海林

淮安市清江浦区心苑社会工作服务社

一、基本情况

（一）案例来源

本个案来自"童心驿站——清江浦区关爱之家运行管理项目"，服务对象来自单亲家庭，服务对象的父母在离异后各自外出打工，与家里失去联系。目前，服务对象由爷爷奶奶照顾，内心敏感，性格内向、孤僻。

（二）基本资料

服务对象，女，年龄 11 岁，小学四年级，学习成绩差。服务对象的父亲因为创业失败，欠下一笔债，其父母离异之后各自外出打工，逐渐与家里失去联系。目前服务对象由爷爷奶奶照顾，因长期缺乏父母的关心和疼爱，性格内向、心理敏感，喜欢独处，不善与人交流。

二、干预过程

第一阶段服务：及时介入，建立专业关系。

社会工作者在个案服务过程中接到服务对象爷爷的求助。据服务对象的爷爷介绍，服务对象已经 2 年多没有见到父母，且没有任何联系，服务对象父母之前的手机号码都已经联系不上。社会工作者对服务对象进行了家访，在交流中，社会工作者发现，服务对象言语不多且声音很小，基本上是问一句答一句，有时甚至只是简单点头或者摇头，在谈到父母时，服

---

① 案例获评江苏省"聚焦困境，童行未来"未成年人关爱保护优秀案例三等奖。

② 夏凡，项目部社工，助理社会工作师。

务对象便会沉默不语，还流泪。社会工作者发现服务对象因长期缺乏父母的关爱和陪伴，有明显缺乏安全感的表现，性格孤僻、自卑，内心脆弱、敏感。根据会谈情况，社会工作者认为目前是对服务对象进行危机介入的最佳时机，并与服务对象和其爷爷商定，建立专业服务关系。

第二阶段服务：疏导不良情绪，解决问题。

考虑到服务对象缺乏安全感、不善交谈，内心敏感、脆弱，社会工作者刚开始的会谈都会让服务对象爷爷陪在其身边，这在一定程度上可以缓解服务对象紧张、不安的情绪。

首先，社会工作者需要借助简洁易懂的语言、专注的倾听、情感支持等技巧稳定服务对象的情绪，并采用开放式提问的方式帮助她整理自己的想法和感受。

其次，注入希望，提供帮扶。因父母离异且失去联系，服务对象陷入自卑，没有安全感，内心敏感、脆弱的状态，社会工作者有意识地引导她发现自己的价值，协助她发现周围人对她的关心，如爷爷奶奶、老师、同学以及社会工作者等。另外，社会工作者帮助服务对象发现自己的优势，比如懂事听话、关心同学等，肯定服务对象的自身价值，给她鼓励和支持，增强她的自信。

最后，针对她父母失去联系的问题，社会工作者与她一起探讨以后如何抒发自己的想法和情绪，协商决定采用写日记的方法，鼓励她以后有烦心事或想念父母时，可以通过写日记的方式抒发自己的情绪。

第三阶段服务：改善现状，尽力找回父母的爱。

社会工作者多方努力，想要联系上服务对象的父母，对服务对象进行亲情的修复和弥补。服务对象的爷爷将服务对象父母的联系电话提供给了社会工作者，社会工作者发现两人的电话都已经是空号。于是，在爷爷的带领下，社会工作者来到村委会，询问村委会是否可以提供相关帮助。

由于服务对象母亲是外地人，在本村几乎没有熟人，社会工作者几经寻找，都没有与其联系上。村委会主任说前些年村里有四五个年轻人和服务对象的父亲一起出去打工，可以协助社会工作者联系他们。于是，通过村委会的帮助，社会工作者联系上那几个年轻人，得知服务对象的父亲在外出打工半年后就去了别的地方，与他们分开了。社会工作者在与他们多次沟通后，联系上服务对象父亲的好友，最终与服务对象父亲取得联系。

其父亲不想透露自己所在地，只和社会工作者说所欠债务还没有还完，换了电话号码是害怕催债的人去家里打扰家人，不想给家里老人和孩子添加压力，父亲表示现在不愿意回家。社会工作者将服务对象的现状告诉其父亲，在社会工作者的多次努力下，服务对象父亲表示会选择合适的时间回去看望服务对象，并承诺每周会定期与服务对象通电话，等将来还清债务便会回到老家找份工作，以便照顾服务对象。服务对象在接到爸爸的电话后，由起初的抗拒，慢慢变为开心。

第四阶段服务：链接资源，提供多方支持。

社会工作者主动联系学校、村委会为服务对象寻找可以提供帮助的资源，积极构建服务对象的社会支持网络，缓解服务对象现阶段的压力。

在学习方面，参加村里周末学习小组。通过联系高校大学生社团开展学业辅导的志愿服务，每个周末，大学生志愿者对其进行课业辅导，帮助其完成作业，并解决学习上的困难。经过几个月的辅导，服务对象的学习成绩得到明显提高，尤其是英语成绩，由之前的不及格提升到70多分。

在人际交往方面，鼓励其参与各项活动。社会工作者联系学校老师，请老师关心服务对象，并在学校活动中鼓励服务对象积极参与；利用同学和伙伴，引导她参加周末社会工作者组织的活动，在活动中逐渐打开心扉，并从中获得快乐。

三、干预成效

1. 与父亲建立了联系

在社会工作者的帮助下，服务对象与父亲取得了联系，并且会经常通过打电话或者微信视频相互沟通。在后期回访中，社会工作者了解到服务对象一开始与父亲联系时比较羞涩，父女俩之间共同话题少，交流不多。服务对象的父亲为了缓解这种尴尬的局面，便会经常打电话回来，向服务对象诉说自己每天的生活情况等，也会主动询问服务对象的学习和生活情况。久而久之，父女俩便逐渐熟络起来，服务对象的性格也因此逐渐乐观、开朗起来。

2. 学业成绩得到了提升

在后期回访中，社会工作者通过与服务对象的爷爷交流沟通，了解到服务对象在与父亲取得联系后，整个人的精神状态都不一样了，学习的热情也比之前高涨了。尤其是语文和英语，由先前的不肯背、不会背，到现在每天主动背诵。期末考试时，英语由先前的不及格考到了82分，还被老师评为"进步标兵"。

3. 建立更加积极的同学关系

社会工作者通过电话与服务对象的班主任取得联系，了解到服务对象和同学的相处中，由先前的独处、不爱与人说话，慢慢地开始主动尝试和人交流。目前和同桌及前后桌的同学交流最多，且都相处得很融洽。服务对象遇到学习上的困难时，也会主动向各科任课老师寻求帮助。

4. 能够主动和爷爷奶奶交流

据服务对象爷爷介绍，在社会工作者介入前，服务对象在家中与爷爷奶奶交流很少，吃饭的时候大多是沉默的，爷爷奶奶问多了还会不耐烦。在社会工作者介入后，服务对象自从与父亲取得联系，整个人都明显活泼起来。在家里会主动地和爷爷奶奶说一说学校里的事情，心里有什么想法也会告诉爷爷奶奶；学习之余，会主动地做一些力所能及的家务。服务对象和爷爷奶奶之间的关系更加亲近。

在后期跟进过程中，社会工作者了解到，服务对象的父亲已经和家里取得联系，还会回家过年。服务对象的学习成绩也逐步提高。这都大大提升了服务对象的自信心，其性格也开朗了很多。服务对象在学校和同学相处很和谐，对学校里发生的事情也会和爷爷奶奶说。社会工作者觉得基本目标已经实现，决定结案。经与服务对象和她的爷爷沟通，表示同意结案。

四、思考启示

（一）社会工作者要把握好服务中的角色

社会工作者应时刻注意服务对象的情绪变化和言谈举止，服务初期，服务对象自卑、内向、敏感等都是正常现象，这时需要社会工作者运用同理心接纳其不良情绪以及服务之初的排斥行为。社会工作者应把握好自己的角色，与服务对象建立良好的专业关系，注重解决服务对象的根本问题，而不是简单地询问、了解。

（二）制订一个明确、具体、符合服务对象实际情况的个案服务计划

在个案过程中，社会工作者通过与服务对象讨论制订目标、执行计划、回顾总结对服务对象的认知和行为进行干预。需要注意的是，当服务对象是未成年人时，社会工作者一定要从未成年人的利益出发，尊重服务对象的心声。

（三）链接多方资源，构建社会支持网络

联合社会志愿者、学校、村委会等主动投身帮扶队伍中，为困境儿童搭建避风港，为他们构建全方位的支持系统，并持续、长时间给予他们关爱和帮助，避免服务中断。

（四）积极发挥学校老师和同学的帮扶作用

学校占据了未成年服务对象生活中的大部分时间，要充分发挥学校、老师和同学的作用，对服务对象进行学习上的帮扶和情感上的关怀。让未成年服务对象获得集体的关爱，快乐成长。

专家点评

此案例集中呈现缺乏父母关爱的青少年的特点、问题和社工介入，服务成效明显，值得肯定。个案服务中，社工展现了较高的会谈技巧，体现在引导服务对象表达、给予情感支持、疏导服务对象情绪的过程，也体现在与服务对象父亲的沟通中，与服务对象及家庭建立了良好的专业关系。同时，社工能够敏锐地抓住服务对象问题的症结所在，帮助服务对象重获父亲关爱。在此基础上，通过多项举措，增加服务对象爱的来源，提升其自信，促使其发展。案例如能够增加服务对象需求评估的内容将使其结构更为完整、逻辑更为清晰。

社工不应为服务对象划分服务等级，不应因服务对象问题严重程度而有同情滤镜，造成资源偏向，应秉持社工伦理价值，尊重服务对象的独特性，尽心尽力而为。

（纪杰杰：淮阴师范学院社会工作系助教，高级社会工作师，江苏省社会工作领军人才）

"惠"用心暖童心
为社区儿童健康成长护航[①]

丁　茜[②]

淮安市清江浦区惠民社会工作服务中心[③]

一、背景介绍

2021 年是"十四五"开局之年，我国慈善事业、社会工作、志愿服务迈出至关重要的一步。这一年，全国慈善社工系统全面贯彻习近平总书记关于民生民政、慈善事业、志愿服务、社会工作的重要指示批示精神，结合"我为群众办实事"实践活动，开展"五社联动 情暖基层"行动；以加强制度和队伍建设为主线，集结更广泛、专业的社会力量深入推进民政"三基"服务，交出了一份温暖人心的民生答卷。

自 2021 年以来，慈善、社会工作、志愿服务的工作内容高频率"入法入规"，在未成年人保护、乡村振兴、家庭教育促进、基层社会治理、养老服务、妇女儿童关爱等领域的法律法规和政策中多次被赋予重要工作任务。民政部门积极发挥"五社"协同作用，促进社会工作专业服务深度参与和融入基本民生保障、基层社会治理、基本社会服务；促进现代社会工作制度建设，持续扩充专业社会工作人才队伍，提升社会工作服务能力和覆盖范围，并持续加大对慈善社会工作事业在人才队伍、资金资源、政策保障、组织建设方面的培育和支持力度，慈善组织、社会工作机构、志愿服务组织不断发展壮大。

通过引导社会工作领域的人才积极参与慈善事业的专业指导，提升慈

---

① 案例获评 2022 年江苏省社会组织协同基层治理优秀案例——社区社会组织优秀项目案例。

② 丁茜，淮安市清江浦区东长街社区居民委员会主任。

③ 淮安市清江浦区惠民社会工作服务中心成立于 2015 年，AAAA 级社会组织。

善与志愿者服务与管理的整体水平。因此，将慈善与社会工作、志愿者联动起来，有助于促进慈善事业的专业化发展，提升社会治理的专业化水平。淮安市清江浦区惠民社会工作服务中心承接淮安市慈善总会慈善公益项目，对于为慈善事业提供专业支持、调配服务力量、配置服务资源等，具有重要的意义，并进一步发挥专业社工在基层社区治理中的积极作用。

二、项目概述

当前，社区是城市社会工作的基础，社区服务成为提高城市居民生活质量的重要途径，社区社会工作水平在很大程度上决定了社区居民的生活质量。本项目旨在综合运用社区工作、小组工作的方式为社区内的儿童及其家庭提供专业的社会工作服务，充分利用社区公共空间，为社区内儿童开展丰富的文娱教育及亲子实践活动。社工会对社区内儿童及其家庭的问题和需求进行预估分析，并根据其不同需求分别予以处理。对有需要的家庭，社工会进行相应的咨询和辅导。并将社区工作和小组活动相结合，运用到社工服务中，充分调动相关人员，整合各方资源，为服务对象提供全面的综合性服务，以帮助社区儿童建立家庭支持网络及外部社会支持系统，使社区儿童最终获得自我发展能力，获得社区归属感，并增强其家庭日常功能，改善家庭关系，解决家庭问题，从而在社区内形成良好互助的氛围，传播儿童友好的理念和文化。并在社区内传播慈善公益元素与理念，张贴慈善标语，分发慈善活动的宣传册，让慈善公益的种子在社区儿童心中生根、发芽、成长。

三、项目目标

（一）整合社区志愿服务力量

社会工作者抓好"五社"整合，发挥社区的基础平台作用，调动社区志愿资源与慈善资源积极参与社区治理，推动"三社联动"向"五社联动"转型。依托"五社"营造治理场景，以社区为平台、社会工作者为支撑、社区社会组织为载体、社区志愿者为动力、社区慈善资源为补充，在社区内面向居民招募志愿者并进行相关培训，实现"邻里守望"社区志愿服务队伍真正意义上的壮大。

（二）推动社区共建共治共享

慈善、社会工作、志愿者服务均具有促进社会和谐之功能，是推进基层社会治理的重要力量。因此，推动慈善、社会工作、志愿者联动服务发展，是共建共治共享的社会治理制度的内在要求。社会工作者通过儿童议事团及亲子活动等形式，通过组织者、引导者、陪伴者、支持者的角色转换，帮助社区儿童提高社区归属感，进而促使其身边家长、邻居等提高社区参与意识，从"服从管理"转为"共治共享"。

（三）推动儿童参与社区治理

通过成立社区儿童议事团，赋予社区儿童参与社区治理、表达意愿的权利，提升儿童对社区的归属感和主人翁意识，践行社区治理的理念。

（四）助力精神文明建设

淮安市清江浦区惠民社会工作服务中心在为社区儿童开展心理疏导、能力提升、关系调适、社会融入等专业化和个性化服务的同时，利用端午节、中秋节等传统节日开展丰富多彩的阅读、手工等健康向上的文化活动，助力"文化铸魂"精神文明创建。

四、项目实施过程

（一）"五社联动"，整合项目资源

社会工作者抓好"五社"整合，发挥东长街社区的基础平台作用，以专业社工为纽带，激活社区社会组织，联动"三社"，还积极发动社区志愿者，链接淮安市慈善总会为社区提供公益慈善资源，依托"五社"营造治理场景，盘活社区资源，为社区儿童提供良好的成长环境。

在发动志愿者方面，社会工作者孵化并培育了居民志愿服务队，并对处于闲置状态的文化活动中心、儿童关爱之家等公共空间进行清扫、布置，将这些空间切实使用起来，为儿童成长小组等活动的开展提供了场所，也为培育社区儿童志愿服务队提供了条件。在挖掘社区公益慈善资源方面，淮安市清江浦区惠民社会工作服务中心链接淮安市慈善总会等公益慈善力量捐赠书籍、文具等物资与资金，营造教育健康、爱不释书、文创科创等更多样、更丰富、更有特色的社区场景，为社会工作和志愿服务深入开展提供了有力支持。另外通过爱心商家捐赠的礼品设置公益银行制度，加强对社区儿童志愿服务的嘉许和激励，服务对象既是服务的享受者，又是公益事业的践行者，借此鼓励和吸引更多社区儿童参与或组建各具特色的志愿服务团队。

（二）共建共治共享，推进社区协商

社区居民是社区治理和社区建设的首要主体，充分动员居民参与是实现社区自治的重要路径。赋予社区儿童参与社区治理、表达意愿的权利，有利于提升儿童对社区的归属感与主人翁意识。在社区事务参与方面，社区儿童参与形式单一，内容简单，如打扫街道、捡垃圾等老套内容，参与热情普遍不高，参与程度不深，参与效率低下。社会工作者协助成立儿童议事团，为社区儿童提供学习、提升、成长的机会和平台，逐步培育社区儿童的主人翁意识。引导服务对象积极参与团体活动和社区公共事务，逐步提升其使用社区公共资源的意识和能力，并引导其发现社区内部需要志愿服务的地方，使其从"观望者"转变为"参与者"，从"接受者"转变为"主导者"。并以儿童为中心，通过开展亲子活动等，促使其身边家长等居民提高社区参与意识，营造接纳、友好的社区氛围。

（三）宣传公益慈善

项目以社区儿童需求为导向，以社区为平台，以社会组织为载体，以社会工作专业人才为支撑，以社区志愿服务队伍为依托，以社会慈善资源为助推，运用"五社联动"机制，壮大志愿服务力量，促进志愿服务发展，丰富文明实践活动，提高基层社会治理水平，形成可复制、可推广、可借鉴的本地化经验模式。同时，树立了淮安市清江浦区惠民社会工作服务中心及淮安市慈善总会的社会责任形象，宣传公益慈善理念，普及社会工作和慈善知识，营造社会互助氛围，让慈善理念深入服务对象心里，促进人与社会的可持续发展。

（四）社工服务助力文化发展

近年来，东长街社区不断丰富居民的物质与文化生活，但社区的文化传承步伐尚未达到居民期待，且居民普遍缺乏文化参与意识，存在归属感较低、居民文化生活单一等问题。

淮安市清江浦区惠民社会工作服务中心根据社区儿童需求，以专业的视角，链接资源，有针对性地为社区儿童提供心理疏导、能力提升、关系调适、社会融入等专业化和个性化服务；并利用端午节、中秋节等传统节日开展"奶奶教我包粽子"端午手工粽子制作、"'冰'纷九月，情满中秋"中秋活动、"泡沫之夏——孩子王的水上乐园"水上活动、"从《怦然心动》出发，领略英语的美妙"阅读分享及家庭教育指导活动、"低碳绿生活 环保'袋'回家"环保袋DIY等健康向上的文化活动，助力"文化铸魂"精神文明创建。

淮安市清江浦区惠民社会工作服务中心结合东长街社区实际需求，以自身为桥梁，链接资源，创建居民与文化文明的连接纽带，增强社区居民的文化认同感和归属感。

一位经常参与活动的家长表示："现在的孩子都喜欢抱着手机平板这些电子产品，我们家长想让孩子放下电子产品，孩子也不一定听话，想和孩子做一些亲子互动吧，又不知道该做什么。自从你们在我们这儿开展活动，我就喜欢带着孩子来参加，孩子在这里可以和同龄的小伙伴玩耍，还能学到知识，更能对我们国家的传统文化有更深刻的认识与体验。活动有趣，孩子也爱往你们这里来。"

五、项目成效和社会影响

（一）成效评估

本项目以社区为平台、社会组织为载体、专业社工为骨干，为辖区儿童、社区提供专业社会工作服务。

成效一：推动"三社联动"到"五社联动"，实现"邻里守望"社区志愿服务队伍壮大；

成效二：从"服从管理"到"共治共享"，推进社区共建共治共享，深化社区治理；

成效三：宣传公益慈善，让公益慈善理念深入人们心里；

成效四：从"单调社区生活"到"多彩新生活"，开展精神文明创建；

成效五：以专业社会工作者为主导，通过需求评估实现专业服务。

（二）社会影响

本项目以专业社会工作者为主导，了解服务对象需求，为社区儿童提供专业社会工作服务，推动社区共建共治共享。在精力与资源有限的情况下，整合多方资源，通过引导服务对象积极参与社工站活动和社区公共事务，以点带面，调动更多群众参加，扩大服务覆盖面。社会资源被充分、合理利用，服务社区能够在多方协同合作的环境中提高工作专业度、还原扩大社区服务化功能，促进构建文明和谐的家庭、社区和社会。社会组织在实践中不断汲取经验，不断总结不足，不断发展壮大，更好地服务社会，获得良好的社会反响。

六、总结分析

（一）资源整合，"五社联动"的必要性

在项目实施中社会工作者发现，东长街社区可利用的资源很多，但各方力量分散，缺乏联动，造成资源的浪费。要想促进基层治理，"五社联动"尤为必要。社会工作者依托"五社"，以专业社会工作者为纽带，激活社区社会组织，发动社区志愿者，链接社区公益慈善资源，一方面，在多方资源整合下，盘活东长街社区已有的公共空间；另一方面，多方联动，充分利用各方资源，壮大社区服务队伍。要把社区社会组织、社区志愿者、公益慈善资源等都调动起来。只有"五社联动"起来，充分利用各方资源，壮大社区服务队伍，才能弹奏出更和谐的乐章。

（二）服务优先，服务专业化的重要性

公益慈善面临着专业化不足的问题，制约着公益慈善事业的持续发展。而社会工作是专门的助人职业，有着专业的价值观与伦理、专业的助人理念和助人方法，通过引导社会工作领域的人才积极参与慈善事业的专业指导，提升慈善和志愿者服务与管理的整体水平；通过依托社会工作现有的学科教育基础和资源，培养和输送公益慈善的专才，可以渐进性补齐慈善与志愿服务专业化程度低、专才较少、管理缺乏的短板。因此，将慈善与社会工作、志愿者联动起来，有助于促进慈善事业的专业化发展，提升社会治理的专业化水平。

（三）外引内培，专业社工服务队伍维持的迫切性

专职社会工作者需要能够熟练运用社会工作的一般理论与方法，准确了解各类潜在服务对象的特殊需要，以及他们的心理、行为和社会环境的特点。一方面政府可以引进专业服务机构，组建专业社工服务队伍；另一

方面，社会工作者应与多方力量联动，挖掘、培训高质量志愿者，这样才能提升社会服务质量，形成增能的社区支持网络。

专家点评

　　该项目从社区儿童服务入手，有针对性地为社区儿童提供心理疏导、能力提升、关系调适、社会融入等个性化服务，发掘儿童的社区参与意识，在此基础上整合多方资源，以点带面，调动更多群众参加，扩大服务覆盖面。希望能够实现对于社区共建共治共享局面的推动，并且促成多方协同的新型社区建设。项目的立意很好，由点及面，以小见大，对于儿童友好型社区建设也具有相应的示范意义。需要指出的是，项目蕴含了多项目标，既希望促成多方协同，培育社区志愿服务力量，又强调居民对社区的自主治理，还希望深化中国传统文化影响，关注公益慈善理念的宣传和影响，同时不忘凸显服务的专业性。当这么多的目标融入一个项目的时候，很容易缺失重点。因此在项目的干预和汇报中最好能够凸显中心工作，而不必面面俱到。

（陈洁：淮阴师范学院社会工作系讲师、在读博士）

扶残助残

——有你有我残疾人技能培训项目①

韦勇琳②

淮安市洪泽区益心社会工作服务中心③

本文以帮助一名较为典型的高度肢体残疾人提高就业能力为例，主要介绍接案过程和服务计划的设计。通过深度访谈法了解服务对象的背景资料，评估服务对象的主要问题和需求，并根据服务对象的需求确定服务目标和与之相对应的服务策略，以期更好地服务于服务对象。

一、接案

服务对象是"助残"项目的一位服务对象。服务对象主动向社工求助，社工在对服务对象进行评估后，了解了服务对象的主要问题和需求，在把握服务对象的相关问题和需求以后，确定服务目标和服务计划，在双方都同意并信任彼此的情况下，完成了接案工作。

二、案例背景

（一）案例背景

张某，57岁，男，已婚，与妻子、孙子同住。因一次意外腿部受伤，造成腿部残疾，因全身经脉不通致使其患眼部残疾。目前于家附近摆摊，妻子在家照顾孙子，儿子与儿媳在外上班。家庭经济来源是工作和妻子的退休金，以及残疾人补助。常认为生活乏味，希望参与更多的娱乐活动，社会支持较弱。希望能融入群体中，参与更多的活动，丰富自己的日常生活。

---

① 案例获评 2022 年江苏省社会组织协同基层治理优秀案例——社区社会组织优秀项目案例。

② 韦勇琳，淮安市洪泽区益心社会工作服务中心法定代表人。

③ 淮安市洪泽区益心社会工作服务中心成立于 2018 年，AAAA 级社会组织。

其饮食起居都是由妻子负责，因此服务对象常常因自己一无是处、无法照顾好自己而自责。由于出行不便，身体疾病影响服务对象正常工作和生活，只能在家门口摆摊，导致张某产生了非理性情绪，十分容易伤感，还经常与妻子发生口角，导致其心情烦躁，这不仅影响了张某的生活质量，也让妻子为此感到不知所措。在了解了这些情况以后，为了更加详细和准确地把握张某的问题及需求，益心社工选择在社区残疾人工作者的陪同下登门拜访，减轻张某对益心社工的抵触心理，为建立良好的专业关系打下基础。

（二）问题评估

由于生活中张某未接触过社工，认为社工前来拜访会给自己造成不好的影响，张某不希望被特殊对待。社工为了能够更加全面客观地把握服务对象的问题，决定先从服务对象妻子与邻居那里了解一下基本情况，为跟张某的访谈打下基础。在与张某妻子交流的过程中，社工运用同理心感受其心境，对张某妻子的激动情绪加以安抚，以此获取信任，获得更多有价值的信息。社工通过谈话了解到张某情绪不太稳定，经常跟妻子发生口角，导致张某和妻子的关系很不融洽。为此，妻子觉得自己很委屈，对于丈夫变成现在这样有点摸不着头脑，想要改变自己跟丈夫的关系又束手无策。

在社区残疾人工作者的陪同下，益心社工与服务对象进行了第一次谈话。由于社区残疾人工作者跟服务对象接触比较多，社工跟服务对象张某的初次谈话还算比较顺利。在谈话中社工了解到服务对象经常跟妻子吵架是因为张某觉得自己是一个累赘，不仅不能和妻子一起承担家庭重担，反而加剧了家庭的压力，张某自责，因此每当妻子对他好的时候他会更加难受，只能依靠吵架的方式让妻子疏远自己，只有这样才能让妻子获得片刻的轻松，这才是他吵架的真正意图。另外，张某一直生活在自己是残疾人的阴霾中，无法正确面对残疾后的自己，这么多年总觉得自己一无是处。在交谈的过程中社工不断鼓励他要看到自己的优点，不能只局限在自己的缺点上，应该对自己有一个全面的、正确的认知，这样才能走出阴霾，活在阳光下。

总之，服务对象的问题可以概括为心理问题、就业问题和社会问题三个方面，具体表现如下。

1. 心理问题

服务对象由于车祸失去了一条腿，成为肢体二级残疾。已经 57 岁的他对比之前的自己和身边健全的人，越发觉得自己一无是处，本应是事业有成成为家人的骄傲，但此时，自己却身患残疾成为妻子的累赘。对自己失去信心，导致服务对象多愁善感，心理上产生了一系列消极情绪，从而常常与妻子发生不愉快，导致家庭关系不和谐。社工在与服务对象的交谈中了解到服务对象不喜欢现在的自己，如服务对象经常提到：我是一个残疾人，别人会用异样的眼光看待我和嘲笑我。我是个累赘，妻子为了照顾我苍老了很多，我却不能和妻子一起承担家庭的压力。摆摊收入甚微，想找工作但是没能力，再加上自己残疾，我发脾气是气自己不争气。可以看出服务对象依然没有走出自己是一个残疾人的困境，不敢面对外面的世界，内心充满不良情绪，看待问题的态度十分消极，从而可以看出服务对象因生理问题而导致有心理问题。

2. 就业问题

由于服务对象为重度肢体残疾人，想要实现正常就业实属不易，起初服务对象尝试找过工作，但都失败了，遭受到无数次打击以后服务对象对自己失去了信心，自暴自弃，萎靡不振。在交谈中服务对象多次谈道：我不行，我做不到。没有人会愿意找一个残疾人作为自己的员工，而且残疾人在工作上更是有诸多不便，不适合参加工作。可见服务对象曾经努力寻找过工作，只是在经历了一次次碰壁以后对自己失去了信心，认为自己无法参加工作，也不会被社会接受。因此，服务对象的问题就是就业信心不足，无法实现就业。

3. 社会问题

服务对象因害怕被人嘲笑而拒绝与外界沟通，基本没有朋友，社会关系网络亟待重建，需要通过实现就业带领服务对象融入社区，进而恢复社会关系网络。

（三）需求评估

需求评估是指通过服务对象的问题和相关背景材料找到问题产生的原因，挖掘出具有可行性的内外在需求，为服务方案的设计提供依据。对需求评估的掌控关系到社会工作服务的全过程，依据需求评估可以拟定服务目标，制订服务计划，保证服务过程和服务活动的精准性和有效性。因此，根据服务对象的问题整理出以下需求。

1. 心理需求

服务对象在失去双腿成为二级肢体残疾人以后，心理上发生了巨大变化，经常与妻子发生口角，面对生活和看待问题的态度也十分消极。"我变成了别人议论和嘲笑的对象。""我就是个累赘。""我一无是处，什么也做不了。"通过服务对象的语言可以看出服务对象自信不足，因为生理上的残疾产生了很多非理性情绪和错误的认知，形成了消极的生活态度。因此，要想改变服务对象现在的状态首先要调整服务对象的心态，帮助其恢复自信，使其有走出去的勇气和欲望，接触新的世界。

2. 就业需求

在与服务对象接触的过程中，服务对象多次提到自己不仅不能像同龄人一样承担家庭压力，还给妻子带来了更大的经济负担。想要像正常人一样参加工作，但是没有人愿意接受残疾的自己，自己也没有能力胜任工作任务。总之，问题的根源就是残疾导致服务对象无法就业，没有实现自己价值的机会和平台。因此，需要帮助服务对象实现辅助性就业，增加服务对象及其家庭的经济收入，帮助其减轻家庭的经济负担，改善现有生活状态。

3. 社会需求

服务对象在失去左腿变成二级肢体残疾人以后出行不便，就很少出门了，再加上自身不自信，害怕别人嘲笑自己便与外界基本失去联系，社会关系网络断裂。要想帮助服务对象改变现有的生活状态，需要帮助他恢复社会关系网络，"助残"项目定期开展的残障人士培训活动，不仅能够提高服务对象自我护理意识，更能增强残障人士就业技能，从而满足残障人士就业的需求，拓宽就业渠道。因此，帮助服务对象参与就业技能培训，既能满足其就业需求，还能帮助服务对象恢复社会关系网络，融入社区乃至社会。

三、服务计划

（一）服务目标

总目标：帮助服务对象实现就业，提升自我价值感。

具体目标：

第一，增强服务对象的就业信心。鼓励服务对象勇敢地面对现实，帮助他消除负面情绪、建立自信心、培养积极的生活态度。

第二，实现就业。整合社区资源，帮助服务对象实现辅助性就业，与此同时带动服务对象重建社会关系网络，融入社区。

（二）服务策略

个案服务根据增能理论、情绪 ABC 理论和 SWOT 分析法的观点，分析和利用处在多重困境中的服务对象具备的有利资源，帮助服务对象发现自身优势、挖掘个人潜能、建立自信心、重建社会支持网络，最终实现辅助性就业。具体服务策略如下：

完成接案工作，初步建立专业关系，为后期个案工作的介入做好准备。

运用深度访谈法了解服务对象的问题及需求，在增能理论和情绪 ABC 理论的指导下，引导服务对象进行自我情绪疏导。

在 SWOT 分析法的指引下，帮助服务对象分析其内在优势与劣势和外在机会与挑战，利用优势视角理论将服务对象的关注点引到自身优势和机会上，更容易帮助服务对象达到预期目标。

四、介入过程

（一）第一次介入：运用 SWOT 分析法全面认识自己

介入目标：改变服务对象看待问题的态度，使其全面认识自己。

介入过程：在访谈中社工向服务对象澄清他的需求，随着专业关系的巩固，与服务对象进行深度访谈。社工进入张某的房间，看见一辆落满灰尘的轮椅，可见轮椅已经很久不用了。在访谈中，社工运用 SWOT 分析法来帮助服务对象认识到自己的优缺点，正视自己的身体残疾；通过 SWOT 分析法引导服务对象发现自己的优势，使服务对象渐渐地从因身体残疾造成的自卑心理和因一无是处造成的低落情绪中走出来。通过向服务对象布置家庭作业，让服务对象每天跟妻子好好沟通，并记录自己跟妻子争吵的次数，既能提高服务对象交际能力，为后期带领服务对象融入社区做铺垫，还能缓和服务对象与妻子的关系，营造一个良好的家庭环境。

（二）第二次介入：改善不良情绪，缓和关系

介入目标：增强服务对象自信心，改善其不良情绪，让其有社交的

意愿。

介入过程：通过第一次介入，社工运用SWOT分析法引导服务对象挖掘自己的优势，看到自己的闪光点，使其心态逐渐好转；并向服务对象传授了一种看待问题的积极态度，有助于转变服务对象看待问题的消极态度。在第一次介入过程中，服务对象有提到对自己现状不满意的原因就是事业学业有成的年纪却因肢体残疾导致就业困难，只能靠摆摊获得生活经济来源，不仅不能帮助妻子减轻家庭经济压力，还为妻子带来更大的压力和痛苦。服务对象因长期沉浸在自己的非理性情绪中才会时不时跟妻子吵架。为了改变服务对象现在的状态，就需要帮助服务对象从自责情绪中跳出来，使其发现自己对于妻子而言不是累赘，是依靠、是精神支柱、是前进的动力，是服务对象的存在让妻子变得如此坚强、勇敢，使服务对象意识到自己应该像妻子一样坚强、勇敢，自立自强，这才是对家庭最好的贡献，而不是通过吵架的方式让妻子疏远自己。在第二次介入过程中，社工基于情绪ABC理论对服务对象进行干预，并且要求服务对象每次情绪不稳定的时候都做类似的练习，这样既能转变服务对象看待问题的角度，使其从非理性情绪中走出来，勇敢地面对自己的现状和外面的世界，又能逐渐缓和服务对象跟妻子的关系，营造一个温馨的家庭环境。

（三）第三次介入：体验按摩，感受按摩魅力

介入目标：让服务对象感受到按摩的魅力和外面世界的精彩。

介入过程：根据与按摩店师傅预约好的时间和地点，服务对象由妻子带领来到水木清华新时代文明实践站跟社工见面，然后一同前往按摩店。在师傅的带领下我们跟随服务对象一起参观按摩过程，为了进一步了解按摩推拿，邀请师傅讲解了按摩推拿的原理，并现场为服务对象按摩。

（四）第四次介入：参加残疾人培训，提高按摩技能

介入目标：参加残疾人培训，掌握按摩知识，提升就业能力。

介入过程：在第三次介入结束之后，社工跟按摩师谈到了张某想靠自己的双手和妻子一起承担家庭经济压力的需求，想知道张某能不能留在按摩店赚取一份收入。而且张某需要这样的机会来锻炼自己和融入社区，需要在自己力所能及和擅长的事情上看到自己的价值，增强自信心。师傅听到以后立马答应，希望张某可以参加项目中的专业的残疾人培训。随后社工将这个好

消息告诉张某，张某表示愿意接受专业培训学习更多技巧。

（五）第五次介入：前后对比，巩固服务效果

介入目标：肯定张某的进步，鼓励张某继续保持，处理好离别情绪，做好结案准备。

介入过程：在此次介入过程中，社工又运用 SWOT 分析法让服务对象列举自己的内在优势与劣势和外在机遇与挑战，然后通过回顾过去对比现在，帮助服务对象意识到自己更多的改变并给予肯定，不仅能让服务对象对自己充满信心，还能激励张某继续保持良好的发展态势成为更好的自己。同时要告诉服务对象目标已经基本完成，实现了社区融入和就业能力提升，社会工作服务终将告一段落，虽然专业关系结束了，但社工还可以作为他的倾听者，如果遇到问题仍然可以寻求社工的帮助，以此避免服务对象因专业关系结束而产生不良情绪等退行现象的出现。

五、评估与结案

个案工作的评估从过程评估和结果评估两个方向进行。过程评估主要是看服务活动介入过程中服务对象循序渐进的改变和介入效果，并将服务效果和服务目标进行对比，保证介入活动服务于目标，正确把握服务活动的整体方向不偏离。结果评估则是介入活动整体效果与总目标的对比，如果服务效果与服务总目标基本一致则说明服务活动比较成功，可以结案；反之，则说明在设计和实施介入方案的过程中出现了偏离服务目标的情况。因此，过程评估贯穿服务活动始终、时刻检测服务效果是否偏离服务目标，是结果评估的基本保障，而结果评估是过程评估的最终目的，两者之间相互影响、相互依存。

（一）个案评估

社工通过整理和总结服务对象在介入过程中的改变和服务效果，可以对比出每次介入服务目标的完成情况，在介入服务过程中评估具体目标的完成度，实现服务活动的过程评估。每个具体目标的达成度代表着总目标的达成度，也就意味着服务效果的好坏，即实现对服务活动的结果评估。

1. 过程评估

过程评估贯穿服务活动的始终，在服务过程中起到标尺的作用，目的就是保证服务活动始终围绕服务目标进行以确保服务目标的有效完成，满

足服务对象的需求，帮助服务对象摆脱困境。本文社工在个案工作介入过程中对介入效果逐一记录，并将每次的介入效果与介入目标进行对比，以此来保证介入服务不偏离服务目标。社工为了更清晰地对比服务对象的变化和服务活动的效果，将每次的介入活动、预期目标和服务达到的效果整理在一张过程评估表格中，既可以在评估活动的过程中保证服务活动不偏离具体目标和总目标，又可以一目了然地把握本文的介入活动整体以及活动的有效性（见表1）。

表 1　过程评估表

介入次数	介入活动	介入目标	介入效果
第一次介入	澄清服务对象的问题及需求；运用 SWOT 分析法和增能理论让服务对象认识到自己的优点；布置记录与妻子吵架次数的家庭作业	改变服务对象看待问题的态度，使其全面认识自己；提高服务对象自我分析和解决问题的能力	澄清了服务对象的问题需求，确定了目标；服务对象较全面地认识了自己，学会用积极的态度看待问题
第二次介入	ABC 理论的运用	增强服务对象自信心，改善其不良情绪，让其有社交的意愿	运用理性情绪疗法了解服务对象与妻子吵架的真正原因，并帮助其改变非理性情绪，使其有了走出家门、社交的意愿
第三次介入	带领服务对象参观按摩店，进行观摩学习，体验按摩推拿的魅力	让服务对象感受到按摩的魅力以及外面世界的精彩	为服务对象拓展了就业渠道
第四次介入	参加残疾人培训，提高按摩技能	让服务对象掌握按摩推拿的基本技巧	服务对象掌握了按摩技巧，提高就业能力
第五次介入	回顾服务成效，前后对比，发现服务对象的变化	肯定张某的进步，鼓励其继续保持，处理好离别情绪，做好结案准备	让服务对象意识到自己的改变，并给予肯定巩固效果；顺利结案

2. 结果评估

在服务活动结束之后，社工分别向服务对象的妻子、社区残疾人工作者和按摩店师傅询问了张某近期的情况，了解了服务对象发生的改变，并通过观察，对服务对象的状态作了前后对比，对比情况见表2。

表2　结果评估表

介入前	介入后
存在自卑等不良情绪	改善了不良情绪，学会控制自己的情绪
与妻子关系紧张	家庭关系得到改善
看待问题的态度过于消极	转换看待问题的思路，提高解决问题的能力，改变看待问题的态度
摆摊，无稳定工作	提高就业能力，拓宽就业渠道

六、专业反思

（一）特定时期特定人士的社会工作介入问题

作为特殊群体，残障人士存在特定的身体、心理等问题，客观上需要"他力量"分担压力、宣泄负面情绪。本项目中，社会工作者在提出针对残障人士的介入策略之前，对相关论文和著作阅读查阅，对当下残障人士的情况进行分析，认为社会工作参与残障人士关爱是可行的，社会工作者通过个案工作和小组工作的方法去介入并解决问题，运用社会工作专业办法帮助其分担压力、宣泄负面情绪、改善家庭环境和社会环境，从而帮助残障人士增强自信心，提高社会参与度，帮助其更好地融入社会。

（二）残障人士群体对社会工作认可度问题

社会大众对于社会工作参与当前残障人士关爱的关注度并不是很高。残障人士往往遭遇社会各种慰问、服务介入等社会过度关心造成的另一种干扰。在此情境下，本来就对社会工作了解甚少的残障人士刚开始对社会工作机构及其社会工作者的服务干预可能会存在厌烦甚至反感的情绪，本项目前期主要遇到的困境也在于此。因此，社会工作介入残障人士心理问题，需要我们探索和掌握残障人士心理反应进程，在充分遵循服务对象自决的原则下，建立专业关系，获取对方信任，开展科学合理的社工公益服务。

（三）社会工作服务的反思和学习问题

开展社会工作服务更需要社会工作者在服务过程中时刻保持反思和学习的状态。社会工作者应反思在当下社会传统社会工作方式方法的适应性问题，研究调整或开创与时俱进的服务方式，如线上线下相结合的服务形式。同时，社会工作者要随着社会发展情况的改变进行不断的自我学习与改变。本项目根据实际情况适当对计划进行了调整，更强调了为服务对象提供个性化服务。

专 家 点 评

通过深度访谈法了解服务对象的背景资料，评估服务对象的主要问题和需求，并根据服务对象的需求确定服务目标和与之相对应的服务策略。个案提出增能理论、ABC理论，但是个案没有依照相关理论的要求开展专业服务，从服务过程来看，仅仅体现了一定的增能理论和ABC理论的内容。在运用相关理论开展服务方面还需要进一步提升服务能力。案例是问题导向，主要是解决服务对象的就业问题，特别针对其重度肢体残疾，这也是服务对象痛苦的根源。

（赵海林：淮阴师范学院社会工作系教授，全国专业社会工作领军人才）

"红社益家"暖民心，社工服务赋新能
——社会组织党建"双百"工程

金璐璐① 葛倩倩 钮巧云 赵海林
淮安市清江浦区民政局 淮安市清江浦区心苑社会工作服务社

一、背景介绍

（一）政策背景

《中共中央 国务院关于加强基层治理体系和治理能力现代化建设的意见》指出：发展公益慈善事业。完善社会力量参与基层治理激励政策，创新社区与社会组织、社会工作者、社区志愿者、社会慈善资源的联动机制，支持建立乡镇（街道）购买社会工作服务机制和设立社区基金会等协作载体，吸纳社会力量参加基层应急救援。完善基层志愿服务制度，大力开展邻里互助服务和互动交流活动，更好满足群众需求。2015 年中共中央办公厅印发了《关于加强社会组织党的建设工作的意见（试行）》，提出各级党委（党组）要充分认识加强社会组织党建的重要意义，将其纳入党建工作总体布局，按照全面从严治党的要求，从严从实抓好各项任务落实。要加大党组织组建力度，推进社会组织党的组织和党的工作有效覆盖，创新党组织工作内容和活动方式，切实发挥好社会组织党组织的政治核心作用。

（二）社会背景

截至 2020 年底，淮安市清江浦区民政局登记注册的社会组织共 450 家，社会工作者 700 名，全区建立党组织的社会组织仅 25 家，社会组织党建在引领社会工作发展方面基础薄弱，党建工作处于开拓阶段，推进社会

---

① 金璐璐，淮安市清江浦区心苑社会工作服务社培育中心主任，社会工作师，主要负责清江浦区社会组织培育发展中心工作。

组织党建工作措施要得力，方法要创新，才能收到实效。在清江浦区委组织部指导、区民政局大力支持下，区社会组织培育发展中心精心谋划、积极动员，通过强化"党建+社会工作"模式，开展社会组织党建引导，构建清江浦区社会组织党建工作新格局。

（三）项目背景

淮安市清江浦区社会组织培育发展中心成立于 2013 年 11 月，自培育中心成立以来，通过政府购买服务的方式，委托第三方专业社会工作机构——淮安市清江浦区心苑社会工作服务社运营。淮安市清江浦区心苑社会工作服务社在区委组织部、民政局的大力支持下，协助清江浦区社会组织党建联盟和社会组织综合党委不断创新党建活动内容和方法，提升社会组织党建质量。

二、分析预估

（一）现状分析

清江浦区党员社会工作者人数少、所占比例低，社会组织自身的特点，导致了党组织寻找党员的难度较大，发展党员困难。

1. 党员社会工作者数量少

社会组织的社会工作者流动性较大，导致流动党员人数较多。现有的社会组织内社会工作者是党员的，多为退休干部，组织关系隶属于原单位，轻易不愿意把组织关系转到社会组织。一部分在社会组织工作的党员和积极分子，又极易流失。

2. 社会组织党建运行机制不完善

由于社会组织自由性、民主性及自治性的特征较为明显，社会组织党建制度不完善，导致党建工作质量不高、覆盖率低，同时社会组织因为发展规模较小，缺乏智力和财力，社会组织负责人心有余而力不足。

（二）需求分析

1. 政治需求：保证政治方向

社会组织有通过组建党支部宣传和执行党的路线方针政策，宣传和执行党中央、上级党组织和本组织的决议，坚定社会组织政治立场的需求。

2. 社会需求：参与社会治理

社会工作者有充分发挥贴近群众的优势，以及通过开展老人关怀、儿童关爱、贫困帮扶等公益活动，营造良好社会文化氛围的需求。

3. 自身需求：完善自身发展

社会组织自觉建立党支部，以党建为支点，推动社会组织跨领域合作、行业交流及人才培养，实现社会组织规范化、专业化和科学化发展。满足行业发展、人才培养及自身建设等多方面的需求。

三、服务计划

通过落实党建"12345"工作模式，打造"红社益家"社会组织党建品牌，扎实推进"党建+社会工作"全面覆盖、全域提升。

（一）"1"：组建一个党建联盟，实施社会组织党建覆盖工程

按照"党建引领社建，社建固强党建"理念，依托清江浦区社会组织党建基地，组建一个以"党的领导、行业指导、联盟磋商、共驻共建"为主要格局的社会组织党建联盟，积极引导联盟成员单位参与乡村振兴、文明城市创建、志愿服务等工作，主动把党的工作融入社会组织培育发展监督管理全过程，逐步实现党建强、服务强的"双强共同体"，切实增强社会组织党建联盟的凝聚力。

（二）"2"：搭建两级孵化平台，实施社会组织党建成长工程

注重从源头抓起，推动社会组织和党组织同步孵化、同步提升。

1. 区级层面

依托区级社会组织培育发展中心建立区级社会组织党建"孵化"基地。

2. 街道层面

依托街道社会组织孵化中心建立街道级社会组织党组织"孵化"平台。

向区及街道党组织"孵化"平台选派党建指导员，通过内部推选、组织选派、定期培养等方式，整合熟悉党务、素质过硬的党员骨干建立党建指导队伍，为筹建社会组织党组织提供业务指导，切实把社会组织中思想素质高、业务能力强、群众基础好的社会工作者，培养发展成党员，壮大

党员队伍，实现社会组织党员队伍稳定。

（三）"3"：突出三项孵化措施，实施社会工作者发掘工程

1. 党员孵化措施

做好入党积极分子培养和新党员发展教育工作，及时将未建党组织企业的零散党员组织关系迁入社会组织联合党支部，并做好区域内流动党员的接纳和服务工作。

2. 党组织孵化措施

一是加大社会组织党组织组建力度，对已"孵化"出的有3名以上正式党员的社会组织及时单独建立党组织；二是提供"六有"党建活动室，按照有场所、有设施、有标志、有党旗、有书报、有制度的"六有"标准，推动党建活动室标准化建设；三是探索开展开放式党组织活动，开展形式多样的党建主题活动，增强党组织活动的引领力。

3. 党建项目孵化措施

实施党建活动项目化，设立党建专项资金，由社会组织承接，打造党建项目，搭建服务平台，形成多种"党建+"形式。链接社区资源，运用社区党建为民服务资金开展社区公益大赛项目，实现党建项目常规化运作。

（四）"4"：健全四项发展机制，实施社会组织党建责任工程

1. 党建人才培养机制

一是健全培训体制，把基层社会工作者的学习培训纳入各级干部教育培训总体规划和年度计划，有计划地安排社会工作者参加各种学习和培训。二是抓实党建考评、注重成果转化等措施，压实基层党建主体责任。

2. 党建经费保障机制

设立党建专项资金，由社会组织承接，通过党建项目，搭建服务平台，提升社会工作者的党建服务能力。

3. 党建阵地建设机制

依托清江浦区社会组织培育发展中心，打造党建阵地，提供"六有"党建活动室。

4. 党建指导和联络机制

积极依托行业协会、个私协、商会等，采取"协会+党组织"的方法，

大力推进党建工作区域化覆盖，采取社企联建、行业统建、挂靠并建、区域联建等形式，因地制宜划分网格，设置和组建联合党组织。

（五）"5"：制定"五化"发展目标，实施社会组织党建引领工程

1. 实现党建人才培育专业化

通过述学、评学、考学等办法，组建考评队伍、抓实党建考评、注重成果转化等措施，实现"党建+社会工作者"持续输出。

2. 实现党员队伍发展规范化

切实把社会组织中思想素质高、业务能力强、群众基础好的社会工作者，培养发展成党员，壮大党员队伍，实现社会组织党员队伍稳定。

3. 实现党建工作形式多样化

形成多种"党建+"形式，扩大党建影响力，包括"党建+项目""党员+志愿者""党建+行政""党建+社会工作者""党建+社会组织"等，实现党建工作多样化发展。

4. 实现党建活动开展项目化

定期向社会组织发布党建项目招募，运用社区党建为民服务资金开展清江浦区首届社区公益大赛项目，实现党建项目常规化运作。

5. 实现党建领域覆盖全面化

对有 3 名以上正式党员、条件成熟的，单独建立党组织；暂不具备单独组建条件的社会组织，采取片区联建、同业共建、挂靠组建等方式建立联合党组织，对没有党员的社会组织，通过派遣党建指导员等方式，实现党建工作全面覆盖，全域引领。

四、服务计划实施过程

在不断推进品牌打造、基地建设的基础上，创新开展党建"双百"工程，提升社会工作者党建服务能力，提升党建品牌影响力。

（一）品牌打造：打造"红社益家"党建品牌

品牌理念：始终坚持党的领导与社会组织培育相统一，构建社会组织党建工作"红色生态链"。

品牌价值：主动把党的工作融入社会组织培育发展监督管理全过程，把社会组织党组织建设成为宣传党的主张、贯彻党的决定、领导基层治

理、团结动员群众、推动改革发展的坚强战斗堡垒。

品牌影响：坚持党建引领，强化党组织的战斗堡垒和党员的先锋模范作用，初步实现党建强、服务强的"双强共同体"。

（二）基地建设：打造社会组织党建基地

在培育中心的基础上，打造清江浦区社会组织党建基地，设党建区、创意区、孵化区、活动区、洽谈区、社区治理区、展示区七大区域，主要为社会组织提供党建引领、组织培育、资源链接、能力建设、品牌项目、社会治理六大服务。

以"党建引领、共建共享、制度共创、服务共推、典型示范"为目标，通过打造特色党建品牌为社会组织提供"培育+指导"两项服务；通过单位、行业、区域联建三个途径组建党组织；形成"党建+社会工作者""党建+项目""党建+志愿""党建+监管"四项党建引领。坚持"三抓三强"，即抓社会组织"两个覆盖"让党组织体系强起来；抓教育管理让党员队伍强起来；抓规范建设让党的工作强起来。

（三）活动开展：开展党建"双百"工程

落实清江浦区社会组织党建"双百"工程，全年分为两个系列活动，分别为百次党员打卡活动——社工服务赋新能；百场党建公益服务——"红社益家"暖民心。

1. 百次党员打卡活动——社工服务赋新能

在抖音创建#我为清江浦区社会组织党建联盟代言#打卡活动，通过不间断地宣传推广话题，邀请清江浦区社会组织百名党员社会工作者，加入话题打卡，展现社会组织党员风采，同时吸引人民群众关注社会工作者能力、社会组织党建工作开展情况，真正达到党建引领社建的目标。

打卡视频模板：大家好，我是×××（姓名），我是来自××（社会组织）的党员（社会工作者）#我为清江浦区社会组织党建联盟代言#，本社会组织开展……相关活动，让我感到……志愿服务片段展示。

2. 百场党建公益服务——"红社益家"暖民心

清江浦区社会组织党建联盟为区域内社会组织党支部制订党组织活动计划清单，社会组织党支部每月根据清单开展必选活动，根据实际情况，有条件地开展自选活动，社会组织党支部通过各类公益活动解民忧、济民困、惠民生，不断彰显社会组织党建工作的重要意义。党建联盟将根据党建活动计划清单，每季度集中成员单位，牵头开展一次党建活动（见表1）。

表1　2021年淮安市清江浦区社会组织党组织活动计划清单

时间	主题	内　容
1—2月	（必选）"送温暖"志愿活动	慰问困难群体，关心困难群体过节情况，开展"送温暖"活动
	（自选）深入学习贯彻党的十九届五中全会精神	持续深入学习习近平新时代中国特色社会主义思想，开展拥护"两个确立"、践行"两个维护"教育
3月	（必选）开展学习雷锋志愿服务活动	结合学习雷锋志愿服务月，组织社会组织党支部围绕新时代文明实践活动、城市基层治理等领域，开展志愿服务
	（自选）学习全国"两会"精神	传达学习全国"两会"精神，围绕推动社会组织高质量发展等议题，谈体会、找不足、提措施
4月	＊（必选）开展爱国主义教育——革命圣地学习活动	集中社会组织党建联盟成员单位开展爱国主义教育，带领他们到革命圣地参观学习，引导党员群众把满腔爱国热情转化到社会服务中
	（自选）开展敬老主题党建志愿活动	开展走进敬老院，关爱"三无""五保"老人等公益志愿服务
5月	（必选）"五四"运动主题活动	结合"五四"运动，吸引青年群体参与党建志愿公益服务
	（自选）党史学习	开展党史学习教育，带领社会组织深刻认识开展党史学习教育的重大意义，围绕党奋斗的光辉历程、伟大贡献、初心宗旨、重大理论成果、伟大精神、宝贵经验等重点学习研讨
6月	＊（必选）"童心向党·党史故事我来讲"主题活动	为深化"童心向党"教育实践活动，带领支部党务工作者和少先队员，共同学习党史故事，引导少先队员在鲜活的故事中感悟党的初心使命
	（自选）"节前送温暖 心系困难户"端午慰问活动	各社会组织党支部组织党员，到各服务社区进行端午节慰问走访工作

时间	主题	内　容
7月	（必选）开展"七一"主题活动	结合庆祝"七一"，组织开展分享在党感悟，老党员过集体"政治生日"、先进典型宣讲、党史学习等主题活动
	（自选）红色主题观影	组织观看红色主题电影，进一步教育引导广大党员同志了解先辈的艰苦奋斗史，珍惜来之不易的幸福生活
8月	（必选）开展"党建引领 暑期关爱"困境儿童关爱活动	将党建和社建相结合，带领党务工作者开展暑期关爱留守儿童志愿服务
	（自选）"八一"主题党史学习教育	回顾建军历史，弘扬"八一"精神，传承红色基因，扎实推进党史学习教育
9月	＊（必选）参与党建联盟党建知识大赛	以赛促学、以学促做、以做践学，举办党建知识大赛，充分调动广大党员学习的自觉性和积极性，做到知行合一，把爱党敬业融入实际工作中
	（自选）"中秋送暖·共团圆"下乡慰问活动	社会组织开展中秋下乡慰问活动，充分考虑各服务对象需求，进行志愿走访服务
10月	＊（必选）清江浦区社会组织党建联盟成果展示	举办第二届社会组织党建成果展示会，通过组织展示、服务展示、风采展示三种形式展示社会组织党支部的党建工作成果
	（自选）庆祝新中国成立72周年	结合社会组织实际，开展形式多样的国庆活动
11~12月	（必选）开好组织生活会活动	党组织负责人对全年党建工作进行"回头看"，向支部党员大会述职，做好民主评议党员工作；向上级党组织提交一年来履职尽责的述职报告
	（自选）学习党的精神	传达学习党的精神，结合社会组织实际，进行交流研讨和全面学习宣讲工作

注：标＊活动为清江浦区社会组织党建联盟集中组织开展的党建活动。

五、总结评估

　　淮安市清江浦区心苑社会工作服务社在协助清江浦区社会组织党建联盟打造"红社益家"社会组织党建品牌的过程中，始终坚持党建引领为主导，组织培育为基础的工作方针，按照制订的服务计划，创造性开展党建工作，推动党建工作显实效，具体表现为"一提三有"。

（一）提升党组织覆盖率，党员社工影响力

自党建基地成立以来党组织数量显著增加，共计发展25家社会组织党支部，党建联盟队伍不断壮大；对于没有成立党组织的社会组织，通过选派党建指导员，为发展党员和成立党支部做准备；党组织带头作用凸显，党员社工服务争先。组建党组织的社会组织在参与社会治理，如文明城市创建和脱贫攻坚等工作中能够一马当先，起到表率作用。

（二）组织培育有创新

通过培育党建项目，拓展社会组织培育新角度、新方式，通过社区公益大赛评选出金牌社会组织10家，银牌社会组织9家，全区累计投入党建公益项目资金逾20万元；协助区内2家社会组织成功申报5A级社会组织。

（三）平台联动有温度

通过党建基地的建立，搭建同类型的社会组织的交流分享平台，推动社会组织互助发展。指导建立富强社区社会组织公益坊，培育发展各种形式的社区社会组织。社会组织的党员社会工作者在培育中心的带领下，紧紧围绕党的领导，团结一心。

（四）广泛宣传有影响

开展社会组织党建成果展示会，为全区社会组织提供宣传交流平台，可视化传播党员社会工作者风采，增强社会组织影响力；开展了"同上一堂党史"党性教育课堂、"回望起点 铭记初心"党史圣地学习等党建活动，社会组织党建工作蓬勃发展；并充分利用公众号、网络等新闻媒体发布宣传报道，积极展现社会组织在党建引领下参与社会服务、发展社区公益、满足居民需求、构建和谐社会等方面的积极动态。

经过一整年的品牌运营，落实党建"双百"工程，充分发挥党建引领作用，同时有效地提升了清江浦区社会工作者的服务能力以及社会组织的管理能力，成为整个淮安市社会组织党建示范品牌。

六、专业反思

淮安市清江浦区心苑社会工作服务社在协助清江浦区社会组织党建联

盟开展党建工作的过程中，以打造"红社益家"社会组织党建品牌为切入点，多层次、多角度推进"党建+社会工作者"工作，为区内党建培育工作交出一份满意的答卷，但党建工作远不是一时一地的事情，如何持续推进清江浦区社会组织党建工作，值得我们深思。

（一）党组织全覆盖工作任重而道远

随着社会组织党建工作的程度加深，原有社会组织党员人数储备已经不能满足党支部建设的需求，没有党员的社会组织如何发展党员，如何建设党组织，将成为党建工作推进过程中的重点问题。党员的发展和储备需要过程，这就要求我们在党建工作中做到稳扎稳打，不能急于求成。

（二）党建活动形式亟待创新

习近平总书记在全国组织工作会议上强调，要"探索加强新兴业态和互联网党建工作"。创新党建形式成为社会组织党建工作的新要求，相较于传统的党建工作中活动形式的固定被动，社会组织应当及时发挥自身优势，通过社会工作的专业性，创新党建活动形式、丰富党建活动载体，保证党建工作的活力和效果。

专 家 点 评

项目体现了自上而下的推动过程，从党建"建"+服务"为"两个层面推动"双百工程"的实现，具有典型的政策性。项目的快进程、具体举措的高响应度既是政策性的优势体现，也是项目成功的动因。建议深入分析政策谋划的深层次原因，并且匹配社会组织发展需求，将政策与服务对象利益深度融合，将政策推动转化为社会组织内生动因，确保项目的长效性和服务的有效性。同时，"党建+社会工作者"的模式，党建与社会工作者两层角色及互动机制是项目必须明确且具体执行的。党建引领思想是项目的重要成效，此类项目具有创新性和必要性，但需注重社会组织的参与，深化社会组织党建意义。

（纪杰杰：淮阴师范学院社会工作系助教，高级社会工作师，江苏省社会工作领军人才）

"红色导航" 助推社区社会组织高质量发展

许　悦① 赵海林

淮安市清江浦区心苑社会工作服务社

一、背景介绍

(一) 政策背景

《中共中央 国务院关于加强基层治理体系和治理能力现代化建设的意见》提出，做好社会组织培育引导工作。2016 年 7 月，在唐山考察时，习近平总书记指出：社区是党和政府联系、服务居民群众的"最后一公里"。社区社会组织扎根社区、贴近群众，是最基层的社会组织。当前，我市城乡社区正发生着深刻变革，居民对社区服务的多样化、个性化需求日趋明显，培育发展社区社会组织，对于加强和创新基层社会治理、增强基层为民服务能力具有重要意义。

(二) 案例背景

F 社区位于清江浦区北部，辖区范围约 0.6 平方千米，属于典型的村居合一型社区，现有自然村组 5 个、成规模生活小区 1 个、老旧小区 12 个，常住人口 5689 人。社区"两委"成员 5 名，下设 6 个党支部，党员 174 人。在党建引领下，通过大力培育发展社区社会组织，引导其参与社区治理，目前社区社会组织一方面自我服务、自娱自乐，另一方面服务群众、快乐他人，在社区服务和社区精神文明建设方面发挥着重要作用，对于建设和谐社区、促进社区治理服务具有重要意义。

---

① 许悦，淮安市清江浦区心苑社会工作服务社驻富强社区社会组织公益坊社工，助理社会工作师。

二、分析预估

（一）社区层面

1. 存在的问题

（1）社区行政事务繁多，难以满足居民日益增长的多样化服务需求；

（2）社区缺乏指导社区社会组织有计划地参与社区公共事务的能力；

（3）社区缺乏对社区社会组织的培育和支持。

2. 具体的需求

引入第三方社会组织参与社区社会组织培育的工作，缓解社区工作压力，系统性提升社区社会组织能力和参与意识，有效促进多元主体参与社区治理工作。

（二）社区社会组织层面

1. 存在的问题

（1）社区社会组织缺乏内生动力，角色定位不清；

（2）社区社会组织发展的规范化程度有待提高；

（3）社区社会组织的资金供给不足，缺乏专业力量支持。

2. 具体的需求

（1）协助社区社会组织优化组织结构、清晰团队角色定位，促使团队达成共识；

（2）提升社区社会组织的规范化水平，开展规范化和专业化的培训，助力社区社会组织的良性发展；

（3）通过"微创投"缓解资金压力，激发内生动力和组织活力。

三、服务计划

（一）聚力融合——党建引领社会组织

进一步整合社区资源和党建资源，强化和突出党建引领作用，在社区党委的领导下，发挥党组织、党员作用，联动"党建+公益"服务项目，发挥党组织的示范、引领和服务作用。

（二）资源整合——组建社会组织支持网络

为社区社会组织积极链接社区、企业、学校等场地及志愿者资源，编制爱心企业、学校、商户等社会资源名录，推动社企互动、社社对接会，开展社区微创投项目，赋能组织成长，提升社区社会组织自我造血能力，促进社区社会组织的可持续发展。

（三）培育规范——巩固社会组织培育成效

维护现有的社区社会组织人才骨干并继续挖掘社区社会组织优秀党员、领袖及骨干，培育社区骨干力量。规范管理运营，进一步提升社区社会组织的专业化程度，促进社区社会组织的制度建设、内部治理结构的完善，服务能力和成效的提升。

（四）品牌塑造——助推社会组织高质量发展

引导社会组织参与社区治理，有效满足和解决社区服务需求，培育优秀社区社会组织，向社区居民提供精准化、标准化、专业化的社会公共服务，在小区治理、纠纷调解、文化传播、邻里互助等方面发挥作用，为构建共治共享的和谐社区作出贡献。

（五）示范推广——可视化传播社会组织风采

开展项目展示交流会，多渠道媒体宣传，可视化展示组织产品与服务，充分彰显社区社会组织在社区建设中的基础性作用，响应群众诉求更加迅速快捷，力争促进社区社会组织运行规范，使其作用发挥明显、社会影响力强。

四、服务计划实施过程

（一）理论支持

1. 社区发展理论

社区发展通常指的是由政府支持和配合，在社区居民自身的努力下，合力改善社区经济、社会、文化等共同问题。目的是提高社区居民的生活水平和促进社会协调发展。在此理论中包含两个要素：一是居民自身参与社区建设；二是政府的支持配合性，帮助其更有效地实现自治。社区发展就是试图让一群有着共同方向、共同利益的人走到一起，并致力于解决其共同关注的问题。

F社区存在的行政事务繁多和居民日益多元化的需求成为社区面临的一项发展挑战，为有效解决这一问题，需要在社区党建引领下，激发社区活力，推动居民的社区参与，以民力促进这一问题的解决。社区社会组织以居民为参与主体，可以弥补政府公共服务的不足，满足人民群众日益多元化的社会服务需求，协调社会利益、化解社会矛盾，弘扬慈善与志愿精神，促进人与人之间的互助与和谐等。

2. 协同治理理论

协同治理理论是作为自然科学的协同论和作为社会科学的治理理论的融合。协同治理的最主要特征是摒弃管理主体的单一性，实现治理主体的多元化、各主体间的协同性、行动的程序性、管理的规范性、目标的效益性等。它强调集体行动、充分酝酿、互相配合、相互协调，不断寻求最有效的治理结构，不断检视和改善治理理论，从而提升治理效果水平。在协同治理过程中，强调各主体之间的自愿、平等与协作，采取协同行动旨在产生预期成果，进而推动适应多主体协作治理。

针对F社区存在的棚户矛盾、社区路面安全、环境卫生、困难人群关爱等问题，仅凭社区居委会的力量难以解决。为此，需要专业社会工作者介入，调动社区各多元主体的参与、协同，搭建社区、居民、社区社会组织之间的交流平台、互动平台，互相配合、相互协调，凝聚社区治理服务力量，共同针对社区存在的问题进行协商治理。

（二）服务实施

1. 党建引领激发"新动能"

心苑社会工作服务社党支部、F社区党委和社区社会组织党支部开展党建共建工作，通过设计系列党建活动，以"喜迎党的二十大"为主题，组织了爱国主义情怀教育课、"党群同心闹元宵"、红色观影等党建活动。在社区社会组织培育孵化过程中融入党建特色，增强社区党员、社区社会组织党员的凝聚力和向心力，推广"党建+公益"的服务模式：撬动社区党员成为社区社会组织的带头人，牢筑党群连心桥，党建赋能社区社会组织，激活基层治理"神经末梢"。

2. 四维架构培育"新力量"

不断完善社区社会组织培育体系，建立了由9名高校教师和23名专业社工组成的资源联合体，为社区社会组织提供政策解读、财务支持、空间支持、技术支持、人才对接等服务，形成了一套人才、项目、组织、平台的四维培育架构。

每年培育孵化社区社会组织 12 家，开展项目化督导 30 余次、专项培训 8 场，外出交流 2 次，转换社区优秀居民领袖成立社区社会组织 3 家，指导社区社会组织参与社区治理，服务居民达 3000 人次。

3. 赋能提质促进"新发展"

对 F 社区社会组织的带头人开展专业能力建设培训、社会组织法律法规政策培训、党建引领社区社会组织参与基层治理培训，通过这三个方面的培训进一步提升社区社会组织的专业化程度，促进社区社会组织的制度建设、内部治理结构的完善，服务能力和成效的提升。

组织社会组织骨干外出参访、交流与学习。带领社区社会组织及社区优秀志愿者参观红色爱国主义教育基地，参访学习无锡社区治理经验，促进 3 家社区社会组织由"文娱兴趣"团队转变为"志愿服务"团队，撬动 3 名社区优秀志愿者成立社区助老服务团队及社区健身团队，带动社区社会组织高质量发展。

4. 多元共治赋予"新身份"

为培育和扶持社区社会组织发展，连续开展三届"党建引领 五社同行"社区微公益项目大赛。围绕特殊人群帮扶、志愿服务、社区治理等方面，邀请社区社会组织、社区党员及志愿者参与项目申报。对申报成功的社会组织公益项目给予资金支持，并进行一对一指导，全程陪伴社区社会组织项目化运营。积极引导社区社会组织服务民生、参与基层治理，进一步激发社会组织活力，推进为民服务"落地生根"。

5. "五社联动"激活"内循环"

自 2022 年至今，培育志愿者骨干 130 名，发动社会志愿参与 500 人次，指导开展近 20 个社区微公益项目，开展公益活动合计超过 100 场，累计服务逾 3000 人次。2023 年，联合社区、社会组织、社工、社区志愿者及社区公益商户成立结对助困帮扶小组，分组入户为困难人群测量体温、血糖、血压、血氧等，还根据困难人群实际情况提供生活用品、米面油、电动轮椅、医用升降床等必需品。

社区社会组织多层次、多元化、多维度地参与社区共建共治，使社区社会组织真正成为传递党和政府声音的"放大器"、推动社区工作的"助推器"、纾解社会矛盾的"减压器"以及为居民办实事的"取暖器"。

6. 推广宣传树立好典型

通过外部媒体、活动宣传、公众号推广等多重宣传模式，宣传孵化中心日常工作、社区社会组织活动风采，省级媒体宣传报道11篇，市级媒体报道2篇，区级媒体报道9篇，总结推广优秀社会组织的成功经验，积极培育和树立社会组织典型，扩大社会组织的社会影响力，为社会组织的发展营造良好的舆论氛围。

五、总结评估

通过社区社会组织培育，为社区社会组织提供规范化建设、组织建设、资源链接、资金支持等关键性支持，成功搭建了"多元参与、共建共享"的基层治理新平台。

1. 建立"党建+公益"的服务模式

动员社区党员成为社区社会组织的带头人，牢筑党群连心桥，党建赋能社区社会组织，激活基层治理"神经末梢"。

2. 形成社区社会组织培育发展体系

形成了一套人才、项目、组织、平台的四维培育架构和对应的培育体系。

3. 建立社区社会组织规范运行平台

为社区社会组织运营提供可量化标准以及能力建设、资源对接、信息交流等服务。

4. 确立项目监管标准化模式

对社区社会组织进行项目一对一指导，全程陪伴社区社会组织项目化运营。

5. 实现社区社会组织协同治理

社区社会组织以居民需求为导向，为居民提供更丰富、更精准的服务。

六、专业反思

心苑社会工作服务社通过对社区社会组织的培育孵化，成功摸索和创建出一套项目运营经验，这些经验对于推进社区治理具有一定的普适性。

（一）社区社会组织培育孵化中心项目运营经验推广

社区社会组织培育孵化中心近年来成为推动基层社会治理创新和公益事业发展的新元素，在"五社联动""府校媒企社"协同联动的基础上，通过专业社会工作机构入驻孵化中心，开展专业化孵化服务，带动社区社会组织服务转型，从自助与互助服务转变为助人服务，从单独行动到群体参与，形成良好的向善引领平台。在项目实施年度内，组织开展特色活动，推动形成特色鲜明、功能新颖、落地可行的共享发展平台。在创新服务理念和完善社区治理之间实现了双赢。

（二）社区培育孵化中心项目运营反思及对策

1. 项目运营内容实施层面

项目反思：项目运营以公共服务创新为导向，着力解决社区社会组织专业能力不足、社区居民需求多样化服务供需不足、社区行政化工作繁杂、社会组织管理难的问题。在项目运营过程中，主要工作事项都与社区社会组织负责人沟通，却未能跟踪组织领袖开展团队建设的过程，只熟悉组织领袖，对其他成员了解甚少，对组织权利缺乏敏感度，普通成员参与程度低。

对策建议：一是引导社区社会组织带头人做好团队内部规范建设，进一步明确团队人员分工，各方各司其职，提升内部人员的参与感；二是指导社区社会组织团队内部活动，增强团队的凝聚力；三是搭建团队内部的沟通机制，通过成员的沟通和互动解决矛盾，成员的能力随之增长，组织也不断发展。

2. 项目运营社会工作机构层面

项目反思：在组织培育过程中，社工推动服务的行动力较强，堆积了大量素材，但对工作方法的梳理和总结能力略有不足，往往就事论事，看到问题却找不到解决方法，不能站在一个宏观的角度来反思问题，机构层面应给予专业督导支持，指导社工对项目素材作出思考和梳理，提升项目指导意义。

对策建议：一是建立和完善人才培育机制，对负责人和工作人员进行培训，提升从业人员的专业素养。二是完善督导机制，第一时间指导社工处理项目难题，对社工开展内训，从更加全面的角度带领社工梳理项目材料，使项目运作更加精细化、专业化。

专家点评

社会组织党建是基层党建工作的重要领域，上述案例中的社区培育孵化中心项目能够有效凝聚基层力量，精准对接群众需求，广泛链接优质资源，以项目培育助推社区内部各类社会组织参与社会协同、创新基层治理，在党建引领、志愿服务、养老保障、应急管理等方面发挥重要作用。在本案例中社工一方面通过党建引领社会组织开展工作，明确发展方向，如根据专业特长分析需求，让社会组织找准定位参与社会治理，实现了居民需求与社会组织发展的精准契合；另一方面基于公共平台创新社会组织党建工作，优化管理服务。在提升社会组织自身管理水平和服务能力方面，建立了"党建+"、思维培育架构等工作保障机制。不足之处在于如何保持项目的有效性和持续性，社区社会组织的灵活性强和服务及时便捷等突出优势的确可以在社区发挥得很好，但是如何保障其服务的专业性、有效性和持续性是社会工作机构长期发展需要考虑的重点问题。

(徐璐：淮阴师范学院社会工作系讲师)

五社为舟，志愿做桨：社区志愿服务推动"五社联动"实践探索

卢　丹① 纪杰杰

淮安市清江浦区心苑社会工作服务社

一、背景介绍

中共中央、国务院提出要加强和完善城乡社区治理。城乡社区是社会治理的基本单元。城乡社区治理事关党和国家大政方针贯彻落实，事关居民群众切身利益，事关城乡基层和谐稳定。要实现党领导下的政府治理和社会调节、居民自治和良性互动，全面提升城乡社区治理法治化、科学化、精细化水平和组织化程度，促进城乡社区治理体系和治理能力现代化发展。虽然"三社联动"在社区治理中发挥了积极作用，但也暴露出人手短缺、资源不足、居民参与度低等问题。

《中共中央 国务院关于加强基层治理体系和治理能力现代化建设的意见》指出，要发展公益慈善事业，完善社会力量参与基层治理激励政策，创新社区与社会组织、社会工作者、社区志愿者、社会慈善资源的联动机制。其推出的"五社联动"社区治理模式抓住了两支显著社会力量——社区志愿者和社会慈善资源，由此可见发展社区志愿者和社会慈善资源是必要的。

滨河社区位于淮安市生态文旅区西片区，成立于 2016 年 9 月，占地面积 1.23 平方千米，由 4 个拆迁安置小区组成，共有人口 3500 户，约 1 万人，是典型的"村改居"社区。当前社区治理主体单一，社区居民参与社区治理的意识和热情较低，社区服务质量较低。

社会工作机构作为便民利民和服务居民的社会组织，有责任和义务推

---

① 卢丹，淮安市清江浦区心苑社会工作服务社滨河社区服务点社工，助理社会工作师，负责滨河社区治理项目。

动居民参与社区治理，为此要立足社区，以专业的社区社会工作方法充分挖掘志愿者力量，以促进社区志愿服务常态化发展，储备慈善力量，推动"五社联动"深度融入社区治理，共同服务社区，让居民在"家门口"就能享受到专业、优质的社会服务。

二、分析预估

（一）社区治理主体单一化

我国城市社区治理工作，基本上全部由政府承担，目前政府作为主要治理主体，对社区中绝大多数的公共资源进行控制和管理，其他市场组织和社会组织未能平等参与社区治理。非政府组织发展力量薄弱，以及居民参与积极性低，难以形成一定规模和力量参与社区治理。

（二）社区居民参与度低

社区治理离不开社区居民的广泛参与，居民参与率是衡量社区自治成效的重要指标。当前，我国社区治理仍处于初级阶段，社区参与制度不完善，从而出现社区居委会"一言堂"现象，居民参与普遍不足，且社区参与呈现浅层化趋势。其主要表现为：政治性参与少，非政治性参与多，如居委会选举等；对社区的归属感与认同感普遍不高，居民参与社区治理的意识薄弱。社区居民参与积极性低，责任意识较差，大部分居民仍处于被动参与社区活动的状态，在社区治理中缺乏真正的主动性和决策性参与。

（三）社区服务质量不高

政府各部门临时性的统计、综治、检查等任务不断落实到社区居委会，使社区居委会工作行政化日趋严重，由于其承担了过多的行政事务，使社区对社区居民的服务只是体现在落实相关部门的政策等一般性和常规性服务上，如最低生活保障、社会保险等政策落实上，而一些便民利民服务无法得到很好的开展。

三、服务计划

立足社区，以专业的社区社会工作方法充分挖掘志愿者力量，联动"三社"促进社区治理多元化发展，储备慈善力量，提高社区居民社区参与度，组织志愿队伍，提高社区服务质量，推动"五社联动"深度融入社区治理，共同服务社区，让居民在"家门口"就能享受到专业、优质的社会服务。具体服务策略如下。

（一）联动"三社"，促进社区治理主体多元化发展

坚持以群众需求为导向、社区建设为基础、社会组织为载体和社会工作者为支撑，逐步形成政府与社区、社会组织、社会工作者"互联、互动、互补"的服务性治理方式，促进社区治理主体多元化发展，实现由传统的社会管理方式向现代社会治理体系的转变，发挥社区组织、社会组织、社会工作机构在国家治理体系和治理能力现代化方面的独特作用，提升公共服务水平、促进社会和谐。

（二）挖掘志愿慈善资源，促进社区居民参与社区治理

充分挖掘社区志愿慈善资源，链接慈善资源投入社区志愿服务，为社区解决问题，助力社区治理。让社区公益活动更贴近社区发展，利用慈善资源开展社区活动，使社区居民加深彼此印象，推动社区居民树立相互关怀、互助友爱的文明新风尚，加深邻里情感，建立和谐、和睦新社区，进而提升社区居民对社区的认同感与归属感，增强社区居民对居委会事务的参与意识，提高居民的社区参与度。

（三）组织志愿力量，促进社区服务高质量发展

立足社区，搭建志愿者参与平台，完善志愿者管理机制，以专业的社区社会工作方法充分挖掘志愿者力量，发展更多类型的社区社会组织，以促进社区志愿服务常态化发展，促进社区服务高质量发展，推动志愿服务深度融入社区治理，共同服务社区，让居民在"家门口"就能享受到专业、优质的社会服务。

四、服务计划实施过程

（一）联动"三社"，促进多方力量参与社区治理

1. 了解居民需求，搭建服务平台

联合社区开展服务平台搭建、居民服务需求等调研工作，制定居民需求清单和问题解决清单。派驻 2 名社会工作者开展专业服务，项目负责人持证上岗。

滨河社区是"村改居"小区，"占用楼道、设施损坏、环境脏乱差等

现象比较明显"。社会工作者联合社区对居民需求清单、问题解决清单进行梳理，对服务内容进行优化设计，重点围绕社区亲子群体、社区老年群体、社区妇女开展专业服务，以服务带动社区融合发展。社区先后搭建了"亲子'悦'读营""美丽的家园""爱心敲敲门""巾帼公益坊"等主题服务平台，通过社会工作者的专业服务，拉近了居民与社区之间的距离，实现了"社区、社会工作者、居民"之间的良性互动。

2. 挖掘社区领袖，培育社区社会组织

社区人才培养、社区社会组织培育，是社区治理创新的重要抓手。社会工作者注重发掘、培养社区人才，并建立社区社会组织骨干培养机制、财务管理机制、服务规划机制、资源链接机制、制度建设机制。截至目前，培育社区人才20余名，培育（整合）社区社会组织18家，包含志愿服务类、社区治理类、便民服务类等多种类型，"三社联动"有效促进多方力量参与社区治理。

联动"三社"有效地整合了社会资源，充分调动各方社会力量参与社区治理，形成了资源共享、优势互补、相互促进，互联、互动、互补的社区治理新格局。及时有效地发现社区居民的新动向、新需求，有效满足社区居民需要，促进多方力量参与社区治理，拓宽了社区服务的半径和内涵。

（二）挖掘志愿慈善资源，提高居民参与度

通过社区居民捐赠、辖区企业共建、公益平台募捐的方式，提升居民社区参与度，发掘辖区企业慈善资源，广泛动员居民参与社区。

1. 使用"社会工作者+慈善"策略，链接外部志愿慈善资源

在早期培育亲子阅读志愿服务队时，社会工作者为解决社区无地读书、无书可读、无人领读的问题，链接中国儿童少年基金会向社区捐赠了10万元物资，建设了社区图书馆。在此基础上为社区的儿童开展绘本阅读活动，在活动中挖掘、培育了志愿骨干，由志愿骨干将志同道合的居民组建成"亲子阅读"志愿服务队，于每周日下午2点开展绘本阅读活动。并且，在腾讯公益平台积极参与"99公益日"活动，以广泛动员社区居民参与的方式，为社区贫困儿童送上"秋天的第一本书"。

2. 从内部发展志愿慈善资源

在开展亲子阅读活动的过程中挖掘儿童家长的社会资源。将资源引入

社区,发展为可以为社区所用的社会慈善资源,后期利用挖掘出的慈善资源募集了 2000 多本图书,并由社区志愿者将其整理归类,以供社区儿童借阅,有效解决了社区无书可读的问题。此后有效提高了社区居民的社区参与度。

除此之外,社会工作者在大型节日活动中,发掘服务对象周边的社会资源,如理发店、眼科医院、诊所、缝纫店、维修店、艺术班、消防队等 50 个小微企业和政府资源,将它们发展为社区的储备慈善力量。在举办大型活动时,它们免费提供义诊、义剪、义演、义讲等志愿服务,丰富了社区居民的精神文化生活,受到居民的一致好评。有的企业也会出资赞助舞台搭建等环节,这大大减少了搭建舞台等环节的费用,也给予了一定的经费空间,可以将活动环节打造得更加精细,为居民提供更加舒心的服务。

(三)组织志愿力量,提高社区服务质量

首先,搭建社区志愿者沟通平台,整合社区内志愿者团队的资源,加强各团队之间的沟通与合作,协调各志愿者团队的力量相互支持配合,提升社区内志愿服务功能。其次,建立志愿者管理与激励机制,以此增强居民的参与意识,发挥居民自助、互助力量,提高社区居民的自治精神,加强社区居民的责任感和归属感。再次,挖掘志愿者力量,为社区志愿服务注入"新活力",提升志愿服务质量,促进志愿服务多元化、专业化发展。最后,借助公益活动的形式,以志愿者为主体,培育各类社区社会组织,联合多方力量共同服务社区,推动"五社联动",让居民在"家门口"就能享受到专业、优质的社会服务。

鼓励志愿者团队主动发现社区中的问题,通过志愿服务助力社区治理,提高社区服务质量。根据社区发展需要与居民的服务需求培育多支志愿服务队伍,为社区领袖或骨干志愿者提供展能平台,并针对性设计服务项目,如义修、义剪、义诊、义演、电访、社区环境卫生宣传倡导、就医陪护、活动协助、结对帮扶、长者配餐、探访等一系列暖心服务,使其能力得到发挥,并在实践中获得进步和成长。还培育出"爱心敲敲门""小小红领巾志愿者""美丽的家园""魅力太极行""追梦舞蹈队"等 18 支志愿服务队,丰富了社区居民的精神文化生活。

五、总结评估

在社区治理的基础上，以满足居民群众需求为出发点，构建以社区为平台、社区社会组织为载体、社会工作者为支撑、社区志愿者为辅助、社区公益慈善资源为补充的"五社联动"社区治理模式。

联动"三社"促进了社区治理主体多元化发展，依托社会组织，应用社会工作的专业方法，推进社区的建设。在"三社"的基础上，挖掘志愿慈善资源，链接慈善资源投入社区志愿服务，为社区解决问题，助力社区治理，让社区公益活动更贴近社区发展，动员更多的社区居民参与。组织志愿力量，提高社区服务质量，以专业的社区社会工作方法充分挖掘志愿者力量，发展更多类型的社区社会组织，以促进社区志愿服务常态化发展，推动志愿服务深度融入社区治理，共同服务社区，让居民在"家门口"就能享受到专业、优质的社会服务。

"五社联动"工作自开展以来，各社区服务功能持续提升，治理效能明显增强。形成了"爱心敲敲门""美丽的家园""十五论坛""小小红领巾志愿者""追梦舞蹈队"等一系列社区治理服务品牌。整合"五社"资源，积极发挥"五社联动"优势，组织志愿力量服务社区，丰富了社区精神文化生活，实现了社区资源互助共享，有效激活了社区联结。

六、专业反思

（一）从"三社"到"五社"的转变

在"三社联动"基础上，率先启动"五社联动"社会工作服务项目，旨在利用社区、社会组织、社会工作者、社区志愿者、社会慈善资源联动作用，发挥社会力量参与社区治理，合力解决社区居民迫切需求及基层治理中的难点、热点问题，营造共建共治共享的社会治理格局。

"三社联动"项目自开展以来，有效补齐了社区服务短板，满足了社区居民服务需求，为社区治理注入了新活力。"三社联动"在社区治理中发挥了积极作用，但也暴露出人手短缺、资源不足、居民参与度低等问题。"五社联动"新增联动社区志愿者、社会慈善资源，有效弥补了"三社联动"在运行中的不足之处。

社区志愿服务队伍是"五社联动"的重要依托力量，开展社区志愿服务是新时代文明实践的重要内容；社会慈善资源是"五社联动"的重要助推力量，对困难群体实施慈善救助帮扶是充分发挥慈善的第三次分配作用，改善困难群众生活状况，促进共同富裕的重要举措。合理运用这两支社会力量，有效发挥"五社联动"的优势，促进多主体联动，以解决社区问题，提供居民服务，强化居民联结，实现社区善治。

（二）居民参与是根本

充分调动居民参与积极性，尤其是社区积极分子和社区领袖，营造社区志愿氛围，使社区居民逐步形成共同的价值观念和行为规范，形成共建共享、休戚与共、富有文化活力的"共同体"，增强社区的凝聚力，营造稳定的社区环境。社区居民在共同参与社区活动的过程中，由陌生到逐渐熟识，彼此之间的理解与认同加强，关怀与帮助增多，也逐渐形成了对大家共同生活的家园——社区的认同感和归属感，进而能自觉主动关心社区事务，积极参与社区开展的各项活动，增强社区的凝聚力。在社区事务中社区居民更加愿意担起责任，提高志愿服务质量，有效参与社区治理。

专家点评

当前各界都对现代化基层治理展开了丰富的讨论。其中，如何激发基层治理主体的参与积极性更是引起了不少的争论。根据基层治理主体各自不同的特点和功能，社区与社会组织、社会工作者、社区志愿者、社会慈善资源被认为对推动基层治理具有重要意义。心苑社工机构将理念转化为行动，在滨河社区展开了治理主体综合化以及全面化的实践。采取挖掘、培育和支持"新"志愿者的方式，不仅推动了"五社联动"在社区中的实践，更为不同主体提供了参与治理的渠道，对提高当地居民参与度起到了关键作用。最重要的是，机构为当地社区链接的外部资源投入十分贴近居民生活所需。通过链接中国儿童少年基金会，帮助其获得所需读物，体现了社会工作机构通过"五社联动"的方式推动基层治理的专业性。

（曹欣欣：淮阴师范学院社会工作系讲师、博士）

社工赋能发展 助力乡村振兴①

赵海林 纪杰杰

淮阴师范学院

一、背景

2017 年民政部、财政部和国务院扶贫办联合印发《关于支持社会工作专业力量参与脱贫攻坚的指导意见》，明确要坚持党政引领、协同推进，将发展专业社会工作纳入当地党委政府关于脱贫攻坚的总体安排中，同其他扶贫工作一同部署、协同推进；坚持以人为本、精准服务，科学评估贫困群众服务需求，分类制订个性化扶贫方案，有效配置扶贫资源，灵活选择服务方式，开展有针对性的个案服务，助力精准扶贫、精准脱贫；坚持群众主体、助人自助，发挥社会工作专业人才组织协调、资源链接、宣传倡导的优势，激发贫困群众的内生动力，帮助贫困群众建立健全社会支持系统，支持贫困群众提升自我脱贫、自我发展能力。

2020 年江苏省民政厅作为省委驻淮安市淮阴区帮扶工作队队长单位，对淮阴区实施整体帮扶，挂钩三树镇，重点帮扶新星村。省委驻淮阴区帮扶工作队联合淮阴师范学院社会工作专业、淮安市清江浦区心苑社会工作服务社将专业社会工作方法和帮扶工作结合起来，探索专业社会工作参与乡村振兴的路径与方法。

淮阴区三树镇，位于淮阴区西边，距区中心 15 千米，属于郊区乡镇。社区发展存在三个方面的不足：一是缺乏内生动力。由于工业发展缓慢，大量农村人口到苏南打工，一部分留守的劳动力则早出晚归进城务工，剩下的农户主要是由于家庭或个人原因无法外出务工，在家务农兼从事副业。由于乡镇工业发展缓慢，农业产业化发展也相对滞后，多数农户没有

---

① 案例来源于社会工作系老师参与江苏省委驻淮阴区帮促工作队在淮阴区的帮扶工作。

改变现状的想法。二是社区的原子化。工作队所在的新星村属于集体经济收入 18 万元以下的经济薄弱村,实行家庭联产承包责任制后,农村集体经济薄弱,村民都是各顾各的,彼此之间缺乏相互支持,社会资本较弱。三是对村民参与重视不够。传统的帮扶工作主要是自上而下地提供各种物质帮扶,是向社区输血而不是造血,对于如何引导村民参与关注不够,因而帮扶队伍一走,很多项目就难以持续。

二、做法

社会工作以"助人自助"为宗旨,指向的是社会中的困难群体,而一部分的困难群体正是因为在社会环境中无权才产生问题,所以在实践中运用赋权策略就显得更为重要。赋权理论将困难群体的"无权"定义为"缺乏技巧、知识或物质资源以及情绪管理能力,以致无法令自己满意地有效扮演重要的社会角色"。赋权就是强调社会工作者为了减少困难群体的"无权感"而与服务对象系统共同参与的过程,赋权必须处理好个人、人际和政治三个层面。在个人层面上的赋权,社工要帮助服务对象聚焦于个人发展、个人权力感和自我效能感的提升,重新定位自我;在人际层面上的赋权强调社工运用有关家庭、群体和社区的专业知识增强服务对象的优势,使服务对象可以有更多的影响他人能力的具体技术的发展;在政治层面上的赋权强调社工要帮助个人和团体学习知识技能去认识和影响政治进程,实现社会行动和社会改变的目标。在赋权理论的基础上,我们提出从个人、家庭、群体、社区和产业五个层面进行赋能,促进个人能力提升、提升家庭发展能力、增进人际和谐、形成相互支持的社区氛围、促进产业持续发展。

（一）个人和家庭赋能

个人赋能就是强调个人发展,通过提升个人能力,改变其无能感。

一是开展个案辅导。通过前期的走访与评估,发现有需要介入的个人,开展个案辅导。运用认知疗法、资产建设法等方法介入,通过个案辅导改变困难群体的错误认知,使其确立正确的认知,进而激发其改变自我。

二是开展个案管理。对一些困难较多、问题复杂的服务对象或者家庭运用个案管理方法,个案管理是由专业社会工作者评估服务对象及其家庭的需求，并安排、协调、监督、评鉴及倡导的一套包含多种项目的服务，以满足特定服务对象的复杂需求，强调过程取向和体系取向。个案管理实现"一户一策"的精准帮扶，持续提供专业服务。目前已为三树镇 11 户家庭开展个案管理服务，在服务对象家庭关系改善、下一代教育、提升内生动力等方面取得良好成效。

三是开展就业和创业培训。和困难家庭商量合适的培训内容，提供合适的培训内容与方法，通过就业创业培训，提升个人的就业能力，增强个人的发展能力和发展动力。

（二）群体赋能

群体赋能是依托邻里互助与结对帮扶，通过组织化路径实现互助，把分散个体整合起来形成强大的力量。群体赋能主要途径有以下三种。

一是建立邻里互助团。把老干部、老党员和热心村民组织起来成立邻里互助团，发挥他们关心群众、关心社区发展的热情，定期开展贫困家庭走访，了解贫困家庭的情况，及时向社工反映结对困难家庭的问题，协助解决家庭困难。邻里互助团有组织架构、队伍标志、工作分享会、年终表彰，还有定期培训与学习，这些措施既提升邻里互助团的服务能力，也增强其影响力，激发他们的助人意愿。社工把互助团成员培育成社区居民领袖，建成一支"带不走的社工队"，从而延伸了专业社工的手臂。自 2020 年 6 月以来，新星村邻里互助团已有 21 名成员。

二是结对帮扶。依托邻里互助团实现与"五保"老人的结对帮扶，同时开展城乡结对帮扶，为乡村困难群体链接城市相关的社会资源。

三是儿童的群队赋能。针对儿童主要是开展学校社会工作服务与暑期课堂。社工通过招募淮阴师范学院社会专业的大学生志愿者，为留守儿童、困境儿童提供助学和成长教育。2020 年的暑期夏令营课堂，共开设 42 节课，从生命教育、能力提升、人际发展、安全教育、互助学习等方面开展服务。社工和志愿者为儿童开展时间管理、人际关系、抗挫力和情绪管理等小组工作，专业社工服务有力增强了儿童自我管理能力。

（三）社区赋能

社区赋能就是通过加强党支部建设和推进社区文化服务来实现赋能。

一是加强村党支部战斗堡垒作用，定期召开党员月例会和党群议事会。引进当地院校党支部与帮扶村党总支开展结对共建，互助强化党建引领。通过党员集中学习、组织党群活动等方式，规范组织生活，增强党支部凝聚力。通过党员月例会，加强基层党建工作，提高党组织的战斗力。通过党群议事会，对社区移风易俗、集中居住、429省道周边建设事宜等多种事项进行讨论，征求群众代表意见，让社区与居民之间实现信息互通，也为村里开展工作提供很好的保证。

二是推进镇村文化服务，增强村民的社区认同，增强社区政策执行力。定期举办节庆活动，丰富村民的文化生活。制定新型农村社区自治管理办法，促进邻里互助氛围及行动的达成。利用节庆活动去关爱社区贫困家庭，让这些家庭能够体会到社区的温暖，从而增强社区认同。每年举办村文化节，为村民表演节目，丰富村民文化生活，也利用文化节开展孝亲表彰、五好家庭表彰，弘扬正能量，开展社会倡导，收到良好的社会效果。

（四）产业赋能

产业赋能就是为产业发展搭建产销渠道、就业渠道。

搭建产销渠道。全国号召推进"万企扶万村"之际，省驻淮阴帮扶工作队邀请省绿色食品协会、"盒马鲜生"、"金螳螂"等开展企村联建，协助镇域内农产品的品牌建设。协调多方力量，推动三树镇特色农产品外销，通过出方案、供素材、联系媒体、中介组织参与、志愿者免费宣传，协助开展"百藕宴"促销活动，助销四门闸村藕虾项目、番鸭项目等，开拓农产品销售市场。

开展就业创业培训。为村民链接社会有效资源，促进村民就业。整合三树镇现有就业资源，结合帮扶队产业帮扶项目，链接职业培训资源，为村民提供多渠道就业路径。社工邀请职业培训机构到村开展现场厨师培训展示，对接就业需求。邀请村民进企业参观，现实了解企业招工政策与就业环境。针对妇女、老人等群体的就业需求，开展传统手工编织培训，链接家门口就业手工资源等，多举措促进村民就业，提升村民收入，有效提升脱贫成效，助力乡村振兴。

加大宣传力度。与此同时，充分利用抖音、快手等新媒体资源，宣传扶贫政策，吸引社会大众、社会资源对于脱贫攻坚事业的关注与参与。

三、成效

社会工作强调"助人自助"，与扶贫工作具有高度契合性。以需求为导向，以服务为本，强调服务对象的参与，通过整合资源，专业社会工作参与乡村振兴，已经取得一定成效。

（一）建立了乡村振兴工作团队

乡村需求多，问题复杂，需要专业长效的工作队伍持续服务。为淮阴区脱贫攻坚、乡村振兴事业打造一支知农业、爱农村、爱农民的"三农"工作队伍。由"村委会+社工"主导，依托邻里互助团，发挥村民潜能和优势，建立有效的邻里支持系统。在村外，积极引进高校、大学生志愿者、社会组织、爱心企业等组织，多方参与，建立脱贫攻坚和乡村振兴的人才队伍。

淮阴区三树镇在"村委会+社工"共同努力下，成功组建了一支邻里互助团，他们在推动社区发展和村民互助方面发挥了重要作用。同时，还与淮阴师范学院建立了一支大学生志愿者队伍，共同致力于乡村振兴。

（二）打造多元参与的服务平台

为了更好地提供服务，推动居民参与，提高其主人翁意识，在省委驻淮阴区帮扶工作队的大力支持下，依托心苑社工服务社和淮阴师范学院社会工作专业，在三树镇中心小学和新星村建设"社工驿站"。三树镇中心小学"社工驿站"主要服务于建档立卡户留守儿童和困境儿童，开展助学助困服务。共开展5天的抗挫力小组和传统文化教育等服务。新星村"社工驿站"通过社工与邻里互助团两大主体，打造新星村儿童关爱中心、老年人日间照料中心、邻里互助中心。2020年7月至今，已开展儿童暑期课堂、党群活动98场，服务困难群体2146人次。

（三）针对困难家庭开展个案管理

省委驻淮阴区帮扶工作队与社工一起开展入户调研，在对建档立卡户、低保户家庭进行综合评估的基础上，运用个案管理方法，为有需要的家庭制订家庭发展计划，实行"一户一策"，进行精准帮扶。目前为三树镇11户困难家庭开展个案管理服务，在服务对象家庭改善、下一代教育、提升内生动力等方面取得了良好成效。

（四）推动村民参与助力社区治理

依托村党群服务中心（"社工驿站"）积极开展传统节日的相关文化活动，丰富村民的业余生活，增强社区凝聚力，增强村民的社区认同。通过组织村民参与村务活动，融洽党群关系，提升村民对于社区事务的参与度和责任感，提升社区民主与自治水平，增强村党委号召力。因为村民参与社区事务，新星村在推进"农房改善"活动中，成效突出，在规定时间超额完成农房改善的指标。

四、探讨

在社会工作实践中，要真正实现服务对象的赋权，要通过个人赋权和社会赋权两个层面来实现。

个人赋权，就是社工要下放权力（一般指选择权和决定权）给服务对象，让服务对象自己掌握自己的行为，作出选择，使服务对象对个人决定具有更多的控制权，然后让服务对象学习新的方法。社工可以通过引导服务对象了解社会规范，从而发挥其自身的潜能，使其学会用新的方法去解决问题。

社会赋权通过与他人的互动得到实现，是一个在社会关系中经过社会关系而获得权利的过程。因此要实现社会赋权，必须了解服务对象所处环境中的社会权力以及服务对象拥有社会权力的机会大小。社工需要协助服务对象去争取社会权力，社工在这个层面扮演着倡导者的角色，通过对服务对象权力的评估，向服务对象所处的社会环境中的有关部门倡导相关政策，使服务对象能够拥有一定的社会权力，可以有所选择，实现服务对象的社会赋权。赋权不是社工"赋予"服务对象权力，而是挖掘或激发服务对象的潜能，使他们自己赋权，从而解决问题。通过社工的协助，使服务对象实现自己的优势，自己解决问题从而掌握自己的命运。

专家点评

案例依托社会工作参与乡村振兴的实践探讨社会工作如何介入乡村振兴及其效果。案例运用赋权理论为指导，通过对个人、家庭、群体、社区和产业五个层面进行赋能，促进个人能力提升、提升家庭发展能力、增进人际和谐、形成相互支持的社区氛围、促进产业持续发展。项目体现了社会工作的助人自助的理念，强调服务对象的改变与发展，注重服务对象和社区的成长；项目体现了社会工作在资源整合方面的优势。

(李金晏：淮阴师范学院社会工作系讲师、博士)

共谱家庭新篇：困境儿童个案管理案例

钱　怡① 朱善争

淮安市清江浦区心苑社会工作服务社

一、背景介绍

（一）案例来源

本个案来自外展发现，在社会工作者入户建档时发现了服务对象，服务对象是低保家庭儿童，目前由爷爷奶奶照顾，缺少母亲的关爱和父亲的呵护。

（二）基本情况

服务对象，女，11岁，小学在读，成长于单亲家庭，母亲早年离家出走，父亲患尿毒症。现在由年迈的爷爷奶奶照顾其生活起居。服务对象由于缺少父母的关爱，学习成绩不够理想，并且养成了许多的不良生活习惯。

（三）家庭情况

服务对象母亲在生下她不久后便离家出走，再也没有回来，服务对象父亲因此受到刺激，整日待在家里，心情苦闷，后又因患尿毒症，彻底丧失生活信心；服务对象自小未感受过母爱的温暖，性格暴躁，爱说脏话，现在小学就读，学习成绩差；服务对象爷爷奶奶收入低，年事已高，均患有老年疾病；一家四口居住的房子因常年屋顶渗水导致四处发霉，严重影响服务对象一家的身体健康；家庭经济收入除了低保金、爷爷奶奶的退休工资，服务对象姑姑偶尔会接济一些。

---

① 钱怡，淮安市清江浦区心苑社会工作服务社驻浦楼社工站社工，社会工作师。

（四）家庭结构及社会生态系统图（见图1、图2）

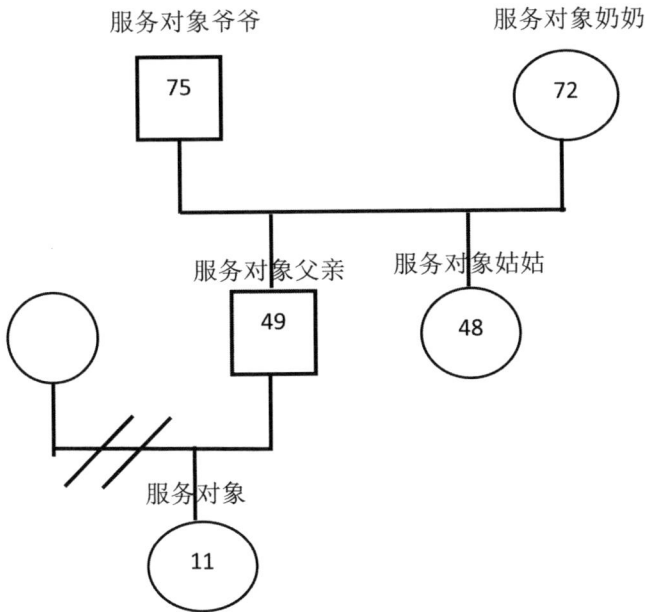

图1 服务对象的家庭结构图

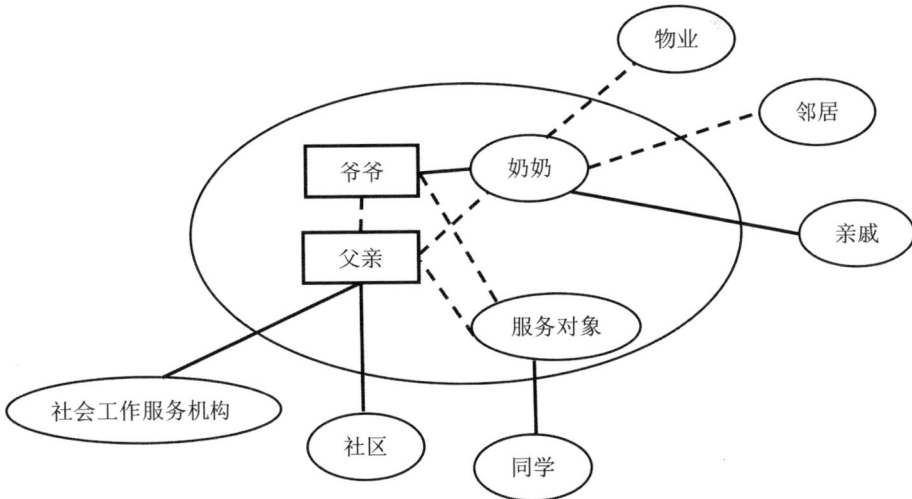

图2 服务对象的社会生态系统图

二、分析预估

(一)问题预估

1. 个人层面

(1)服务对象自我效能感低。服务对象因缺少母亲的关爱、父亲的呵护,在心理上否认对自我能力的判断。

(2)服务对象缺乏心理支持。服务对象由爷爷奶奶照顾生活起居,但是与爷爷奶奶之间缺乏精神和感情上的沟通,服务对象很少主动表达自己的真实想法,心理上出现的情绪波动也很难被关注到。

(3)服务对象亲子关系紧张。服务对象与父亲关系紧张,对父亲避而不见,认为父亲对其要求比较严厉,犯错时总会批评、教育她,久而久之亲子关系越发疏离,服务对象父亲平时忙于做透析治疗,缺乏与女儿的沟通与理解,教育方式简单粗暴。

2. 家庭层面

(1)服务对象父亲患尿毒症,且伴有并发症。身体上的疼痛和不适使其失去对生活的信心。

(2)服务对象家庭收入低,医药开销大。服务对象的家庭经济收入低,除了低保金、爷爷奶奶的退休工资,姑姑偶尔会接济一些,但姑姑长年在外地打工极少回家。服务对象爷爷奶奶均年事已高且患有老年疾病,每日需服药和定期去医院复查身体。

(3)服务对象爷爷奶奶生活压力大。一家四口的日常起居均由爷爷奶奶照料,奶奶现年 72 岁,爷爷现年 75 岁,本是养老享乐的年龄却还要拖着病痛的身体超负荷地照顾一个病人和一个孩子。

(4)服务对象家庭居住环境恶劣。服务对象与父亲和爷爷奶奶居住在一起,房屋墙面已生虫,且比较破旧。客厅里堆满杂物,屋顶因常年渗水而布满霉斑。阴暗潮湿且杂乱的居住环境对一家四口的身体健康、生活学习及生命安全等都产生不良影响。

3. 社会层面

(1)在非正式社会支持网络方面。服务对象姑姑长年在外地打工,极少归家,同时有自己的家庭,无暇顾及服务对象一家,处于心有余而力不足的状态。此外，服务对象一家从未结交能够提供实质性支持的朋友；邻居关心过服务对象一家的生活状况，曾上门陪他们聊天疏导情绪，但服务对象奶奶因屋顶渗水与邻居之间逐渐产生矛盾，于是日渐疏离。

（2）在正式社会支持网络方面。服务对象奶奶曾向物业工作人员求助解决楼上邻居漏水问题，但被多次搪塞，双方闹得不欢而散；服务对象奶奶经常提到服务对象父亲之前在动手术住院后没有享受到社保上的补贴，觉得没有受到社区的重视。

（二）服务对象及其家庭的需求分析

通过对服务对象个人、家庭和社会层面的问题分析，发现个人层面的许多问题并不是独立存在的，而是由于家庭和社会层面的支持不足，且缺乏良性互动引起的。因此，服务对象一家主要存在的需求包括：

服务对象提升自我效能感的需要。服务对象需要重新建立自信心，敢于与家人或其他人表达自己的真实想法，并相信通过努力便可以做到。

服务对象家庭支持功能恢复的需要。服务对象的其他家庭成员团结起来，为服务对象提供正向的支持，如情感支持、经济支持。

服务对象社区社会支持网络增强的需要。协助服务对象奶奶与社区、物业、邻居协商解决社会保险补贴及屋顶渗水发霉的问题，以能提供正向支持的其他资源实现有效联结和良性互动，形成强有力的社会支持网络。

三、服务计划

（一）理论支撑

1. 理论介绍

个案管理是一种提供服务的方法，运用这种方法，专业社会工作者评估服务对象及其家庭的需求，并安排、协调、监督、评估和争取包括多种服务的一揽子服务，满足特定服务对象的多种需求。其优势在于：①面对有多重需求的服务对象，可以整合多种资源、协调各部门以确保可以帮助其走出困境。②解决其复杂问题，一方面致力于引导服务对象及其家人使用社会资源，促进其社会融入；另一方面全力帮助服务对象增强自身能力，恢复社会功能。③高效的工作可以减少社会服务成本的投入。

社会系统理论强调人与社会系统各要素在环境中相互作用，并对人类社会行为产生重大影响。因此，社会工作者应将服务对象及其所在系统当成一个整体来看待，通过改变或者影响服务对象周边的系统达到满足其需求的目标。

2. 介入理念

社会工作者通过协调和获得各种资源，以协助服务对象解决其面临的各种问题。个案管理强调服务对象与社会工作者一起工作，包括需求的评估/包裹式服务的规划与组织等，都由双方共同做决定；个案管理强调社会工作者需要协调各方资源为服务对象提供"全人"的服务，并不局限于为服务对象的特殊需要提供直接服务；个案管理过程中，社会工作者要注意提高资源运用的效率，避免资源的浪费或重叠，要具有一定的成本意识。

社会工作者对服务对象所处的系统要时刻保持敏感性，在问题分析阶段要将服务对象的问题放在宏观系统判断和分析成因，看到阻碍问题解决的环境障碍。另外，社会工作者要注意服务对象与其所在系统之间的动态发展的关系，服务对象意识提升的反复性可能会受到周围系统的影响。因此，在介入过程中，当发现服务对象出现改变发生倒退时，应从各个系统之间的关系变动进行介入和调整。

（二）服务目标

1. 总目标

促进服务对象身心健康成长；缓和服务对象亲子关系；缓解服务对象家庭经济压力；改善服务对象居住环境。

2. 分目标

（1）对服务对象进行心理疏导、行为重塑，改变服务对象的不良认知；提升服务对象人际交往的能力，改变其不良生活和行为习惯。

（2）向服务对象父亲分享亲子沟通技巧，改善亲子关系，减少矛盾冲突。

（3）为服务对象链接社企资源，解决上学问题，缓解家庭经济压力。

（4）协助服务对象奶奶与物业、邻居协商解决屋顶渗水发霉问题。

（三）服务计划

1. 建立初步的专业关系

社会工作者在与服务对象初次沟通的过程中，应专注倾听服务对象的困扰，通过沟通协商的形式，明确其需要改变的内容，并适时地表达自己的同理心和接纳，充分尊重服务对象自觉，系统性地建立专业关系。最后激励服务对象改变的决心，协助其进入角色，实现改变的目标。此外，还要进行资料收集。

2. 促进服务对象身心健康成长

对服务对象进行心理疏导、行为重塑，提升服务对象的人际交往能力，改变其不良生活和行为习惯。

3. 缓和服务对象亲子关系

促使服务对象父亲意识到自己一些习以为常的行为会使服务对象产生困扰，进而减少对服务对象"压迫"的行为，减少"命令"，并学会对服务对象的一些正向行为给予赞扬。

4. 缓解服务对象家庭经济压力

社会工作者为服务对象链接社企资源，为服务对象募集"爱心捐款"、提供爱心企业一对一帮扶计划，解决服务对象上学问题，缓解家庭经济压力。

5. 改善服务对象居住环境

从社会系统理论出发，社会工作者联动服务对象小区物业对屋顶发霉情况进行检修，寻找漏水点，针对漏水处加做防水层，从根本上解决房屋渗水问题；社会工作者邀请社区志愿者一起入户清理服务对象家里杂物，并教授服务对象一家收纳整理技巧。

四、服务计划实施过程

（一）专业关系建立

社会工作者通过定期的探访，与服务对象、家属面对面交流，并结合服务对象的兴趣爱好为服务对象链接了牛奶、零食礼包、文具等物资的支持，进一步拉近了社会工作者与服务对象的关系，打开了服务对象的心扉，关系建立也随着社会工作者的点滴服务逐渐加深。

（二）促进服务对象身心健康成长

本阶段服务主要通过社会系统理论，改变服务对象周边的系统以达到对服务对象的行为重塑，改变其不良生活和行为习惯，提升服务对象的人际交往能力。具体情况如下：

社会工作者与服务对象爷爷奶奶沟通交流后了解到服务对象不良的日常生活习惯，为此，社会工作者特地为服务对象准备了毛巾、牙刷、指甲剪等物品，通过示范讲解、礼品奖励等方式，吸引服务对象的注意力。社会工作者以寓教于乐的形式，引导服务对象学习使用指甲剪，让服务对象意识到勤剪指甲、勤洗手的重要性，并请服务对象奶奶日后监督服务对象的卫生习惯。通过多次服务，服务对象已逐渐改变生活习惯，社会工作者及时给予服务对象表扬，鼓励其继续坚持好习惯。

同时，社会工作者在与服务对象的接触中，发现其在人际交往中存在问题，社会工作者结合服务对象的家庭情况为其制订了有针对性的人际交往能力提升计划。首先是通过邀请服务对象参加社会工作者组织的社区活动，让服务对象在活动中与其他儿童接触和交往，利用实际情景提高服务对象的表达理解能力、人际感受能力、理解能力、合作能力和协调能力等。其次是解决服务对象与陌生人、同学之间发生的实际人际问题。在对服务对象进行定期探访时，服务对象告诉社会工作者不想让同学与她一起参加活动，因为她们刚刚发生了一点矛盾。针对这一问题，社会工作者与服务对象进行深入交流，了解到服务对象与同学发生口角的原因，从具体原因出发帮助服务对象发现她在与同学交往过程中出现的问题，并协助其制订解决方案。通过以上计划的实施，社会工作者帮助服务对象更好地处理与他人之间的人际关系。

（三）缓和服务对象亲子关系

本阶段服务主要针对服务对象亲子沟通模式这一问题，社会工作者通过提供信息、同理心、举例引导等专业手法向服务对象父亲分享亲子沟通技巧，协助他学习教育孩子的方法，改善亲子关系。具体情况如下：

服务对象父亲性格有些急躁，讲话比较快，社会工作者引导他要改变讲话的语气和方式，与服务对象交流的时候少一些指责，多一些关心，给父亲布置了家庭作业，让其采用鼓励的方式与服务对象交流。社会工作者也向父亲分享了亲子沟通的技巧，例如，换位思考，当服务对象发脾气时，要站在她的角度看问题，去了解她的心理感受；尊重孩子的选择，服务对象进入青春期，有自己的想法和选择权，父亲要尊重服务对象的想法，培养她的自主能力。同时社会工作者还提醒父亲需要主动关心服务对象在学校的情况，例如，聊聊服务对象关系较好的同学、喜欢的老师等。对于服务对象遇到的一些疑惑和问题，父亲要及时给予引导和建设性的意见。通过这些方式，使其逐渐与服务对象建立良好的沟通互动。

针对服务对象父亲提出因要定期去医院做透析治疗而不在家的情况，社会工作者鼓励父亲要多主动联系服务对象，住院期间可以通过手机视频、语音等方式了解服务对象的生活情况，一方面增加服务对象倾诉的机会，另一方面也让服务对象多了解自己内心的想法，感受到亲情的温暖，提高生活自信心。

（四）缓解服务对象家庭经济压力

本阶段服务内容主要是缓解服务对象家庭的经济压力，社会工作者通过链接社企资源，建立起服务对象的正式社会支持网络与非正式社会支持网络。具体情况如下：

为了缓解服务对象家庭的经济压力，社会工作者链接到"爱的奉献"社会组织为服务对象一家送上米、面、油等慰问物资，缓解家中生活压力，同时社会工作者为服务对象一家募集到企业"爱心捐款"，企业还承诺会对服务对象家庭启动一对一帮扶计划，解决服务对象上学问题，缓解家庭经济压力。此外，社会工作者引导服务对象家人敞开心扉，对自己的感受和情绪作出思考，减轻自我问题责任感，减轻愧疚感，释放自己内心的负面情绪，增强服务对象家人重新生活的信心与动力，也鼓励服务对象爷爷奶奶推动其他家庭成员，继续保持和巩固已经达到的目标。

（五）改善服务对象居住环境

本阶段服务主要从社会系统理论出发，改变服务对象周边的系统以改善服务对象的居住环境。具体情况如下：

社会工作者先后多次向小区物业反映服务对象房屋漏水发霉问题，通过联动小区物业与服务对象楼上邻居进行交涉，经过专业机构对漏水原因进行鉴定，得出结论是楼上邻居未做好防水层导致了漏水问题，在社会工作者的协助下，由物业牵头对楼上邻居家出现的防水问题进行修复且达到不再渗水的目标，并赔偿服务对象一家因此造成的经济损失，至此服务对象一家的"心头难事"终于得到了解决。

同时，社会工作者为服务对象一家链接到社区志愿者，其中有一位具备多年整理收纳从业经验的老师，老师首先给服务对象一家教授了卧室与厨房的收纳标准，又分享了上衣、裤子、袜子等衣物的折叠方法与技巧，之后具体介绍了皮带、丝巾等小件收纳盒的使用。从收纳用具的材质、大小、适合空间等最实用的知识入手，通过各种实际案例详细分解整理步骤，并展示了最后的收纳完成效果，使服务对象一家深受启发。最后老师带领服务对象一家一起体验收纳的乐趣，将服务对象一家的衣服、玩具等摆放在桌子上，请服务对象来收纳，将知识转化为实践，加深学习效果。服务对象一家都表示这样的课程很新鲜且很实用，既改变了以往的固化思维，又学习到了能让生活更美好的实用技能，并且改善了家庭的居住环境。

五、总结评估

（一）目标评估

社会工作者通过入户走访，了解服务对象的问题，并根据实际情况制订计划，帮助服务对象改变不良生活和行为习惯，提升服务对象的人际交往能力，缓和服务对象亲子关系，缓解服务对象家庭经济压力，改善服务对象居住环境。最终帮助服务对象改善自我，打开心扉，建立乐观向上的心态，拥抱自我。

（二）过程评估

在每次走访前，社会工作者都会针对已收集到的信息制定相应的服务内容。通过和服务对象多次有针对性的沟通，为服务对象链接社企资源，服务对象对于社会工作者有所信任，心态也发生了变化，能够接纳自己，坦然面对自己。在走访结束之后，社会工作者能够对走访资料进行及时整理与反思，从而准确把握服务对象情况，采用适当的技巧和方法，最终使服务对象感受到了温暖，增强了其社会支持系统。

六、专业反思

在此次个案服务中，社会工作者通过个案管理，借助社会系统理论，结合服务对象一家具体情况，制订了专业合理的服务计划，并且给予服务对象一家一系列专业服务。通过此次服务，服务对象一家愿意打开心扉，缓和了亲子矛盾，缓解了经济压力，改善了居住环境，个案服务取得了相应的成效。

专家点评

本案例服务整体目标明确，步骤清晰，社会工作者通过入户走访，了解服务对象的问题，并根据实际情况制订计划。但比起社会系统理论，运用相应的家庭治疗理论方法会更好。其实在解决亲子关系的同时，服务对象的父亲也需要相应的治疗支持体系。

（李金晏：淮阴师范学院社会工作系讲师、博士）

点亮"星"空 与爱同行：
孤独症儿童家庭个案工作介入

汪倩倩①　张艺凡　孙秋敏

淮安市同心社会工作服务中心　淮阴工学院

一、背景介绍

服务对象小 L 的家庭，是社会工作者在淮安市困境儿童服务类项目服务中发现的一户孤独症儿童家庭，该家庭有孤独症患儿及其父母 3 名成员。患儿小 L 是一名 12 岁的男童，在 3 岁左右查出孤独症，3 到 5 岁被送去幼儿园，进行了 2 年左右的学前教育，其间断断续续在当地的孤独症矫正机构接受治疗。6 岁时又到 1 家孤独症康复机构进行一年完整的矫正治疗，但效果不明显，不会说话，生活无法自理，需要人全天照料，7 岁后就没再上学，在家中接受父母教养。小 L 的母亲，曾经在本市某服装厂上班，自孩子诊断出孤独症起就辞去工作，全职在家承担孩子的教养任务。小 L 的父亲，在某酒店担任厨师工作，负担一家老小的生活开销，每天都在饭店工作，很少管理和照顾小 L，照顾的任务完全落在了小 L 母亲的身上。该家庭目前仍承受着经济和抚养患儿的双重压力，接案前，小 L 与母亲发生多次冲突与争执，最近甚至开始出现攻击母亲的行为，但服务对象的父亲总是置身事外，在其中并没能发挥应有的作用。

二、分析预估

（一）家庭信念受到冲击

对残疾的灾难化理解。小 L 患有孤独症这一事件给家庭带来巨大打击，小 L 父母态度消极，不相信孩子有康复的可能，将这种遭遇视为一种

---

① 汪倩倩，淮安市同心社会工作服务中心副总干事、淮阴工学院人文学院院长。

灾难，在谈及此事的表述中经常出现"完了""不知道该怎么办"等词，言语和行为都表现出无奈、无措。家庭成员将残疾视为无法解决的困难，将逆境视为灾难。

对未来生活的无措与担忧。在谈及未来生活时，家庭成员用的最多的表述就是"不敢想""走一步算一步"。由于对孩子未来的恢复状况缺乏信心，且小L需要家庭成员长时间的照护，给家庭带来经济压力和照顾压力，再加上家庭成员对家庭资源的运用情况尚不清楚，其对家庭现状存在消极认知，对未来生活充满无措与担忧。

（二）正常家庭生活受阻

一是夫妻关系疏离。家庭中的妻子和丈夫几乎把全部的时间用来照顾患儿和承担家庭经济压力，忽视了夫妻之间沟通和独处的需求。具体表现为在小L爸爸眼里妻子的看护被视为是不被回报、不被评价、不被感谢的工作。其实对于小L的母亲来说，她承受着巨大的照护压力，希望与丈夫一起分担，小L父亲则表示自己必须工作才能养育患儿。夫妻双方在养育小L这件事上存在分歧。

二是母子关系冲突与纠缠。小L母亲欠缺一些正确的教养方法，有时过度放任、溺爱，有时又揠苗助长，对孩子的管教强势、压迫，甚至试图通过打骂的手段规范小L的行为，忽视了小L成长所需空间。小L则因为无法准确表达，只能用问题行为来发泄自己的不满情绪。

三是父子关系疏远而僵硬。小L父亲每天早出晚归，几乎没有带小L出去游玩过。对于他来说，自己的任务就是赚钱养活家人，妻子的任务就是照顾孩子，他很少帮助妻子分担家务和教养孩子，当妻子和孩子发生冲突时，经常只顾自己在卧室休息，不能及时出来劝和。

（三）家庭外部支持不足

亲属关系衰落。与小L父母聊天过程中得知他们近年来很少与周围的亲戚联系，其主要原因还是自尊感低和自卑心理。夫妻二人害怕亲戚看不起自己，也害怕亲戚把他们当作累赘和负担，便很少与自家的亲戚联系，关系也就逐渐疏远了。

邻里之间疏远。小L父亲在外忙于工作，小L妈妈白天跟随小L做康复训练，负责他的生活起居，没有时间与周围邻居接触。家庭成员也因为孩子存在精神缺陷导致自卑心理，与周围邻居保持距离。社会工作者进一步询问与周围邻居的相处细节。小 L 母亲回忆，因为小 L 偶尔会情绪不稳定和行为异常，将东西扔出窗外（小 L 家住 9 楼），在屋内大叫进而影响周围邻居正常休息，楼下以及隔壁邻居几次前来询问情况并给予提醒，小 L 父母向邻居表达歉意但并未说明具体情况，这可能进一步造成了邻居的误解。

三、服务计划

（一）介入目标

总体目标：帮助小 L 家庭成功开启不同于当前的新生活，增强家庭的抗逆力，加强家庭对孤独症的认知，使其明确自我生活与生命的意义和价值，回归正常生活，树立积极的生活目标。

具体目标：

一是重塑积极的信念系统。开展心理辅导，缓解心理压力，纠正小 L 家庭成员的认知偏差，引导家庭成员正确地认识"孤独症"这一危机事件，发掘潜能，帮助服务对象逐渐树立自立自强自信的态度，积极地面对困境。

二是调整家庭结构模式。明确家庭角色定位与责任分工，缓解其在孩子教养方面的压力，增强家庭功能，发展家庭抗逆力。

三是社会支持网络的构建。鼓励家庭成员克服心理和人际交往障碍，协助其建立正常的社会支持网络，增强社交能力和新环境适应能力等。

（二）介入计划

针对小 L 家庭的问题以及服务目标，社会工作者以家庭抗逆力理论、社会支持理论作为理论依据，采用社会工作专业的服务方法和策略，提供以个案服务为主、社区服务为辅的综合服务。

社会工作者通对小 L 家庭的具体情况进行综合评估，针对小 L 及其家庭周围存在的一系列家庭抗逆力的"破坏因子"，制订一套系统的服务方案，强化该家庭的保护因子，从而提高家庭抗逆力。方案包括三个阶段：第一阶段纠正小 L 家庭成员对"孤独症"这一风险事件及自身的认知偏差，强化家庭正向积极的信念系统；第二阶段从夫妻关系、母子关系以及父子关系三个方面对小 L 家庭结构模式进行调整，明确家庭角色定位与责任分工，缓解其在孩子教养方面的压力，增强家庭功能，发展家庭抗逆力；第三阶段从亲属、邻里以及社区三个方面进行家庭社会支持网络的搭建，帮助家庭发掘利用周围的潜在资源，鼓励家庭成员克服心理和人际交往障碍，增强社交能力和新环境适应能力等。

四、服务计划实施过程

（一）在倾听与陪伴中建立专业关系

此阶段，社会工作者的倾听与陪伴为小 L 母亲提供了可以倾诉的平台，哪怕是安静地陪着闲聊几句，在某种程度上也起到了帮助其发泄情绪的作用。同时，也便于社会工作者收集其基本信息资料。当抑郁情绪得到排解时，其内心深处的不平衡也会平缓。社会工作者通过倾听与"闲聊"为困境中的服务对象提供关爱和温暖陪伴，而不是强迫性交流，在舒缓渐进的互动中，建立了专业关系。

（二）在个案辅导中重建家庭信念系统

1. 重组认知，强化正向家庭信念系统

社会工作者运用同理心与情感反应的技巧，对小 L 母亲在小 L 确诊孤独症后挑起孩子生活、教育与康复方面的重担，以及在这个坚持过程中的艰辛表示理解，社会工作者适当表达情感反应，使小 L 母亲感受到被关心与被理解。此外，社会工作者为服务对象母亲提供心理支持，提出一些放松训练的技巧，引导她排解负面情绪，学习自我心理调适，舒缓焦虑情绪，缓解心理压力，用积极的心态面对生活。

2. 肯定优势，树立面对困难的信心

在交谈中社会工作者发现服务对象母亲有一些可贵的优点，对小 L 非常关心，非常耐心地训练他上厕所，小 L 因此能够大小便自理。虽然面对重重压力，但是这种处境反而促使她变得更加坚韧，其本身具备一定的抗逆力。于是，社会工作者从优势视角出发，肯定了小 L 母亲的优势，帮助其认识自己的能力，增强自信。当家庭在应对压力和危机时，很容易忽略家庭成员拥有的优势和潜力，而积极肯定家庭成员的优势与能力并加以鼓励，会强化他们的自尊和信心，从而使他们更加有勇气去应对困境。

3. 正向引导，达成应对挑战的共识

社会工作者引导小 L 父亲意识到小 L 母亲在孩子照顾和教养上的付出，以及小 L 母亲目前所遇到的困难（小 L 对母亲出现攻击行为），鼓励父亲与母亲一起面对。社会工作者在会谈中，通过不断聚焦、澄清，促成小 L 家庭成员信念的转变以使其适应当下的情况，理解和看清目前的处境，达成"大家出发点都是在想办法为小 L 多提供一些支持，应该共同应对生活的挑战和困难"的共识。

（三）家庭互动关系的调整

1. 夫妻关系的调整：制造联盟，唤起夫妻相互理解

在该家庭中，对于小 L 父亲不能帮助母亲分担家务的问题进行了联盟，社会工作者通过说出小 L 母亲的不易与母亲发生联盟关系，以及唤起小 L 父亲对妻子的理解。小 L 父亲说出了自己心里另外一个关于改善和小 L 母亲关系的顾虑，就是孩子的照料问题，以及妻子因为全身心照顾孩子而忽视了丈夫的感受。此时，社会工作者改变联盟策略，与小 L 父亲一个阵营，通过赞同小 L 父亲的观点，与父亲联盟，指出母亲全身心投入孩子的问题，强调夫妻关系作为首要家庭关系的重要性，是解决家庭问题的核心。

2. 母子关系的调整：制造距离，减缓母子冲突

在该家庭中，由于孩子的病症，他成为家庭中认定的"弱者"，母亲对小 L 极度的爱护和关心与他这个年龄段的自主性需求产生矛盾。此时，社会工作者的目标是在母亲与孩子之间制造距离，并规定一个围绕着父子子系统的边界。在母亲与孩子之间制造距离，社会工作者采取的策略是调整空间状态。在后期的家庭会议中，社会工作者调整了会谈位置，将自己置于母亲和小 L 中间，并叮嘱母亲，在平时日常生活中，父子共同完成任务时，不要做干涉。针对小 L 最近对母亲突然出现的暴力行为，社会工作者以此为切入点，分析小 L 与母亲之间的互动情况，发现小 L 母亲存在错误的育儿观念以及教养方式，即认为通过惩罚、斥责等方式能够让孩子很快习得一些基本技能，结果适得其反。针对这一情况，社会工作者让母亲用"示范"替代"说教"，在教孩子基本生活技能以及在辅导孩子阅读绘本的过程中，只是在一旁示范，而不是盯着孩子学习并指指点点，引导母

亲经常给予小 L 肯定和鼓励。平时，社会工作者在家访过程中，也经常肯定小 L 的表现。

3. 父子关系的调整：布置作业，增进父子关系

在该服务家庭中，小 L 父亲在养育孩子的过程中，明显是属于角色缺失的一方，孤独症儿童的成长同普通儿童一样，是需要父母双方共同参与的。在辅导策略上，由于孤独症儿童不能进行正常的语言交流，社会工作者通过布置任务的方式去促进父子之间的关系。在辅导中，社会工作者要求小 L 父亲除了要增加平日的陪伴次数，还要求小 L 父亲承担 1/3 的孩子教养和辅导任务（见表 1）。

表 1　布置任务

任　　务	时间	检查
由爸爸带孩子去参加一次社区举办的儿童饼干烘焙活动	第 3 次会谈结束	下次会谈
下周与孩子一起阅读绘本的辅导任务由父亲来完成	第 4 次会谈结束	由母亲监督
父亲与孩子一起完成一顿晚餐	第 5 次会谈结束	由母亲监督

此外，要求小 L 父亲多给予小 L 肯定和鼓励，并在每次家庭会谈时要求小 L 和父亲坐得更近一些。

（四）家庭社会支持网络的搭建

1. 亲属支持网络的搭建

在同小 L 父母聊天的过程中，社会工作者得知他们近年来很少与周围的亲戚联系，其主要原因还是自尊心以及自卑心理问题。因此，社会工作者计划帮助小 L 家庭逐渐恢复原有亲属网络，使家庭获得强有力的物质或情感支持。通过尝试挖掘孤独症儿童家庭原有和潜在的正向亲属关系，引导家庭成员正确看待亲属关系的建构，与亲属建立联系，双方通过情感交流，彼此敞开心扉，进而增强小 L 家庭能量。

2. 社区及邻里社会支持网络的搭建

前述中，社会工作者了解到由于小 L 偶尔会情绪不稳定和行为异常，该家庭与周围邻居相处并不融洽。为改善邻里关系，社会工作者与家庭成

员一同拜访周围邻居，通过与周围邻居坦诚交流，该家庭获得了邻居的理解和接纳。另外，由于信息不对称等因素，现阶段大众对孤独症的认知还较为落后，部分人依然戴有色眼镜看待孤独症以及孤独症家庭，社会整体对孤独症的包容度和理解度依然不高，因而社会工作者建议社区工作人员对社区文化进行改造，为孤独症儿童家庭以及社区中的困境群体提供友好的生存环境。

五、总结评估

（一）个案服务介入技巧评估

在进行介入的过程中，社会工作者的实务与运用技巧能力有所提升，并且针对家庭成员的不同需求不断调整介入的方案与方法，力图体现出每位家庭成员的个性与差异性，做到尽可能贴切和满足需求。同时，社会工作者在服务过程中也从每个家庭成员身上相应地获取了大量可进行介入的切入点和灵感。

比如，在与小 L 家人交谈的过程中，他们提到了小 L 对绘画和手工很感兴趣，能够集中注意力去绘画和做手工，于是社会工作者从中获得启发，鼓励小 L 父母，一起做一些孩子感兴趣的事情，来加强彼此间的互动和交流，增进亲子关系。针对小 L 与父亲关系的疏离，社会工作者通过母亲了解到小 L 酷爱美食，便在后面布置家庭作业时，安排父亲与小 L 共同做一顿晚餐，发挥父亲优势的同时，也增进父亲与孩子之间的感情。

（二）个案服务介入结果评估

回顾整个个案介入过程，社会工作者通过对服务对象本人及家人情况的了解和交流、对服务对象及其环境的观察来表述和判断该个案家庭结案后的生活状态（见表2）。

表2　小 L 个案工作服务效果评估表

评估主体	评估结果	评估方法
小 L	经过社会工作者的帮助，小 L 无故出现情绪崩溃的频率明显降低，至今未出现攻击母亲的行为。自理能力有所提高，大小便能够自理，能够使用筷子自己吃饭	观察法

评估主体	评估结果	评估方法
小 L 母亲	小 L 母亲表示自己与小 L 现在相处融洽,言谈交流之中明显感到小 L 母亲较之前更加开朗,对于自己的家庭情况也不再回避,对自己家庭今后的生活充满了信心。积极带孩子到社区活动室参加亲子活动,也开始和周围的邻居亲友互相走动。同时,小 L 母亲与父亲的矛盾也得到缓解,丈夫对妻子的所想所言表达出包容和更多的理解,夫妻关系也得到很大缓和	访谈法
小 L 父亲	小 L 父亲能够主动帮小 L 母亲做家务,还带社会工作者去阳台上看了他和孩子一起培育的蔬菜。小 L 父亲表示自己在休假时会带小 L 去参加社区活动,和社区工作人员还有其他家庭建立了联系,也养成了主动向社区寻求帮助的意识,而且他也发现通过参与社区活动自己变得愿意与人交流了。在与小 L 父亲交流的过程中,小 L 父亲就自己以及家庭生活方面给予了正向的反馈	访谈法
社会工作者	本例孤独症儿童家庭的干预和治疗有显著成效。该个案家庭的家庭关系相较以往亲密度有了提升,家庭应对逆境的信念增强,家庭成员逐渐走出家庭,接触、融入社区,打破了封闭的状态	访谈法 比较法

六、专业反思

(一)用家庭抗逆力理论介入孤独症儿童家庭,扩大家庭关注点,减轻孤独症儿童压力

在孤独症儿童家庭中,孤独症儿童成了家庭的关注点和家庭问题的中心。孤独症儿童家庭的父母经常会持有"家庭的问题都是因为孩子得了病"的思想,将家庭问题转嫁给孩子及病症本身,而忽视了家庭本身存在的问题。因此,该模式的使用,能够引导家庭将问题的视线从孤独症儿童身上转移一部分,去关注家庭自身的关系结构和互动规则,从而减轻孤独症儿童时刻备受家庭关注的压力,也有利于孤独症家庭中的父母在家庭中发展与妻子、丈夫及他人良好的关系,来获得更多的理解、支持和鼓励。

（二）家庭社会工作介入中，社会工作者将眼光从家庭内部向家庭外部转移

从家庭内部来看，社会工作者的介入缓解了家庭成员的精神压力，维持了良好的家庭运行状态，使得家庭成员的幸福感有了提升。家庭外部环境的影响力以及家庭抗逆力理论均要求社会工作者将眼光从家庭内部向家庭外部转移，为孤独症家庭争取到更多外部环境的支持，通过社区、公益机构、慈善组织等渠道获得援助。内外两部分的工作相结合，为孤独症儿童家庭提供更切实的生活保障。

（三）社会工作者阅历不足导致专业伦理困惑

孤独症儿童交流的局限性，易使得社会工作者忽视患儿真实的需求。孤独症本身是一种情感交流障碍，患儿无法与社会工作者进行交流。因此，在辅导过程中，患儿的基本情况和心理状况只能通过小 L 父母的描述和社会工作者的自身观察来判断，这不仅增加了辅导的难度，也容易使其忽视患儿的真实感受，使得干预达不到最佳的效果。另外，社会工作者并没有经历过家庭中孩子患有孤独症这种危机事件，无法做到完全感同身受家庭成员的情绪和心理活动，难以完全理解家庭成员传递信息背后所隐含的情绪及想法。因此，在处理一些突发事件时由于经验缺乏使得社会工作者充满紧张和无力感，所提供的服务也可能不尽如人意。这些欠缺都是社会工作者在今后的实践中需要注意并作出进一步改进的重点问题。

专 家 点 评

"星星的孩子"是我们社会需要重点关注的对象。案例通过夫妻关系的调整、亲子关系的调整，以及为孤独症家庭建立社会支持网络，从个人、家庭以及社会层面解决了孤独症儿童家庭的认识问题。

社会工作者并没有经历过家庭中孩子患有孤独症这种危机事件，也说明我们社会工作者的专业性存在不足。希望后期能够加强社会工作者针对不同对象的心理咨询辅导，也希望政府对孤独症儿童家庭和托管机构进行多元化资源链接。

（李金晏：淮阴师范学院社会工作系讲师、博士）

以家庭治疗模式介入困境儿童个案服务

李　然①　纪杰杰　沈悦如

淮安市未成年人救助保护中心

淮安市清江浦区心苑社会工作服务社

一、背景介绍

(一) 基本资料

服务对象姓名：小华（化名）；性别：男；年龄：15 岁；年级：初二辍学；性格特点：自信阳光。

(二) 个案背景

1. 引发事件

2020 年，小华在家上网课时，因玩手机与继母发生冲突，父亲将其赶出家门。小华被迫辍学，父亲让其随做锅贴生意的姑父去南京帮忙，一年后他与姑父赌气闹翻，便离家出走、流浪街头、被救助，经淮安市救助管理站救助转介给社会工作者。

2. 曾做出的调适及成效

辍学时，爷爷奶奶虽反对但无力说服父亲与姑母，老人一开口讲话父亲就认为是包庇小华。后与姑父闹翻被救助返家，原本平静下来的生活再起风浪，父亲再次将小华赶出爷爷奶奶家门，无奈之下，被爷爷奶奶带到附近的大棚里住了一晚上。家庭关系紧张，家庭结构失调，严重影响了正常生活。

3. 个人情况

小华初二辍学，自信阳光，身强体壮，非常有礼貌。在救助管理站期

---

①　李然，淮安市救助管理站未保科科长。

间，社会工作者经常看到小华阅读课外书，他看见社会工作者会主动问好。小华在校读书期间数学成绩一直拔尖，与同学关系融洽。

4. 家庭情况

单亲家庭，自幼父母离异，母亲再婚后与服务对象一家住同一个小区，继母与父亲生活一年多也离家出走。父亲独自生活，平时打零工，下班后到老人家里吃顿饭就离开，与家人很少交流，一说话便起冲突。爷爷身患多种慢性病，精神状态差。奶奶照顾家庭，平时摆摊做点小生意。哥哥初中自愿辍学，在物流公司上班，与爷爷奶奶关系好，与父亲关系疏离。家庭经济困难，居住环境脏乱，家庭关系紧张。

二、分析预估

1. 需要关爱陪伴

服务对象得不到同龄人应有的照料和关爱，长时间笼罩在家庭暴力的恐惧之下，生存和安全受到威胁，服务对象需要免于被赶出家门的关爱，需要家庭的温暖和安全感。

2. 恢复家庭功能

需要修复服务对象家庭成员破裂的关系，强化家庭互动模式，重新构建健康积极的家庭关系。

3. 改善亲子关系

服务对象和家庭成员之间需要改善关系，提升家庭陪伴和教养质量。

4. 复学

服务对象15岁，处在义务教育的年龄阶段，受教育是服务对象的权利和义务。服务对象复学动机强，原先数学成绩优秀，热爱阅读课外书。需要调节家庭关系，协调多部门帮助其重返学校上学，完成初中阶段教育是服务对象的明显需要。

5. 重建社会支持系统

服务对象所处的社会支持系统薄弱，家庭经济压力较大，亲戚朋友很少走动，能给予服务对象的帮助和支持不多。

三、服务计划

（一）介入理论

1. 结构式家庭治疗模式

结构式家庭治疗模式以家庭作为基本的治疗单位，关注家庭功能的失调。该模式并不直接解决个人行为问题，而是致力于改变服务对象家庭的交往方式。因为，结构式家庭治疗模式认为，服务对象个人的问题只是表象，家庭的问题才是导致服务对象个人问题的真正原因。因此，结构式家庭治疗模式主张通过多元化、多层次的家庭介入，解决家庭的问题，最终解决服务对象个人的问题。本案例在分析服务对象问题时，重点关注服务对象家庭的问题，如家庭关系、家庭互动等，修复家庭各次系统正常功能，进而帮助服务对象复学。

2. 社会支持理论

社会支持是指一定社会网络运用一定的物质和精神手段对社会困境群体进行无偿帮助的行为总和。社会支持从性质上可以分为两类，一类为客观社会支持，这类支持是可见的或实际的，包括物质上的直接援助、社会关系、人脉网络、团体关系的存在和参与等；另一类为主观社会支持，这类支持是个体体验到的情感上的支持，指的是个体在社会中受尊重、被支持和理解的情感体验和满意程度，与个体主观感受密切相关。本案例考虑到服务对象家庭经济困难，社会支持网络弱，通过积极的、持续的跟踪去关心服务对象及家人的生活情况，通过上门探访、电话回访等形式，向服务对象及家庭表达支持与关爱，让其感受到来自社会工作者、社会的温暖、支持与尊重。

（二）介入目标

1. 总目标

调整服务对象家庭结构，促使家庭成员之间形成较为良性的家庭互动模式。

2. 具体目标

（1）展开危机干预，保证服务对象人身安全不受侵害，杜绝家庭施暴行为的发生；

（2）调整服务对象的家庭结构，修复家庭成员破裂的关系，强化家庭互动模式，降低家庭矛盾发生的频率；

（3）改变服务对象和父亲的疏离状态，加强父子次系统，分享亲子沟通技巧，减少亲子矛盾冲突；

（4）开展个案管理，联动多方力量，帮助服务对象顺利复学；

（5）持续为服务对象家庭提供情感支持，链接经济救助资源，改善经济状况，建立社会支持网络。

四、服务计划实施过程

第一阶段：及时化解危机，建立初步信任关系。

社会工作者和救助管理站工作人员一同将服务对象护送返家，向服务对象爷爷了解了事情发生的原因。随后赶赴区民政局，将服务对象被救助、护返等情况当面反馈给区民政干部，并就服务对象尚未成年、亲情缺失、监护缺位、辍学等提出工作建议。第二天，社会工作者回访服务对象得知，返家当晚，其再次被父亲赶出家门，无奈之下，服务对象被奶奶带至附近的大棚居住，社会工作者赶紧联系救助管理站将服务对象接回，进行临时救助。随后，协调区民政局联动公安部门督促服务对象父亲履行法定监护义务，给予家庭监护教育和提醒，帮助其父亲依法尽责，加强对服务对象的有效监护。同时，区民政干部和儿童督导员快速跟进入户慰问，为服务对象购买了新衣服、米面油等生活物资，在一定程度上缓解了服务对象的物资匮乏，拉近了信任关系，让服务对象家庭尤其是其父亲感受到社会心理支持。

第二阶段：联动多方力量，制订服务计划。

联动公安局、检察院、教育局、学校、街道民政助理、儿童主任持续与服务对象父亲接触，帮助其父亲认识到家庭暴力是不被法律允许的，让服务对象父亲作出不再进行家暴的承诺，并与服务对象及其家庭一起协商制订具体的治疗计划，签订服务协议。帮助服务对象父亲认识到在义务教育的年龄阶段，受教育是服务对象的权利也是义务，不得让服务对象辍学，让服务对象父亲支持并配合帮助服务对象复学。

第三阶段：探索家庭结构的病征，建立家庭相处之道。

社会工作者运用了对质和情景再现的技巧，真实再现了冲突的一幕，各自还原了当时的画面，并表明了自己的感受。社会工作者及时介入并总结：由于缺乏沟通，都不知道彼此之间的想法，才加深了误会和矛盾。社会工作者顺势分享亲子沟通技巧，减少亲子矛盾冲突，促进亲子关系建立。

第四阶段：改善亲子关系，加强父子次系统。

社会工作者与服务对象回忆了父亲独自工作、照顾家庭的情景，重述了父亲对服务对象的爱。服务对象顺着社会工作者的话，回忆了父亲在幼儿园时对自己无微不至的关怀和爱。社会工作者再次提到了父亲为了家庭独自在外拼搏打工，很辛苦，让他理解并不是父亲不关心他了。运用反问：父亲和母亲分开一个人生活是不是很艰辛？服务对象没有言语，默默接受了。接着，父亲与服务对象交谈了很久，说了很多心里话，父子疏远的关系得到了修复和改善。

第五阶段：多方努力，服务对象顺利复学。

服务对象父亲态度缓和了很多，接受服务对象复学，主动提出让服务对象走读，便于每天晚上陪伴其学习。接着，社会工作者为了让服务对象更好地适应复学生活，链接线上线下学习资源，帮助服务对象温习初一初二所学知识。社会工作者通过经常性的上门陪伴、电话回访，了解服务对象生活状态，鼓励其好好学习，社会工作者得知服务对象缺少教辅资料，赶紧带领他到新华书店购买，通过一系列关心关爱举措，为其带来心理慰藉，使其安心愉快地投入学习生活中。复学后半个月左右，社会工作者还与服务对象班主任联系，了解服务对象在学校生活适应情况及与同学相处情况，也得到了班主任较高的评价。

第六阶段：结案。

社会工作者与服务对象一家重聚一堂，服务对象坐在父亲旁边，表示重新回到原来的学校，感到非常幸运、开心，学校生活适应不错。父亲因为担心儿子重返课堂，且年龄比同学大，容易与同学发生摩擦，特意向学校申请走读，这样父亲也可以利用晚间陪伴、督促其学习，服务对象为此感到很温暖。服务对象父亲及家人对政社多方的关心、帮助表示感谢，本案顺利结案。

五、总结评估

社会工作者运用结构式家庭治疗模式处理亲子冲突，引导服务对象父亲对家庭重新认识，使其对家庭角色的调整作出尝试，亲子关系得到缓和，次系统逐渐得到加强，从而塑造了一个积极、健康的家庭结构。同时，政府条线全力支持帮助社会工作者整合运用多方资源，修复家庭结构，建构服务对象社会支持系统。服务过程中政府条线的支持是关键，帮助社会工作者树立信心，用心与各相关主体方进行沟通，展示专业精神和敬业态度赢得社会各方助力，进行资源整合，获得多方协助，充分发挥了社会工作的专业性，更能体现社会工作的优势与特长。

六、专业反思

（一）理论运用

结构式家庭治疗模式的核心是帮助家庭认清并解除阻挠家庭功能发挥的不良结构，代之以健全的家庭结构。它以整体的眼光看待问题，能从整个家庭的结构及互动模式方面找寻问题的根源，注重整个家庭的交流方式，而不着眼于个人。社会工作者在服务过程中以服务对象为主，扮演同行者的角色，而不是"专家"。社会工作者运用该模式开展个案时需要把握好自己的角色，注意与服务对象之间的关系建立。

（二）专业技巧运用

在案例服务过程中，社会工作者综合运用了倾听、质问、澄清、再现、重构、强调优点等技巧，促成了本案的顺利结案。结案时，注意服务对象及家人离别情绪的处理，给出建议意见，并制订好跟进计划。

专家点评

家庭治疗模式是以家庭为对象实施的团体心理治疗模式，其目标是协助家庭消除异常、病态情况，以执行健康的家庭功能。家庭治疗模式的特点：不着重于家庭成员个人的内在心理构造与状态的分析，而将焦点放在家庭成员的互动与关系上；从家庭系统角度去解释个人的行为与问题；个人的改变有赖于家庭整体的改变。家庭治疗模式较多地用于青少年的行为问题，如学习问题、交友问题和神经症性的问题，进食障碍和心身疾病、青年夫妻的冲突等。案例尝试运用家庭治疗模式去解决家庭问题，修复家庭关系，促进家庭和谐。案例对于理论的运用还存在一定偏差，并没有按照理论整体脉络去设计服务，但能够把理论和实践相结合，已经是对社会工作实务巨大的推动。

（赵海林：淮阴师范学院社会工作系教授、博士，全国专业社会工作领军人才）

"三步法"突破社会组织成长瓶颈期

金璐璐　吉　莉

淮安市清江浦区心苑社会工作服务社

一、背景介绍

(一)政策背景

《民政部关于大力培育发展社区社会组织的意见》指出,社区社会组织是由社区居民发起成立,在城乡社区开展为民服务、公益慈善、邻里互助、文体娱乐和农业生产技术服务等活动的社会组织。培育发展社区社会组织,对加强社区治理体系建设、推动社会治理重心向基层下移、打造共建共治共享的社会治理格局,具有重要作用。

(二)社会背景

为加强社区治理体系建设,发挥社会组织作用,实现居民自治的目标,清江浦区民政局依托区社会组织培育发展中心,通过"党建引领+精准培育+专业指导"相结合的社会服务机制,深化社会组织专业服务的能力,增强社会组织的社区工作本领;采用资源整合、帮扶入驻等方式让社会组织入驻社区,协助社区激活居民主体意识,发动多元主体参与。淮安市清江浦区让爱起航公益服务中心就是通过区培育中心再次精准培育后入驻社区的优秀且具有代表性的社会组织。

(三)组织背景

淮安市清江浦区让爱起航公益服务中心(以下简称"让爱起航")成立于2015年,一直以"奉献、友爱、互助、进步"为志愿服务宗旨,开展慰问敬老院孤寡老人、关爱留守儿童等志愿活动900余场,受到媒体高度关注和社会广泛赞誉。团队成员不断增长,缺乏细化的内部管理、人员专业性不足、党支部未发挥有效核心作用,区社会组织培育中心结合该团队的需求，积极探索孵化培育方法，并引导其入驻社区，协助其参与社区治理，促进其快速成长。

二、分析预估

1. 内部管理松散

在团队发展的过程中，志愿者通过实际行动带动身边人，薪火相传，人数逐年递增。因组织在发展初期，结构不平衡，职能定位不清，缺乏相关的制度、人事等方面的管理。为促进自身建设和发展，应加强自身管理能力，并提升骨干成员的专业技能。

2. 等级申报停滞不前

结合对往年年检、等级评估等方面的了解，组织内部职能分工不明确，组织等级申报一直处于 AAAA 级社会组织。为了更有针对性地帮助组织成长，从党建引领、基础条件、财务管理等方面，有效地协助组织筹备提高等级。

3. 未能独立承接政府购买服务

组织成立至今，对于独立承接政府购买服务这方面，还没有真正迈开步子。以区社区学院为载体，持续性开展具有针对性的专业技能提升以及项目申报等方面的培训，为组织发展注入新动能，同时创立属于自身的特色志愿服务品牌。

三、服务计划

（一）总目标

提升组织的内部治理能力以及专业化水平，让社会组织更高效地参与基层社会治理。

（二）服务目标

一是成功申报 AAAAA 等级。

二是能够独立承接政府购买服务。

（三）服务计划

1. 有效链接基层服务

链接社区资源，为其搭建基层支持平台，形成共建共治共享的新格局。

2. 全力突破自身难点

补齐自身短板，规范运营和管理，实现团队与成员共同成长。

3. 谋划自身长远发展

助推政府购买服务项目申报，扩大宣传途径，提升社会组织的知名度，打造品牌项目。

四、服务计划实施过程

第一步：引导入驻社区，发挥更高效能

培育中心通过参与让爱起航的部分活动了解到，他们一直都以不定期去敬老院开展服务为主，很少进入社区或联合其他社会组织共同开展活动，服务的辐射面较窄，局限性较大。并且党支部也未能发挥积极作用，属于闷声做事的"小作坊"，长此以往，不仅限制了组织的发展，后期还可能因管理不当使组织"消失"。结合组织的实际情况，培育中心首先在区民政局的指导下，多次走访区 16 个街道、社区，通过对社区居民骨干人员的访谈了解到：（1）大多社区白天老人居多，互动网络少；（2）对社区开展的一些服务及活动，很多居民并不清楚；（3）很多老人不知道能干什么，缺少老有所为的意识。结合居民的实际需求，以及对社会组织的想法和建议，培育中心积极沟通社区，最终淮安市清江浦区让爱起航公益服务中心成功入驻健康路社区。为激活党支部效能，培育中心为其制订红色志愿者招募计划，搭建志愿服务成长平台。将每月 5 日定为主题党日，为社区老人及群众提供理发、磨刀、家电维修等基础服务，针对不方便出门的特殊群体，组织志愿者上门服务。拓宽服务面的同时，通过一些主题节日，与社区共同开展多场次的文艺会演、趣味知识问答等活动为其宣传；组织党员协助社区上门分发物资，照料空巢老人；在文明创建中，积极参与社区治理；通过一系列的活动及宣传，使组织快速地融入社区治理当中，社区党员以及周边群众纷纷加入团队，利用业余时间发挥自己的余热。

第二步：不断优化管理，夯实发展基础

培育中心通过陪伴式帮扶，组织骨干人才多次前往苏州、无锡等地交流学习内部管理、项目承接等运营模式；同时结合社区学院专家、高校教授，为其开展具有针对性的实务、技能培训和指导，帮助其提升专业能力，拓宽思维与眼界。在协助 AAAAA 等级评估申报中，培育中心工作人员分四步为其开展评估申报工作；①领导重视：让组织管理层重视等级评估这件事。结合实际，组建等级评估筹备小组，全面负责统筹工作，制订工作方案，明确工作目标，以确保评建工作有序、有效地开展。②吃透指标：根据等级评估细则要求，培育中心工作人员首先参加省里的专项培训，而后开展小组成员培训，对其进行细分，把评估指标"各个击破"，并结合指标内容帮助组织厘清内部履职能力，完善各项管理制度，同时让小组成员掌握各个指标的评分标准、评定方法及对应的有关材料。③责任分工：等级评估涉及的内容比较多，如财务、管理、宣传等多项工作，培育中心做好有效分工，责任到人，有工作计划、有时间节点、有责任分工、有监督检查，对照指标逐项落实。④材料整理：材料整理是重中之重，培育中心按照评估指标各项内容，指导组织整理材料，并对其进行分类培训，及时帮助组织梳理信息变化，最后编好页码，装订成册。经过多轮次的学习、材料补充和省评估小组的沟通，初评通过后，还协助组织参加线上专家评审会进行汇报。通过科学的指导，健全组织的管理机制，夯实了组织发展的基础，同时提高了组织的凝聚力，提升了组织的服务效能。

第三步：项目支持发展，社工陪伴赋能

在"五社联动"的机制下，培育中心有效地整合社会资源，引导组织参加政府购买服务项目申报，在组织未能独立申报项目的初期，培育中心帮助组织熟悉申报要求、流程，并结合项目类型、撰写技巧等进行详细讲解；在撰写项目申报书时，从服务主题、服务领域、服务对象等方面为组织提供撰写思路，同时结合《民间非营利组织会计制度》邀请专业的从业人员为其开展财务制度、资金使用专项培训，使组织清楚地明白资金如何分配、使用；项目开展时，全程进行一对一的督导，有序推进项目执行进度，帮助组织高效且完整地完成项目；项目结项后，针对项目中出现的问题、容易产生的风险和基本策略等内容，再次进行仔细复盘。通过对项目的全程跟踪，培养他们独立承接和运营项目的能力，针对档案管理还进行实地督导，有效地帮助组织提高项目承接和管理能力。此外，积极链接社会资源，拓宽宣传渠道，在开展"宣导垃圾分类"系列活动、关爱留守儿童"六一"等活动时，邀请有影响力的媒体进行现场报道，并借助新媒体平台，增强宣传的传播力。在不断加强宣传的同时，帮助组织培养专业的人负责宣传，做好与媒体的对接工作。

五、总结评估

在培育发展过程中，培育中心坚持党建引领，以社会组织需求为导向，搭建联动平台，逐渐摸索出一套如何再次精准培育发展型社会组织的成熟体系和流程，从而促进社会组织高质量发展。

（一）让小队伍释放大能量

在培育中心的精准培育和各方的支持下，随着各项服务的逐渐深入，组织与居民之间的情感联系更加深厚，在志愿服务开展的过程中吸引了其他具有志愿精神的居民加入，为团队的发展壮大注入新鲜的生命力。2021年获得全市"先进集体"奖；2022年获评"江苏优秀志愿者组织"；2023年被评为江苏省 AAAAA 级社会组织；多名骨干成员被评为市、区优秀志愿者。让爱起航现已发展志愿者3000多名，固定志愿者达到1500名，党员志愿者的数量也在逐年增加。

（二）以项目为牵引，强化品牌建设

在现代治理框架的平台搭建下，以打造长期的、可持续性发展为核心理念；以专业化为向导，加强社会组织品牌建设。2022年承接"淮安市社会组织公益创投项目"、淮安市慈善总会"我做城市美容师"项目，2023年承接淮安市民政局"关爱福利院儿童"等项目，在不断增强项目承接能力的同时，打造品牌项目。其中"华淮春雨——让爱起航，相伴成长"获评市最具影响力慈善项目、品牌项目；"垃圾分类宣导活动"获评市慈善优秀项目。在助推社会服务精准化的同时，加大品牌项目的宣传力度，推动社会组织服务高质量发展，激发社会组织参与社会治理的新活力。

六、专业反思

（一）不断探索新的路径，促进质量提升

纵向上看，不同成长阶段的社会组织具有不同的特点。社会组织经过发展，形成了一定的组织影响力，但在服务自主性、组织形象打造、可持续发展上遇到一定瓶颈。一方面，多研究政策，坚持政治引领，把党的领导与社会组织依法自治统一起来，把党的工作融入社会组织运行和发展过程；另一方面，多钻研实务，多学习优秀做法，因地制宜，明确发展目标，制订专项计划，做出亮点，构建出社会组织健康发展的生态圈。

（二）加强专业人才培育，助力服务质量提升

以专业化的优势不断满足组织成员的多样化需求，挖掘服务能力，加强人才培养，助推社会组织找到服务重心，引导其形成服务在"精"不在"多"的发展意识，推动树立品牌观念，同时，协助社会组织完善自身规划，在适合自身发展的服务领域持续发展。

专家点评

案例以单个社会组织培育服务为切口，展示社会组织培育服务项目的服务过程与成效，以小见大，化繁为简，使社会组织培育服务项目更为具体、直观，服务成效更易测量。"三步法"为社会组织发展精准"诊脉"，把握发展机遇，为社会组织制订个别化发展方案，陪伴式赋能，助力社会组织发展及服务能力体现，使其更好地承担社会服务职能，充分发挥社会组织培育中心支持赋能功能。项目服务过程体现社会工作个别化、需求为本的服务理念。建议加强对项目的提炼总结，将具体做法提炼为可借鉴、可推广的服务模式，提升项目价值与成效。

（纪杰杰：淮阴师范学院社会工作系助教，高级社会工作师，江苏省社会工作领军人才）

守护花开：陪伴不一样的你

刘　婧

淮安市淮阴区民政局

一、背景介绍

服务对象，女，8 周岁，淮阴区某街道儿童，小学二年级，低保户。其父亲脾气暴躁，酒后经常打骂服务对象。其母亲为聋哑人，存在精神迟滞等情况。服务对象性格内向，不愿与他人交流，变得越来越没有安全感。社会工作者于 2020 年 8 月下旬走访时发现，并紧急介入，将此情况向淮阴区民政局和××街道进行汇报，淮阴区民政局联合××街道提请区委政法委召开会办会，由区法院下达人身保护令，并及时将服务对象寄养在淮安市社会福利院。

二、分析预估

（一）人格缺陷或心理疾病

对于产生家庭暴力的原因，可能很多人的第一反应就是粗鲁、蛮横的性格特征。其实，并不是所有实施家庭暴力的人都是因为个性上存在问题，很多时候有可能是因为无法启齿的心理疾病。由于服务对象父亲经常酗酒，酒后无法控制其暴力行为，服务对象身心遭受一定程度的伤害。家庭暴力不但会对儿童身体，而且会对其心理造成极大影响和伤害。这种影响会伴随其一生，尤其是在儿童成长早期，遭遇家庭暴力会对其心理产生极大的负面影响，引发多种心理疾病，例如情绪低落，做事偏执，感到自卑以及不合群等，严重时甚至会引发刑事案件。

（二）服务对象的自我保护意识和能力比较差

服务对象由于年龄较小、缺乏自我保护的意识和能力，以致遭受家庭暴力后选择不作声，不予反抗，导致儿童督导员无法从其同学、邻居口中得到消息，直至在其身上发现伤痕，才及时采取相关措施，予以制止。

三、服务计划

（一）理论基础

1. 社会支持网络

社会支持是由社区、社会网络和亲密伙伴所提供的感知的和实际的工具性或表达性支持。社会支持网络是指可以提供社会支持的社会网络，或指一组个人之间的接触，通过这些接触，个人得以维持社会身份并且获得情绪支持、物质援助、服务和新的社会接触。

社会支持理论认为，社会支持网络反映的是个人与其生态环境中其他系统之间的关系状态。一个人所拥有的社会支持网络越强大，就能够越好地应对各种来自环境的挑战。而服务对象往往是这方面的困境群体。因此，社会工作的重点在于帮助服务对象学习建立社会支持网络和利用社会支持网络。在实务中，社会工作者一方面是以其掌握的社会资源为服务对象提供直接的帮助，以满足受助人当前比较紧迫的需求；另一方面是在对服务对象原有社会支持网络进行评估的基础上，帮助补足和扩展社会支持网络，提高其建立和利用社会支持网络的能力。

2. 生态系统理论

生态系统理论的关键在于将服务对象放在一个系统之中，将服务对象与其所生活的环境作为一个整体来看待，通过改变系统来实现个人需求的满足。其应用始于赫恩，后来平克斯和米纳罕使系统论在社会工作中得到广泛运用。他们认为，供人们生活于其间的社会环境分成三类：非正式的或原生的系统、正式系统、社会系统。如果人与这些社会环境或系统不能进行良性互动就会产生问题。因此，服务对象的问题可能来自系统，而不是单纯的个人问题。社会工作者的任务在于发现环境中的不利因素，调整人与环境的关系。

生态系统理论强调"人在情境中"，主张社会工作者在介入时要从服务对象所处生活环境的不同层次系统之间的关联入手。生态系统有三大基本类型，分别是微观系统、中观系统以及宏观系统。微观系统，即在生态系统中的个人，包括其生理、心理等个体特征；中观系统，即与个人直接接触的小群体，例如家庭、单位、朋辈群体；宏观系统，即与个人不产生直接接触的，比小群体规模更大的群体、组织或社会系统，例如社区、组织、政府等。人与环境进行互惠式互动，要理解个人必须将其置于环境之中，对个人问题的理解和判定也必须在其生存的环境中进行。社会工作的主要目标是加强人们适应环境的能力，并影响人们的环境，以使人与环境的互动更具有适应性。社会环境是个人产生问题的重要因素，社会工作应从人与环境互动的角度来分析问题，要注重人与环境系统之间的动态关系，从不同系统的层面来看待和解决问题。

（二）服务目标

一是将服务对象安置在淮安市社会福利院。

二是对服务对象进行跟踪关爱服务。

（三）服务策略

服务对象产生问题的最主要原因是，服务对象的父亲脾气暴躁，经常会打骂她，母亲是聋哑人，无法向其倾诉和交流，服务对象年龄小，缺乏自我保护意识。要彻底解决问题，需要对服务对象进行心理疏导，更需要为服务对象改变原有的生态系统，因此工作中需要政府相关部门介入，对服务对象进行妥善安置。

鉴于以上原因，我们主要采取直接治疗与间接治疗相结合的方法。直接治疗通过对服务对象本人进行面对面沟通辅导，间接治疗是社会工作者通过改变服务对象的生活环境或者辅导第三者，通过服务对象亲近的人间接影响、帮助服务对象。

（四）服务程序

1. 提请区法院下达"人身保护令"

2020年8月下旬，街道儿童督导员在进村入户走访时，发现未成年服务对象身上有多处伤痕，疑似受到家庭暴力。儿童督导员第一时间将此情况向区民政局和某街道进行汇报。区民政局将此案件提交区委政法委，区委政法委召开民政、教体、公安、检察院、法院、相关街道等相关部门会办会。由区法院下达"人身保护令"，区民政局、相关街道负责做好服务对象寄养安置工作。

2. 社会工作者每月两次对服务对象进行跟踪关爱

运用社会支持网络理论和生态系统理论对服务对象进行干预，帮助其探索在社会福利院与小朋友以及生活老师相处的方法。

四、服务计划实施过程

（一）准备阶段

服务目标：接案、预估、制订服务计划，建立专业关系。

服务地点：服务对象家中。

在场人员：社会工作者，服务对象的父母、婶娘。

访谈时间：2020 年 8 月 24 日。

访谈目的：初步了解服务对象的基本情况。

访谈记录：社会工作者第一次独自来到服务对象家中，当时服务对象的父母和婶娘均在场。服务对象与其父母亲共同生活，全家为低保户。社会工作者希望其父亲戒酒，改变打骂子女的教育方式。服务对象父亲点头应允。服务对象婶娘建议社会工作者尽早根据服务对象意愿，将其送往市儿童福利院寄养。

（二）实施阶段

1. 临时安置与情绪疏导

服务地点：服务对象家中。

在场人员：社会工作者，服务对象的母亲、婶娘、村会计、服务对象的邻居、镇政法委、区民政局工作人员。

访谈时间：2020 年 8 月 26 日。

访谈目的：将服务对象暂时寄养在婶娘家。

访谈记录：社会工作者表示，区民政局及时将此情况提请区委政法委召开会办会，区委政法委已于 2020 年 8 月 25 日召集民政、教体、公安、检察院、法院、相关街道等相关部门、单位会办此事。会后，区民政局社会事务和福利慈善科立即联合街道儿童督导员、社区儿童主任成立帮扶小组，紧急介入，入户了解服务对象的家庭情况和亲人资源关系。

区民政局社会事务和福利慈善科、镇政法委与服务对象婶娘进行沟通，希望一直对服务对象关爱有加的婶娘能够暂时收留服务对象，顺利度过从家庭养育到市福利院寄养的中间过渡阶段。本次访谈目标为将服务对象暂时寄养在婶娘家。在大家的一致劝说下，服务对象婶娘承诺收留服务对象两个月。

2. 解决服务对象寄养

服务地点：服务对象家中。

在场人员：社会工作者，服务对象的母亲、婶娘、村会计、服务对象的邻居、镇政法委、区民政局工作人员。

访谈时间：2020 年 10 月 23 日。

访谈目的：将服务对象寄养在淮安市社会福利院。

访谈记录：区民政局社会工作者经过初步预估和综合分析，鉴于服务对象父母实际情况，服务对象继续留在其婶娘身边生活，也会对其生命安全构成严重威胁。据其婶娘反映，服务对象父亲经常到她家要孩子。只有争取区民政局和某街道、区法院支持，才能彻底避免家庭环境对她产生影响和伤害，从根本上解决服务对象的家庭暴力问题，更好地保护服务对象的生存等合法权益。

根据《中华人民共和国未成年人保护法》第三条规定，国家保障未成年人的生存权、发展权、受保护权、参与权等权利。未成年人依法平等地享有各项权利，不因本人及其父母或者其他监护人的民族、种族、性别、户籍、职业、宗教信仰、教育程度、家庭状况、身心健康状况等受到歧视。服务对象父亲违反了《中华人民共和国未成年人保护法》相关规定。根据该法第二十条规定，未成年人的父母或者其他监护人发现未成年人身心健康受到侵害、疑似受到侵害或者其他合法权益受到侵犯的，应当及时了解情况并采取保护措施；情况严重的，应当立即向公安、民政、教育等部门报告。淮阴区儿童督导员及相关部门、单位积极作为，主动履职尽责，将问题妥善解决在萌芽状态。

根据该法第一百零八条第一款规定，未成年人的父母或者其他监护人不依法履行监护职责或者严重侵犯被监护的未成年人合法权益的，人民法院可以根据有关人员或者单位的申请，依法作出人身安全保护令或者撤销监护人资格。

2020 年 9 月 27 日淮阴区人民法院开庭审理，并当场作出裁定：①禁止被申请人对申请人服务对象实施家庭暴力；②在裁定有效期，暂由某村村委会负责申请人服务对象的生活安置。裁定书宣布后，该村委会对淮阴区民政局提出将服务对象安置在市社会福利院机构的诉求。根据市福利院建在淮阴区，淮阴区不得重复建设的文件精神，淮阴区民政局立即将安置服务对象的申请报告送至淮安市民政局，并与分管儿童福利事业的领导和相关处室责任人反复磋商，最终达成一致意见，将其顺利送往市社会福利院进行机构托养。

社会工作者表示，2020 年 10 月 24 日，我们把服务对象顺利送到淮安市社会福利院寄养。并用社会支持网络理论和生态系统理论对寄养前的告别情绪和即将寄养后的不确定因素进行预防、治疗和恢复。

（三）结案阶段

服务目标：持续跟进，巩固服务成效。

服务时间：2020 年 10 月 29 日。

阶段总结：初到淮安市社会福利院，服务对象对新的环境感到很新鲜，这里有许多陌生的弟弟妹妹，作为姐姐理应关心他们，也增强了她的自立和自信。被区民政局和教体局从村小学转到淮阴城区某小学，生活在淮安市社会福利院的服务对象得到了院内社会工作者无微不至的关心和跟踪关爱。社会工作者在最后一周的观察结果表明，服务对象的心理状态有了明显改善，能够在社会工作者面前展示自己的真实情绪，学会与同辈及生活老师交流。社会工作者在鼓励服务对象继续努力的情形下，向监护人提出了结案要求，对离别情绪进行了适当处理。

五、总结评估

家庭暴力是社会的毒瘤。此次采用的评估方法以访谈、观察为主，通过过程评估与结果评估相结合的形式，其中，过程评估主要是测量阶段性目标的完成情况，结果评估是测量整体服务计划的完成情况。经过两个多月的服务，服务对象的生活、学习等各方面情况都有了质的改善和提升。

六、专业反思

通过本次个案辅导，社会工作者发现有部分困境儿童并不会将自己的负面情绪以及所正在受到的伤害直接表达出来，而是在长辈的间接或直接的劝说下，才最终吐露心声。他们一般保持"成熟"的模样，以此来换取长辈的安心。这种情绪疏导方式对于儿童来说是不正确的，特别是缺乏父母正确引导与指正的困境儿童。对于社会工作者而言，关注的角度不应只停留在表面，更需要运用专业知识去发掘服务对象内心深处的需求，并想办法帮助服务对象解决需求，促使他们健康快乐地成长。

淮阴区民政局建立儿童督导员、儿童主任定期汇报机制，同时结合社会组织力量，凝聚政法委、民政、公安、妇联、法院等不同部门群体力量形成合力，第一时间聚焦案情，及时结案的做法，最大限度保护了未成年人的生存权、发展权、受保护权、参与权等权利。该案例彰显了淮阴区民政局创新履职、勇于担当的部门工作作风。《江苏淮安市民政局探索实践儿童福利机构代养儿童服务》被"学习强国"推广，文章重点肯定淮阴区对1名家庭困难"父母没有监护能力且没有其他依法具有监护资格人的儿童"，采取机构代养方式，安置在市儿童福利院进行监护代养的做法为全市首创，充分保障了被抚养儿童的生存、发展和受保护的权利。

青少年是祖国的未来和希望，未来可期。本着儿童权益最大化原则，我们的目光将跟随他们一起奔向诗和远方。所有的成年人在前行的路上，关注一下身边的未成年人，也许下一个未成年人因为您的关爱，将会成长得更加优秀。

专家点评

《中华人民共和国未成年人保护法》作为未成年人保护领域的综合性法律，对未成年人享有的权利、未成年人保护的基本原则和未成年人保护的责任主体等作出更加明确且细致的规定，其中第十七条明确指出未成年人的父母或者其他监护人不得实施包括虐待、遗弃、非法送养未成年人或者对未成年人实施家庭暴力等行为。该案例中的服务对象即处于这样的危机中，社会工作者应当迅速进入危机干预状态，围绕隔离威胁、减轻伤害、评估施暴者的危险程度等内容作出迅速反应，并围绕服务对象的主要诉求开展后续的工作。在本案例的处遇中，社会工作者的危机干预意识不够充分，但是其主要工作依然围绕着危机干预的内容而展开。社会工作者一方面评估了服务对象家庭的情况，申请了人身保护令，及时从法律层面保障了服务对象的人身安全；另一方面也对服务对象的安置作出了系列安排，最终为服务对象链接了市福利院的相关资源，为服务对象当下阶段的安全和成长提供了保障。

（陈洁：淮阴师范学院社会工作系讲师、在读博士）